[改訂版]

速読英熟語

Idioms & Phrases × Rapid Reading

企画
温井 史朗

著
岡田 賢三

執筆協力
Kevin Glenz
Pang Hwee Jing

大学入試必須の英熟語・構文1080

Contents

※日本語タイトルは英題直訳のものと，英文の内容を表しているものがあります。

はしがき

大学入試問題の傾向

近年の大学入試問題においては，語句整序問題や空所補充問題等で英熟語・構文を扱うものがコンスタントに出題されています。それとは対照的に，単語のみ，あるいは文法のみの知識を問うといった問題が出題されることは少なくなっています。一方，依然として大学入試問題で最大の比重を占める長文読解問題においては，分量の多い英文をこなさなければならなくなっており，難しい単語も使われる傾向が高まっていますが，実際にはその単語自体が内容把握に大きく関わることはないか，あるいはその単語を全体の英文の中や前後の文脈で類推させるような場合がほとんどです。

こうした傾向は，特に共通テストにおいて顕著であり，**「英語についての知識」**を問うのではなく**「英語の力」**を試そうとする出題内容になっています。ここで言う英語の力とは**「類推力・想像力」**であり**「表現力・発想力」**であります。語られている内容を生き生きと想像し，わからない箇所は文脈から類推し，自分の能力を多面的に駆使して，英語の内容を正しく把握し，伝えたいことを的確に表現する力です。

また，難解な単語の知識そのものや詳細な文法知識が問われなくなっている傾向とは対照的に，依然として多くの英文で熟語が使われています。それは，かつて純粋な信仰と高い志を持ちながらも高等教育を受ける機会に恵まれず，イギリスから新大陸アメリカへと渡ってきた清教徒や開拓者たちが，abandon（捨てる，あきらめる）という難解な言葉ではなく give up を使い，postpone（延期する）ではなく（時間的に）離れた所に（off）置く（put）という意味の put off を使っていた〔使わざるを得なかった〕ような状況が，1つの流れ（＝生きた言葉の流れ）となって，現在も脈々と英語の中に定着しているからかもしれません。こういった潮流は，今後強まることはあっても弱まるとは考えられません。

また，リスニング問題でも熟語を中心とした慣用表現はますます重視されてきています。例えば，電話やレストランでの会話で用いる慣用表現だけでも多くの大学入試問題で出題されています。

熟語・構文・語法が入試の決め手！

以上のことからも，熟語・構文・語法をマスターしているかどうかで，大学入試問題の正答率に格段の差が生じると言えます。

例えば，長文読解問題やリスニング問題において，put off と call off の意味を間違えたり，look after を take after に取り違えたりすれば，文意の把握に大きな支障をきたします。また，空所補充問題や正誤問題と同様に熟語・構文・語法の知識が問われる英作文においても，実はこれらの要素が大いに関係しています。英作文においては，出題者がどのような表現法，すなわち熟語や構文，慣用表現を使わせたいと思っているのか，その意図を見抜けば，その問題の半分以上ができたものと思って差し支えないでしょう。

例えば

「どれほど疲れていても，君はなすべきことを先に延ばすべきではなかったのに。」

という英作文の問題があるとします。このありきたりに思える問題でも，実に４つもの熟語と構文が使われているのです。

【解答例】**No matter how** tired you **might** be, you **ought not to have put off** **what to do**.

※赤字＝熟語，青字＝構文・語法

構文は設計図，語法は技術，熟語は材料

構文は言わば「家を建てる時の設計図」であり，語法はその設計図に従って家を建てていく「技術」のようなものです。また，単語や熟語は家を建てるのに必要な「材料」に相当します。これらのどれ 1 つが欠けても立派な家は建ちません。反対に，正確な設計図が用意され，十分な技術を持った者が，適切な材料を使って家を建てれば，ものの見事に家は完成します。

大学入試においても，熟語・構文・語法を直接に問う問題から読解問題や英作文に至るまで，熟語・構文・語法に対する力は不可欠なものであり，それによって大学入試での成否が大きく変わると言っても過言ではありません。

本書は，その重要な熟語・構文・語法をいかに効率よく，いかに効果的に，またいかに無理なく学習者が学ぶことができるかということを中心に据え，作られました。また，今回の改訂版では可能な限り前置詞の解説を増やしましたので，丸暗記ではなく前置詞のコア・イメージをしっかり理解した上で学習することをお勧めします。

最後に，本書の作成にあたって，長年の経験とデータに基づく貴重なアドバイスと協力をいただきましたことを，Z 会の小黒迪明氏，鎮目知里氏，竹村武司氏をはじめ，スタッフの皆様方に心より御礼申し上げます。

なお，このはしがきは，私のかけがえのない恩師であった故温井史朗先生の初版のはしがきを元に，改訂版にあたって書き改めたものです。

2024 年 春　岡田賢三

本書の特長

語学の習得には時間とエネルギーを費やさなければならないというのは事実です。しかしながら，限られた時間の中で大きな効果を上げるためには，やはりムダのない努力で最大の効果を上げる工夫，あるいはそういった工夫が込められた教材が必要とされます。たとえば，100 以上の大学の，ここ何年間にわたる入試問題でたった 1 度しか出ていない熟語を覚えておいてもムダと言えるでしょうし，いくら必要な熟語でも覚えるのに時間と労力がかかりすぎてはダメです。また，いくら短時間で覚えてもそれをすぐに忘れてしまい，実際の入試で応用が効かなければ無益と言えるでしょう。以上のような「ムダ・ダメ・無益」なマイナス条件をすべて打ち消し，その対極のあらゆるプラス要因をすべて採り入れた「あるべき理想の教材」を目指して本書は作られました。

効率的であること

改訂版では，主要 57 大学（＋センター試験／共通テスト）の入試問題（大学入試英語コーパス）に加えて，多くの学習者が目にするであろう，主要な英語の教科書と問題集を調査し，**入試必修の英熟語・構文**を厳選しました。具体的には**「見出し英熟語・構文」（通し番号付きの約 1,080 個）とこれらに関連する英熟語・構文（通し番号なし）**です。

また，本書は熟語・構文・語法を読解の中で習得することに重点が置かれているため，**全英文について，比較的やさしい英語表現を用いながら，入試問題で頻出の（あるいは今後出題されそうな）トピックや，教養を深めるトピックに沿って書き下ろしました。**

綿密であること

今までの入試問題ではほとんど出てこなかった表現でも，**現在日常の場面でネイティブ・スピーカーたちがよく使っており，今後は入試でも出てくるであろうと予測される表現**などについても掲載しています。

また，熟語という定義（「2語以上の語が組み合わされて独自の意味合いを帯びるもの」）から外れているため，これまでの熟語集ではあまり扱われていない frown at などについても，大学入試対策には有用であるという観点から，それらを採り入れています。

さらに，たとえば，動詞 contribute などについてもできるだけ make a contribution などとし，熟語的な表現に慣れてもらえるようにしてあります。

本書においては，余分な「ぜい肉」を削ぎ落としながらも，あらゆる入試に対応できる「**システム**」が完全に保証されていると言ってもいいでしょう。

実力が身につくための4つの条件

❶ impression ／❷ imagination ／❸ connection ／❹ repetition

❶ impression

単語や記号の関連のない羅列は私たちの脳にあまり印象を与えません。たとえば，bear（熊），neighborhood（近所）といった語だけでは印象が薄いですが，それが a bear in my neighborhood という句になればその印象は具体的になり，A wild bear turned up in my neighborhood. となれば，さらにその印象が強烈になります。**印象（impression）が強いということが「記憶」の第1条件**と言えるでしょう。

❷ imagination

文章の中に置かれた語句は想像力を刺激し，英語の問題を解く真の実力＝類推力を鍛えます。類推力が身につけば，上記例文の turn up のある程度の意味は把握できるでしょう。**類推力を身につけるのに不可欠な条件である想像力（imagination）は，英語長文の読解によってこそ養われると言える**でしょう。弊社書籍『速読英単語』シリーズと同じく，本書が熟語・構文・語法を文章の中でマスターするように作られているのは以上の考えによるものです。

❸ connection

また，turn up の意味がわかり，それが show up と同じ意味だと学べば，知識が広がり応用力が養われていきます。**関連（connection）こそが応用力を身につけるのに不可欠の条件**と言えるでしょう。

❹ repetition

最後に大切なことは，いくら覚えやすくとも「忘れやすい」ものであるならどうしようもありません。それでは，忘れにくくするためには何が必要でしょうか。それは繰り返しです。本書では，一度扱った熟語・構文・語法を可能な限り本文中で何度か掲載し，また，類義表現，反意表現，関連表現を「≒」や「⇔」，「cf.」で取り扱っています。**繰り返し（repetition）こそ「記憶定着」の必須条件**と言えるでしょう。

大学入試を目指す人たちはもちろんのこと，さまざまな分野で英語を必要とする人たちが，本書によってその英語力を高め，本書と出会えたことを少しでも喜んでいただければこれにまさる喜びはありません。

本書で使われる記号類・その他の意味

S：主語　　O：目的語

cf.	参照（参考・関連表現，例文など）
［　］	直前の語（句）と言い換え可能　　（　）　省略可能
≒	同義・類義表現（ほぼ同じ意味の or 関連性が強い表現）
⇔	反意表現
～	後ろに名詞（句）・（補語としての）形容詞などが続く
...	後ろに述語動詞や節（主語 + 動詞）が続く
to *do*	不定詞　　…ing　動名詞あるいは現在分詞

自：自動詞	他：他動詞	名：名詞	形：形容詞
副：副詞	前：前置詞	接：接続詞	間：間投詞

※ ‘動詞＋副詞＋目的語’ のような場合，通例 ‘動詞＋目的語＋副詞’ の形もとります。たとえば，put on a coat は put a coat on ともなります（代名詞の場合は put it on のみ可能）。ただし，本書での表記は煩雑さを避けるために put on ～という形に統一しています。

本書の構成・効果的利用法

◆英文・日本語訳ページ

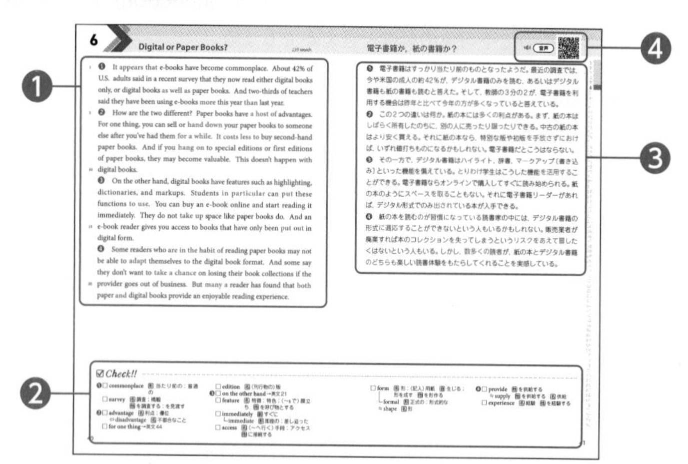
6 Digital or Paper Books?

1 ❶ It appears that e-books have become commonplace. About 42% of U.S. adults said in a recent survey that they now read either digital books only, or digital books as well as paper books. And two-thirds of teachers said they have been using e-books more this year than last year.
5 ❷ How are the two different? Paper books have a host of advantages. For one thing, you can sell or hand down your paper books to someone else after you've had them for a while. It costs less to buy second-hand paper books. And if you hang on to special editions or first editions of paper books, they may become valuable. This doesn't happen with
10 digital books.
❸ On the other hand, digital books have features such as highlighting, dictionaries, and markups. Students in particular can put these functions to use. You can buy an e-book online and start reading it immediately. They do not take up space like paper books do. And an
15 e-book reader gives you access to books that have only been put out in digital form.
❹ Some readers who are in the habit of reading paper books may not be able to adapt themselves to the digital book format. And some say they don't want to take a chance on losing their book collections if the
20 provider goes out of business. But many a reader has found that both paper and digital books provide an enjoyable reading experience.

電子書籍か，紙の書籍か？

音声

❶ 電子書籍はすっかり当たり前のものとなったようだ。最近の調査では，今や米国の成人の約42％が，デジタル書籍のみを読む，あるいはデジタル書籍も紙の書籍も読むと答えた。そして，教師の3分の2が，電子書籍を利用する機会は昨年と比べて今年の方が多くなっていると答えている。
❷ この2つの違いは何か。紙の本には多くの利点がある。まず，紙の本はしばらく所有したのちに，別の人に売ったり譲ったりできる。中古の紙の本はより安く買える。それに紙の本なら，特別な版や初版を手放さずにおけば，いずれ値打ちものになるかもしれない。電子書籍だとこうはならない。
❸ その一方で，デジタル書籍はハイライト，辞書，マークアップ〔書き込み〕といった機能を備えている。とりわけ学生はこうした機能を活用することができる。電子書籍ならオンラインで購入してすぐに読み始められる。紙の本のようにスペースを取ることもない。それに電子書籍リーダーがあれば，デジタル形式でのみ出されている本が入手できる。
❹ 紙の本を読むのが習慣になっている読書家の中には，デジタル書籍の形式に適応することができないという人もいるかもしれない。販売業者が廃業すれば本のコレクションを失ってしまうというリスクをあえて冒したくはないという人もいる。しかし，数多くの読者が，紙の本とデジタル書籍のどちらも楽しい読書体験をもたらしてくれることを実感している。

☑Check!!
❶□ commonplace 形 当たり前の：普通の
□ survey 名 調査：概観 動 を調査する：を見渡す
❷□ advantage 名 利点：優位 ⇔disadvantage 名 不都合なこと
□ for one thing →英文44
□ edition 名（刊行物の）版
❸□ on the other hand →英文21
□ feature 名 特徴：特色：（～を で）際立ち 動 を呼び物とする
□ immediately 副 すぐに └immediate 形 即座の：差し迫った
□ access 名（～へ行く）手段：アクセス 動 に接続する
□ form 名 形：（記入）用紙 動 生じる：形を成す 動 を形作る └formal 形 正式の：形式的な ≒shape 名 形
❹□ provide 動 を供給する ≒supply 動 を供給する 名 供給
□ experience 名 経験 動 を経験する

❶英語長文70本は平均すると約250 words の文章です。まず，**英文に目を通し，全体の内容を把握する**ように心がけてください（読解力〔類推力〕を身につける重要なトレーニングとなります）。また，熟語・構文が実際の会話で使われる場面を一目で理解できるように，4コマ・イラストも4本分掲載しています（レッスン16，31，46，61）。**赤い太字は熟語，青い太字は構文・語法**に関連する表現（右ページの日本語訳も同じ）です。

❷意味のわからない単語については，英文の下にある☑*Check!!*欄で確認してください。☑*Check!!*には，入試必修の単語・派生語・関連語とその（主に本文中の）意味，あるいは，後ろのレッスンで登場する熟語・構文とその英文番号が掲載されています。

❸日本語訳中の太字は英文中の太字の熟語・構文にそれぞれ対応しています。基本的には次ページの見出しの意味（日本語）と同じ〔近い〕訳を採用していますが，文脈や状況に応じて適宜意訳していることもあります。

❹日本語訳と熟語・構文各ページ**右上のQRコード**は「**英文，見出しの熟語・構文，例文**」**を読み上げた音声**へのリンクです。英文は**2種類の速度（ナチュラル・ハイ）**で読み上げています。

また，音声サイトのトップページには次のURL，または二次元コードからアクセス可能です。

https://www.zkai.co.jp/books/sokujukure/

◆熟語・構文ページ

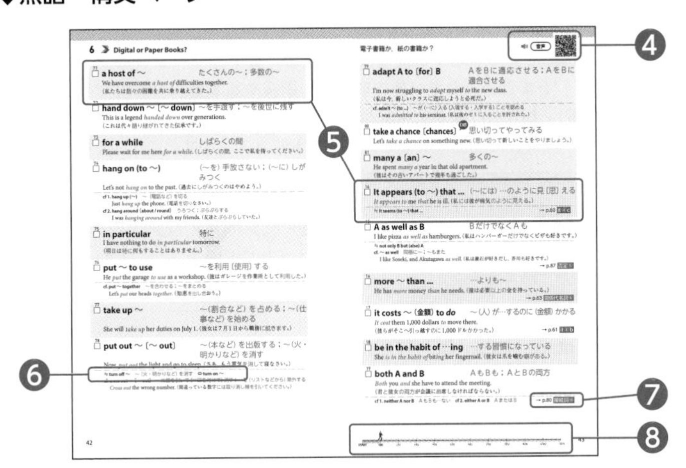

❺熟語と構文が英文内で登場する順，かつ熟語→構文の順に掲載されています。**背景が青い‘見出し’から始まるのが熟語**にあたるものです。(**構文にあたる背景が赤い‘見出し’**以降は「語法・文法」事項も含みます。これらは入試英作文に特に役に立つものです)。また，会話などでよく使うものについては見出し語に 口語 アイコンをつけました。このほか，見出しの直下にある例文も合わせて覚えておきましょう。なお，本書の熟語と構文の分け方の基準は，弊社書籍『解体英熟語』および『解体英語構文』に従っています。

❻「≒ ～」あるいは「⇔ ～」は‘見出し’になっている英熟語・構文と**同義類義・反意の関係にある表現**です。ただし，同義類義の場合，本文中の表現と単純に置き換えられるわけではなく，ニュアンスや用法が異なる場合があるので注意してください。また，cf. は，語句の組み合わせが‘見出し’と似ていて，合わせて覚えておくとよいものです。

❼「→ p. ★ 文法項目 」は**別冊「Check & Master」(文法の要点)**へリンクする印です。特に構文・語法的な説明を要する表現に関して解説しています。「 ↩ p. ★ 前置詞・副詞 」は**書籍本体「前置詞・副詞コアイメージ」**へリンクする印です。

❽学習の進捗がわかります。

前置詞・副詞コアイメージ

英語を勉強する日本人にとって前置詞・副詞は非常にわかりにくいものですが，言葉で考えるよりも「イメージ」をとらえることで意味を理解しやすくなります。

ここでは熟語によく登場する前置詞・副詞の「コアイメージ（基本イメージ)」をまとめました（他の前置詞・副詞や基本動詞の解説は右記に掲載)。https://www.zkai.co.jp/books/sokujukure/

は著者・岡田賢三先生によるワンポイントレッスンです。

at 前

Core 一点を指す

└【場所】比較的狭い地点
　arrive at the station「駅に到着する」
└【時】時刻など時の一点
　at the end of May「5月の終わりに」
└【目標・標的】行動を示す動詞と用い，その対象の一点
　aim at ～「～を狙う；～を目指す」
└【度数】率，割合などの目盛りの一点
　at the rate of 3 times per minute「1分間に3回の割合で」
└【従事】あることに従事している一点
　at work「仕事中」(⇔ at play)
└【感情的原因】感情が向かう先の一点
　I was pleased at the news.「その知らせに喜んだ。」
└【状態】人や物がある一つの状態にある
　feel at ease「安心する」

on 前副

Core 接触している

└【空間的接触】表面に接していることを表す
　a picture on the wall「壁に掛かっている絵」
└【時間的接触】時間的に接触していて，中断がないこと〔同時性〕を表す
　He turned up (just) on time.「彼は時間通りに現れた。」
└【依存・支え】接触からあるものへの依存・支えを表す
　depend on ～「～に依存する」
　　└【根拠・基準】依存・支えから根拠・基準を表す
　　　be based on ～「～に基づく」
　　└【手段・方法】依存・支えから手段・方法を表す
　　　on TV「テレビで」/ on foot「徒歩で」
└【関連】知的なものに接触すると「～に関しての」という意味を表す
　a book on politics「政治に関する本」

by 前副

Core 近接〔接近〕

He stands by the door.「彼はドアのそばに立っている。」

└【手段・方法】何かのそばにいる ⇒ 心理的に何かに頼る（＝手段・方法）

pay by credit card「クレジットカードで支払う」

└【動作主】by の後に人が来ると，動作主を表す

It was translated by a well-known writer.
「それは有名な作家によって翻訳された。」

└【媒体〔介〕】手段・方法は媒体〔介〕を表す

She caught him by the arm.「彼の腕で〔腕を媒体にして〕彼女は（動いている）彼をつかんだ ➡ 彼女は彼の腕をつかんだ。」

└【経由】媒体〔介〕は経由を表す

We arrived in Tokyo by way of Osaka.
「大阪を媒体にして東京に到着した ➡ 大阪経由で東京に到着した。」

└【単位】手段・方法は単位を表す

Produce and meat are sold by the kilo.
「農産物と肉はキログラム単位で売られる。」

└【基準】手段・方法は基準を表す

Don't judge him by his appearance.
「彼を見かけで判断してはいけません。」

└【時間】近接は時間を表す場合「～までに」を意味する

Come home by 7.「7 時近くに帰宅しなさい ➡ 7 時までに帰宅しなさい。」

└【差】近接〔接近〕は差を表す

I missed the train by a minute.「出発時刻から 1 分という（時間的に）近いところで列車に乗り遅れた ➡ 1 分差で列車に乗り遅れた。」

〔 by と until 〕

by は「ある事柄が完了するその期限」を表す。それに対し，till〔until〕は「その時点までは継続的に動作が続くこと」を表す。

★ Stay here until 7.「7 時まで（ずっと）ここにいなさい。」

to 前副

Core 方向・到達〔至る〕

The river runs down to the sea.
「その川は流れて海に到達している ➡ その川は海まで流れている。」

└【結果】到達は結果を表す

be frozen to death「凍え，その結果死ぬ ➡ 凍え死ぬ」

└【範囲・限界】到達は範囲・限界を表す

He read the book cover to cover.「彼は表表紙から裏表紙まで読んだ ➡ 彼はその本を最初から最後まで読んだ。」

└【合致】到達は合致を表す

The color of the dress is to her taste.「そのドレスの色は彼女の好みに到達している ➡ そのドレスの色は彼女の好みに合っている。」

└【対象】方向は対象を表す

an answer to the question「質問に対する答え」

└【比較・対比】対象は比較・対比を表す

I prefer coffee to tea.「私はお茶に対してコーヒーを好む
➡ 私はお茶よりコーヒーが好きです。」

〔不定詞の to〕 不定詞における to もコアイメージは同じ。

1) She hopes to work for the company.「彼女はその会社で働くに至ることを希望している ➡ 彼女はその会社で働くことを希望している。」（名詞的用法）
2) He has someone to trust.「彼は信頼するに至る人をもっている
➡ 彼には信頼できる人がいる。」（形容詞的用法）
3) I'm glad to see you.「私はあなたに会えるに至って嬉しい
➡ 私はあなたに会えて嬉しい。」（副詞的用法で原因を表す）
4) He grew up to be a scientist.
「彼は成長し，その結果科学者になった。」（副詞的用法で結果を表す）
5) I'll go to the airport to see him off.「彼を見送る方向で空港に行きます
➡ 彼を見送るために空港に行きます。」（副詞的用法で目的を表す）

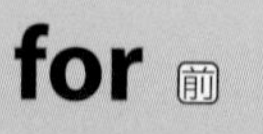

for 前

Core 前に（方向・目的）

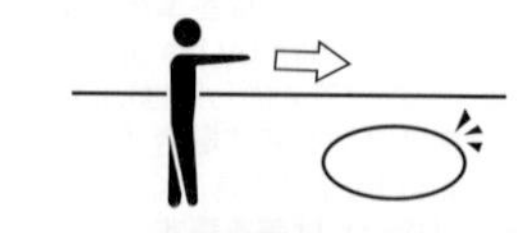

└【交換】商品を買う時，それを自分あるいは店員の前に置き，お金と交換する。

I paid 1000 yen for the book.「私はその本に 1000 円払った。」

└【代理】交換は代理を表す

I'm acting for my client.「私は依頼人の代理を務めています。」

└【利益】代理は誰かの（利益の）ために行うことから利益を表す

What can I do for you?「(あなたのために) 何をすればいいですか。」

└【賛成】利益は賛成を表す

I am for the plan.
「私はその計画のためにいる ➡ 私はその計画に賛成です。」

└【目的・追求】利益は目的・追求を表す

go out for a walk「散歩に出かける」

└【理由・原因】目的は理由・原因を表す

He was praised for saving a dog.
「彼は犬を助けたことでほめられた。」

└【方向】目的は方向を表す（到達は意味しない）

I'm leaving for Tokyo.
「私は東京を目的にして出発する ➡ 東京へ出発する。」

└【期間・距離】方向は期間・距離を表す

I study English for 60 minutes every day.
「私は毎日 60 分先の時点に向かって英語を勉強する
➡ 私は毎日 60 分間英語を勉強する。」

└【基準・比較】

She looks young for her age.
「彼女は彼女の年齢を基準にすると若く見える ➡ 彼女は年の割には若く見える。」

〔 to と for 〕

1） The bus went to Osaka.「バスは大阪に行った。」(到達した方向を指し示している)
The bus left for Osaka.「バスは大阪へ出発した。」(出発した方向を指し示している)

2） He ran to the sea.「彼は海へ〔を目指して〕走って行った。」
He ran for the sea.「彼は海の方に〔向かって〕走って行った。」

from 前

Core 起点

└【場所】I walked from the station to the library.「私は駅から図書館まで歩いた。」
└【時間】from now on「今からずっと」
└【出所】She is from Kyoto.「彼女は京都出身です。」
└【起源】The word derives from Japanese.「その言葉は日本語に由来する。」
└【材料】Paper is made from wood.「紙は木からできている。」
└【観点】from one's point of view「～の見地からすれば」
└【原因】die from starvation「餓死する」
└【除去】Two from ten leaves eight.「10 引く 2 は 8。」
└【相違】tell〔know〕A from B「A を B と区別する」

of 前副

Core 分離

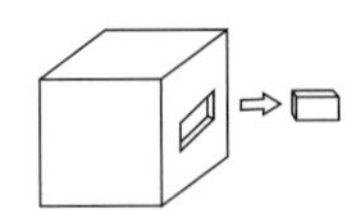

【分離・独立】'動詞 +A of B' の形でよく使われる
He robbed me of my money.「彼は私のお金を奪った。」
└ **【所有・所属・部分】何か〔誰か〕が分離・独立する ⇒ 元はどこかに属している or 何かの一部である（＝所有・所属・部分）**
the legs of a chair「椅子の脚」
└ **【性質・特徴】性質・特徴は所有されているものである**
a man of courage「勇気のある人」
└ **【起源・出所】分離は起源・出所を表す。from にも同じ用法がある**
a man of New York「ニューヨーク出身の男」
└ **【原因・理由】起源・出所は出来事や感情の原因・理由を表す**
die of cancer「ガンで死ぬ」
└ **【評価】出所から評価を表す**
It was brave of you to tell the truth.「本当のことを話すとは君は勇敢だ。」(brave という評価が you から出ている（you = brave)
└ **【材料】木製テーブルの起源は木という材料であることから材料を表す**
a table of wood「木製テーブル」
└ **【構成要素】35 人学級は，生徒 35 人を材料にしてできているので構成要素を表す**
The class consists of 35 students.
「そのクラスは 35 人います。」

└【同格】同格とは「A of B」で，B が A の内容説明〔構成要素〕となっている
the news of his coming「彼がやってくるという知らせ」
└【関連・限定・対象】出所は関連・限定・対象を表す
a book of travels
「旅行（というテーマ）から出た本 ➡ 旅行に関する本」
└【主格・目的格関係】関連・限定・対象から転じて
the rise of democracy
「民主主義に関しての台頭 ➡ 民主主義の台頭」（主格関係）

〔‘of + 名詞’ で形容詞の意味になる主なもの〕
★ of use = useful「役に立つ」
★ of value = valuable「貴重な」
★ of worth = worthy「価値ある」
★ of fame = famous「有名な」
★ of beauty=beautiful「美しい」
★ of sense = sensible「分別のある」

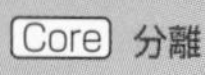

本来「分離」のコアイメージを持つものは of であったが，現在では多くの場合 off が用いられる。
one mile off the main road「幹線道路から 1 マイル離れて」
get off the subject「本題からはずれる」 off duty「非番で」(⇔ on duty)
〔副詞の表現〕
go off「去る，爆発する」 have a day off「1 日休みを取る」
leave off（～）「終わる，～をやめる」 lay off ～「～を一時解雇する」

above 前副

Core ある所より上

※ on と違って接触はしない。反意語は below
└【位置】There is a waterfall above the bridge.「橋の上手に滝がある。」
└【基準】fifty meters above sea level「海抜 50 メートル」
└【価値・地位】Health is above wealth.「健康は富に勝る。」
└【範囲・限界】He is above telling lies.「彼は嘘をつくような人ではない。」

over 前副

Core 対象の上を覆う

※接触・非接触にかかわらず用いられる
└【(覆うように真）上に】A lot of seagulls are flying over the sea.
「たくさんのカモメが海の上を飛んでいる。」
└【支配・上位】Who is over you at the office?
「職場では誰があなたの上司ですか。」

└【従事】Tom and I had a talk over a cup of coffee.
「トムと私の間に置かれたテーブルのコーヒーを体で覆うような状態で話をした ➡ トムと私はコーヒーを飲みながら話をした。」
└【超過・超越】walk over the mountain
「山の一方の端から他方の端まで歩く ➡ 山を越える」
└【至る所に】travel over Europe
「ヨーロッパを一方の端から他方の端まで旅する
➡ ヨーロッパ中を旅する」
└【関連】talk over the matter「その問題に関して話す」
└【期間】He wrote the book over three years.
「彼はその本を 3 年間にわたって書いた。」

〔over と above〕

・over には最初から最後までというニュアンスがあるため，above とは異なり持続的な行為を表す場合に用いられる傾向がある。

・「飛行機が海の上を飛んでいる。」

a）The plane is flying over the sea.

b）The plane is flying above the sea.

➡ a）は over が用いられているので「海を越えて飛んでいる」というイメージであるが，b）は単に「海の上を飛んでいる」というイメージである。

under 前副

Core 真下に

under the tree「その木の下に〔で〕」
└【内側・未満】Nobody under 20 is allowed to buy alcohol.
「20 歳未満の方はアルコールを購入できない。」
└【過程】The building is still under construction.
「その建物はまだ建築中だ。」
└【覆われて】a field under water「冠水した畑」
└【基礎】under international law「国際法に基づいて」

〔under と below〕

under は「何かの下にある場所」，below「何かよりも低い〔下の方の〕位置」を示す。

1） I was fishing under the bridge.「私は橋の下で釣りをしていた。」
I was fishing below the bridge.「私は橋の下流で釣りをしていた。」

2）「この靴下は膝の下までくる。」

正）These socks come to below the knees.

誤）These socks come to under the knees.

in 前副

Core ある範囲の内側

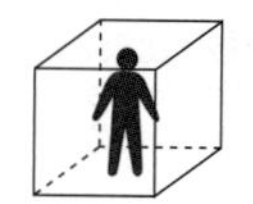

└【場所】広い地域内に存在する
in the north of the city「都市の北に」
└【環境・状態】ある環境や状態の中にある
in the rain「雨に降られて」/ in love「恋をして」
└【運動・方向】ある場所や範囲の中に向かう動き
get in a car「車に乗る」/ look ～ in the face「～の顔を見る」
└【着用】
a woman in white「白い服の内側にいる女性 ➡ 白い服を着ている女性」
└【手段】
speak in English「英語の空間内で話す ➡ 英語で話す」
└【様態】
stand in a line「列の範囲内に立つ ➡ 一列になって立つ」
└【時間】
in doing「... する時の範囲内において ➡ …する際に」
└【時の経過】「～たてば，～たった後に」を表す
He will come here in ten days.「10 日たてば彼はここに来ます。」

〔in と after〕
時に関してどちらも「～後，～して」を意味するが，in の基準は「現時点」で，これからの予定や約束を表すときに用いるので，「過去」の出来事を表すときには用いない。after の基準は「現時点」ではなく「未来・過去」である。

★ They will carry out the experiment in a week.
「彼らは一週間後にその実験を行うだろう。」

★ The new laboratory was completed last summer, and they carried out the experiment after a week.
「新しい実験室は昨年の夏完成し，その一週間後に彼らはその実験を行いました。」

out 前副

Core （中から）外へ

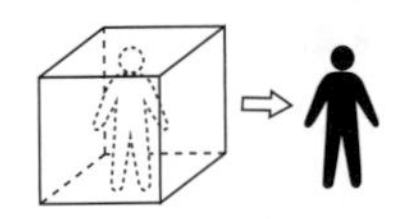

look out the window「窓から外を見る」
〔副詞の表現〕
fight it out「最後まで戦う」 inside out「裏返しに」

beside 前副

Core 横(side)にある(be)

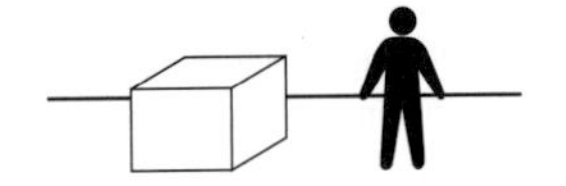

└【近接】
a tennis court beside the house
「家のそばに〔横に〕あるテニスコート」
└【比較】近接は比較を表す
Your house looks big beside mine.
「あなたの家は私の家の横で〔そばで〕大きく見える
➡ あなたの家は私の家と比べると大きく見える。」

└【逸脱】近接は逸脱を表す
Your answer is beside the point.
「君の答えは的のそばにある ➡ 君の答えは的外れである。」

〔beside/near/by〕
nearは「あるものから離れていない」, besideは「あるもののラインに接している」, byは「手を伸ばせば届く距離感」というイメージである。

with 前
Core 同伴

I want to be with you.「あなたと一緒にいたい。」
└【同意・同情】人の心と他の人の心が一緒にいる場合
I agree with you.「私はあなたに賛成します。」
└【所有・携帯】人が物を伴った場合
a man with black hair「黒い髪を伴った男 ➡ 黒い髪の男」
└【手段・道具】物を伴って動作を行う
Someone broke the window with a hammer.
「誰かがハンマーで窓を壊した。」
└【原因・理由】感情・状態を伴って動作を行う or ある状態になる場合
He jumped with joy.「彼は飛び上がって喜んだ。」
└【関連】同伴は関連を表す
What's the matter with you?
「あなたが伴っている問題は何ですか ➡ どうしたんですか。」
└【対立】争う状況で人が他の人を伴う場合, 対立を表す
He had a quarrel with his sister.「彼は妹と喧嘩した。」
└【付帯状況】with の後に名詞＋補足（分詞・形容詞・副詞・前置詞句）
He listened to the story with his eyes shining.
「彼は目が輝いている状況を伴って話を聞いた
➡「彼は目を輝かせながら話を聞いた。」

〔with と against〕
against の方が対立の意味が明確である。
We fought against the invaders.「私たちは侵略者と戦った。」
I had a fight with my brother.「私は兄と喧嘩をした。」

up 前副
Core 上に（ある・向かう）

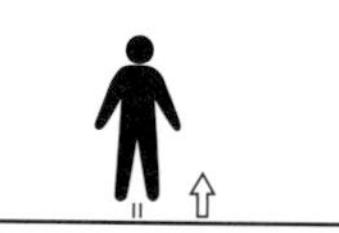

└【方向】climb up a ladder「梯子をのぼる」
└【位置】His room is up the stairs.「彼の部屋は階段を上がったところにある。」
〔副詞の表現〕
look up at the sky「空を見上げる」
go up to London「ロンドンに行く」
└日本語の「上京する」と同じ感覚で, 重要な所・話し手・話題の場所に向かう時にも用いられる。

1 How to Avoid Being Late

249 words

1 ❶ You never want to **be late for** class. But **once in a while**, you stay up late at night, **losing yourself in** a TV show or video game. Or maybe you simply find that you **are incapable of waking** up early. You want to be on time, but you just can't. You're **at your wit's end**, and you may
5 decide that you're just not **cut out for** mornings.

❷ Don't worry! There are solutions. Experts say that going to sleep earlier is the first step. Getting more sleep at night will **make a contribution to** earlier and more productive mornings. Some people **turn to** sleeping pills, but these should be a last resort. Just create a
10 bedroom environment that **is suitable for** a good night's sleep.

❸ Another good idea is to develop a new routine for the mornings. If you have some delicious tea or breakfast treats to enjoy **in the course of getting ready for** school, you'll look forward to starting your day. And if you feel like you're always **on the go**, set aside a few minutes to breathe
15 quietly and relax.

❹ What if you're still late? If the class is already **in progress** when you get there, after class, **get in contact with** a friend and find out what you missed in the class. And even if you fail at first, don't **lose sight of** your goal. Just keep trying, and you'll become a more punctual person **in no**
20 **time**.

☑ Check!!

❶ □ **stay up** → 英文37
□ **maybe** 副 もしかしたら，たぶん
❷ □ **worry** 自 心配する 他 を心配させる
□ **solution** 名 解答；解決
└solve 他 を解く；を解決する
□ **productive** 形 生産的な；生産力がある
├product 名 製品；産物
├produce 他 を製造する
└production 名 生産（物）
□ **resort** 名 頼ること；手段；行楽地
自（手段に）訴える；よく行く
□ **create** 他 を創造する
├creation 名 創造（物）
├creature 名 生き物
└creative 形 創造的な

遅刻しないようにするには

❶　誰だって自ら望んで授業に遅刻したいとは思わない。でも時に，夜更かしをして，テレビ番組やゲームに没頭することもあるだろう。あるいは単に，早起きができないと感じている人もいるかもしれない。時間は守りたい，でもどうしてもそれができないのだ。途方に暮れたあなたは，単に自分は朝型に向いていないんだ，と決めつけてしまうかもしれない。

❷　大丈夫！　解決策はある。専門家によれば，まずは早寝から始めることだ。夜の睡眠時間を増やすことは，朝の目覚めをより早く，生産性の高いものにするのに役立つだろう。睡眠薬に頼る人もいるが，これは最後の手段とすべきだ。とにかく，寝室の環境を質の高い睡眠に適したものにしてみよう。

❸　朝に新しい習慣をつくるのも１つの良い考えだ。学校へ行く支度をしている間に，おいしい紅茶やとっておきの朝食が楽しめるとしたら，きっと１日を始めるのが楽しみになるだろう。四六時中あわただしいと感じるようなら，２，３分時間をつくって，静かに呼吸し，リラックスするようにしよう。

❹　それでもやっぱり遅刻をするという時は？　もし，学校に着いた時にもう授業が進行中だったなら，授業後，友達と連絡を取って，自分が授業で聞き逃したことについて確認しよう。また，仮に初めはうまくいかなかったとしても，自分の目標を見失わないように。挑戦し続ければ，きっとすぐに今より時間を守れる人になれるはずだ。

□ **environment**　名 環境
　└environmental　形 環境の

❸□ **develop**　他 を発展させる，を成長させる
　└development　名 発展，成長

□ **routine**　名 日課；決まりきった仕事
　形 日常の；型通りの

□ **look forward to** → 英文41

□ **set aside** → 英文72

□ **breathe**　自 呼吸する
　└breath　名 呼吸

❹□ **what if** → 英文50

□ **miss**　他 を見逃す；に乗り遅れる；（人）がいなくてさびしい

□ **punctual**　形 時間を厳守する

1 □ **be late for ～** ～に遅れる

Don't ***be late for*** your appointment.（予約に遅れないようにしてください。）

⇔ in time (for ～)

2 □ **once in a while** 時々

It's good to take a break ***once in a while***.（時々休むのはよいことです。）

≒ at times

3 □ **lose oneself in ～** ～に没頭する；～に夢中になる

I ***lost myself in*** the beauty of nature.（私は自然の美しさに夢中になった。）

≒ be absorbed in ～

4 □ **be incapable of …ing** …することができない

This room ***is incapable of holding*** 50 people.
（この部屋は50人を収容することはできない。）

≒ There is no …ing ⇔ be capable of …ing

5 □ **at one's wit's end** 途方に暮れて；ほとほと困っている

She was ***at her wit's end***.（彼女は途方に暮れていた。）

≒ at a loss

6 □ **be cut out for〔to be〕～** ～に向いている；～に適している

He***'s not cut out to be*** a musician.（彼は音楽家には向いていない。）

cf. be worthy of ～ ～に値する

7 □ **make a contribution to ～** ～に貢献〔寄与〕する

He ***made a*** large ***contribution to*** his school.（彼は学校に大いに貢献した。）

≒ contribute to ～

8 □ **turn to ～** ～に頼る；～の方へ向く

He ***turned to*** me for the financial support.（彼は金銭的支援を私に頼った。）

≒ count on〔upon〕～

9 □ **be suitable for ～** ～に適した

This dress ***is suitable for*** the occasion.（このドレスはその機会に適している。）

10
□ **in the course of ～**　～の間に；～の過程で

We found a solution ***in the course of*** our conversation.
（私たちは会話の過程で解決策を見つけた。）

cf. in the process of ～　～の過程〔途中〕で
Our house is ***in the process of*** construction.（私たちの家は建設中です。）

11
□ **get ready for ～**　～の準備をする

Let's ***get ready for*** the trip.（旅の準備をしよう。）

12
□ **on the go**　（常に忙しく）活動中で

He eats his breakfast ***on the go***.（彼は移動中に朝食を食べる。）

cf. at work　仕事中で；活動中で

13
□ **in progress**　進行中で

The project is currently ***in progress***.（プロジェクトは現在進行中だ。）

≒ under way

14
□ **get in contact with ～**　～に連絡を取る；～と接触する

When you arrive there, ***get in contact with*** him.
（そこに着いたら，彼に連絡を取ってください。）

≒ keep in touch with ～

15
□ **lose sight of ～**　～を見失う；～を見落とす

Don't ***lose sight of*** your goals.（目標を見失わないで。）

⇔ catch sight of ～

16
□ **in no time**　すぐに；まもなく

She will be here ***in no time***.（彼女はすぐにここに来るでしょう。）

2 How to Make Friends

259 words

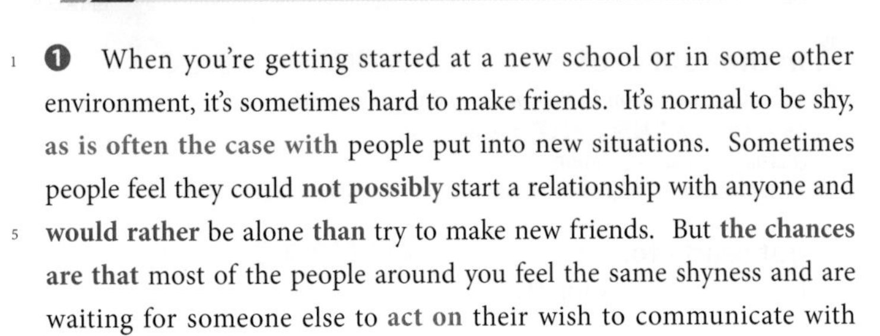

❶ When you're getting started at a new school or in some other environment, it's sometimes hard to make friends. It's normal to be shy, **as is often the case with** people put into new situations. Sometimes people feel they could **not possibly** start a relationship with anyone and **would rather** be alone **than** try to make new friends. But **the chances are that** most of the people around you feel the same shyness and are waiting for someone else to **act on** their wish to communicate with someone new.

❷ When you're in a situation with new people, the first step is to look around at them. Then **pick out** someone who has a style that **is similar to** yours. It could be their hair, clothing, bag, or shoes.

❸ Once you've **singled out** a potential new friend, it's important to know what to talk about. If you're in the same school or club, you have common topics. If not, you can say something nice about the person, or ask what they like and see what you **have in common with** them. Don't **be afraid to** simply introduce yourself to someone nearby. You may not **see** them **as** a possible friend **at first glance**, but talking to them may surprise you.

❹ If the other person doesn't become your friend, it's OK. Don't give up! If you **are anxious to** make a friend, it may not happen right away. There's no need to **make haste**. A deep breath should put you **at ease**. Then you can find someone new and start again.

☑ *Check!!*

❶
- □ **normal** 形 普通の；標準の
- □ **shy** 形 内気な，恥ずかしがりの
  - └shyness 名 内気
- □ **situation** 名 状況；状態
  - ≒ condition 名 状態；条件
- □ **relationship** 名 関係
  - └relate 他 を関連づける 自 関連する
  - ≒ relation 名 関係；関連
- □ **communicate** 自 連絡を取る 他 を伝える
  - └communication 名（意思）伝達；通信（手段）

友達作りのコツ

音声

❶ 新しい学校やその他の環境で，いざ新しい生活を始めようという時，友達作りに苦労することもあるだろう。恥ずかしいと感じるのは当たり前のことで，新しい環境に置かれた人間にはよくあることだ。時には誰かと新しい関係性を築くことなんて到底できない，新しい友達を作ろうとするより独りでいた方がマシ，なんて感じてしまうこともある。でもおそらく，あなたの周りの人も大半は同じような恥ずかしさを感じており，自分以外の誰かが，初対面の人とコミュニケーションをとりたいという望みから行動するのを待っているのだ。

❷ 初対面の人と一緒にいる時は，まずその人たちを観察してみよう。そして，自分と似たスタイルを持った人を選び出そう。それは髪型や着ている服，カバン，あるいは靴かもしれない。

❸ 新しい友達候補を絞ったら，次は何を話すかが重要だ。学校やクラブ活動で一緒になった人なら，共通の話題がある。そうでないなら，その人について何か気の利いたことを言うのもいいし，何が好きかを聞いてみて，その人との共通点を探ってみるのもいいだろう。恐れずに，近くにいる人にただ自己紹介してみよう。一見，その人が友達になれそうには思えなかったとしても，話してみると驚かされることもあるものだ。

❹ 話しかけてみた人が友達にならなかったとしても，それでかまわない。あきらめないことだ！　友達を作りたいと切実に思っていても，すぐにはできないこともあるだろう。慌てる必要はない。深呼吸をすれば気持ちも落ち着くはず。そしたらまた別の人を見つけて，もう一度やってみよう。

---

❸ □ **once** 接 いったん…すると
副 一度；かつて　名 一回
□ **potential** 形 潜在的な；可能性のある
名 潜在能力；可能性
□ **common** 形 共通の；ありふれた
└commonly 副 普通；一般に

□ **introduce** 他 を紹介する
└introduction 名 紹介；導入
□ **nearby** 形 すぐ近くの　副 すぐ近くに

17
☐ **as is often the case (with ～)**　(～に) よくあることだが

As is often the case with Janet, she's broke.
(ジャネットにはよくあることだが，彼女は金欠だ。)

≒ as is usual with ～

18
☐ **act on 〔upon〕 ～**　～に基づいて行動する；～に作用する

Nick always *acts on* his intuition. (ニックはいつも彼の直感にしたがって行動する。)

19
☐ **pick out ～** 口語　～を選ぶ

Here's a book I *picked out* just for you. (これはあなたのためだけに選んだ本です。)

cf. pick up ～　～を拾い上げる；～を (乗り物で) 迎えに行く

20
☐ **be similar to ～**　～と似ている

Your idea *is* pretty *similar to* his. (あなたのアイデアは彼のものとかなり似ている。)

cf. take after ～　(人が) ～に似ている

21
☐ **single out ～**　～を特に選び出す

He *singled out* his son as his successor. (彼は息子を後継者に選んだ。)

22
☐ **have ～ in common (with ...)** 口語　(…と) 共通の～を持つ；(…と) ～を共有している

We *have* a lot *in common*, don't we? (私たちには多くの共通点がありますよね。)

cf 1. in common (with ～)　(～と) 共通して
　I have nothing *in common with* him. (私は彼とは何の共通点もない。)
cf 2. be common to ～　～に共通している
　Your complaint *is common to* all of us. (あなたの不満は私たち全員に共通するよ。)

23
☐ **be afraid to *do***　怖くて…できない

I used to *be afraid to* sing in front of others. (以前は人前で歌うのが怖かった。)

cf. be afraid of ～　～を恐れている

24
☐ **see A as B** 口語　AをBとみなす〔考える〕

We *see* that *as* a temporary solution. (それは一時的な解決策だと考えている。)

≒ regard A as B

25
☐ **at first glance**　一見したところ；一目見ただけで

At first glance, these two things look identical.
(この2つは一見，同じように見える。)

26 □ **be anxious to *do*** …することを切望する

He *was anxious to* go back to his home country.
(彼は祖国に帰ることを切望していた。)

cf. be anxious about ～　～を心配〔憂慮〕している
≒ be impatient to *do*　≒ be curious to *do*

27 □ **make haste** 口語　慌てる；急ぐ

Make haste slowly. (ゆっくり急げ。)

≒ hurry up

28 □ **at (one's) ease**　気楽に；安心して

She feels completely *at ease* with her dog.
(彼女は愛犬と一緒にいると，すっかり安心している。)

1 □ **not possibly**　どうしても…ない

I can*not possibly* complete this within a day.
(1日でこれを完成させるのはとても無理です。)

2 □ **would rather ～ than ...**　…するよりむしろ～したい

I *would rather* listen to the radio *than* watch television.
(テレビを見るよりむしろラジオを聞きたいな。)

→ p.77 助動詞⑩

3 □ **the chances are that ...** 口語　おそらく…だろう

The chances are that he will not come. (おそらく彼は来ないだろう。)

→ p.78 接続詞①

cf. for all I know　多分；私の知ったことではないが
For all I know, he might be truthful. (多分，彼は真実を語っている。)

3 Gap Term

232 words

1 ❶ When spring comes, students in Japan know that the new school year is **just around the corner**. The school year starts in April, **when** cherry blossoms are in bloom. However, most schools outside of Japan start the year in August or September. Some Japanese universities are 5 considering changing the start of their school year from spring to fall. If this change **came into effect**, it would create a "gap term." What would **become of** students if they had to spend this time away from school?

❷ Some think it's a good idea. **At present**, Japanese students are very busy. They don't have time to develop things like social skills or personal 10 interests. A gap term could **go a long way toward** fixing that. Students could **participate in** activities **such as** volunteering and working during that time. They could also **brush up on** the lessons they learned before.

❸ Others **are content with** the current school year schedule. If the school year changes **all of a sudden**, it will cause problems. If students 15 spend the time **at home**, they may not do anything meaningful. The time will just **go by** and **be of no use** to them. They may develop bad habits.

❹ **By all means**, if students have the opportunity to take a gap term, they should go for it. At the same time, **it is** important **that** students 20 **keep** their future goals **in mind**.

☑ Check!!

❶□ **blossom** 名 花 自 咲く
□ **consider** 他 をよく考える；を（〜と）考える
　├ consideration 名 熟考
　└ considerably 副 かなり
□ **gap** 名 隙間；間隔；隔たり
□ **term** 名 間；学期；（専門分野の）用語
□ **spend** 他（お金や労力）を費やす；（時・休暇）を過ごす
❷□ **skill** 名 技術；熟練
　└ skillful 形 熟練した
□ **fix** 他 を直す；（日程など）を決定する；を固定する

ギャップターム

音声

1 2 3 4 5 6 7 8 9 10 11 12 13 14 15 16 17 18 19 20 21 22 23 24 25 26 27 28 29 30 31 32 33 34 35 36 37 38 39 40 41 42 43 44 45 46 47 48 49 50 51 52 53 54 55 56 57 58 59 60 61 62 63 64 65 66 67 68 69 70 71 72 73 74

❶　春が来ると，日本の生徒たちは新学期が間近に迫っていることを知る。学校の年度は，4月に始まる。そしてその時，桜も咲いている。しかし，日本以外の学校では8月や9月に始まることがほとんどだ。学年の開始時期を春から秋へと変更することを検討している日本の大学もある。もしこうした変更が実施されれば，「ギャップターム」が生じることになる。この期間を学校から離れて過ごさなくてはならなくなったら，生徒たちはどうなるだろうか。

❷　よいアイデアだと考える人もいる。現在，日本の生徒は非常に忙しい。彼らには，社会性を身につけたり，個人的な興味・関心を深めたりする時間がないのである。ギャップタームはそれを解決するのに大いに役立つかもしれない。その期間に生徒たちはボランティアやアルバイトといった活動に参加することもできる。以前に学校で習ったことを復習するのもよいだろう。

❸　一方，現状の学年度スケジュールで満足している人もいる。学年度が急に変更となると，問題が生じるだろう。その期間を家で過ごすとなった生徒は，何ひとつ有意義なことをしないかもしれない。ただ時間が過ぎ，彼らにとって何の役にも立たないだろう。ろくでもない習慣を身につけることもあるかもしれない。

❹　ギャップタームの機会を得ることになったなら，生徒はぜひともそれを最大限に活かすべきだ。同時に，生徒は自分の将来の目標を念頭に置いておくことが重要である。

□ **volunteer**　自 ボランティア活動をする
　他 を自発的に申し出る
　名 ボランティア；志願者

❸□ **current**　形 現在の，現在通用している
　名 流れ

□ **cause**　他 を引き起こす　名 原因

□ **meaningful**　形 意味のある
　├meaning　名 意味，意義
　└mean　他 を意味する

❹□ **opportunity**　名 機会
　≒chance　名 機会；チャンス

□ **future**　名 未来；将来（性）

29
☐ **(just) around〔round〕the corner** 間近に来て

The vacation is *just around the corner.*（休暇はもうすぐだ。）

30
☐ **come into effect** （法律・制度などが）発効する；〔実施される〕

The new law *comes into effect* tomorrow.（新法は明日から施行される。）

31
☐ **become of ～** ～はどうなるのだろうか（通例 what が主語）

Jack was arrested. What will *become of* him?
（ジャックは逮捕された。彼はどうなってしまうの？）

32
☐ **at present** 現在は

Things are going well *at present.*（現在は物事は順調に進んでいる。）

33
☐ **go a long way to〔toward(s)；in〕～** ～に大いに役立つ；効果がある

Mild exercise *goes a long way to* improving health.
（軽い運動は健康増進に大いに役立つ。）

34
☐ **participate in ～** ～に参加する

More young people should *participate in* elections.
（若い人がもっと選挙に参加すべきです。）

≒ take part in ～

35
☐ **such as ～** たとえば～（のような）

I'd like to visit an island, *such as* Guam.（私はたとえばグアムのような島を訪れたい。）

cf. such ～ as ... …のような～

Read *such* books *as* will benefit you.（ためになるような本を読みなさい。）

→ p.63 関係代名詞⑤

36
☐ **brush up (on) ～** 口語 ～（知識・技術など）をやり直す

I'm going to Barcelona, so I'm *brushing up* my Spanish.
（バルセロナに行くので，スペイン語を学び直している。）

37
☐ **be content with ～** ～に満足している

The manager *is content with* your financial plan.
（部長は君の資金計画に満足している。）

≒ be satisfied with ～ ≒ be pleased with〔at；about〕～

cf. be content to *do* 喜んで〔進んで〕…する

He *is content to* help poor people.（彼は貧しい人たちを助けることに満足している。）

38
□ **all of a sudden** 口語 突然

All of a sudden, it began raining. (突然雨が降り始めた。)

≒ all at once

39
□ **at home** 口語 家で；本国で

Can I work ***at home*** today? (今日は在宅勤務でもいいですか？)

40
□ **go by** 口語 経過する；通り過ぎる

As time ***goes by***, my memory seems to be worse.
(時が経つにつれて，私の記憶力は衰えているようだ。)

≒ pass by ～

41
□ **be of no use** まったく役に立たない

My smartphone ***was of no use***. The battery was dead.
(私のスマートフォンは使い物にならなかった。バッテリー切れで。)

⇔ be of use

42
□ **by all means** 口語 何としても；ぜひとも

You should ***by all means*** read this novel. (君は何としてもこの小説を読むべきだ。)

≒ at all costs ≒ at any cost ≒ at any price

43
□ **keep〔bear〕～ in mind** ～のことを心に留めておく

Thank you for your advice. I'll ***keep*** that ***in mind***.
(アドバイスありがとう。心に留めておくよ。)

≒ have ～ in mind

4
□ **～, when ...** ～そしてその時…

I was at the station at ten o'clock, ***when*** he happened to be there.
(私は10時に駅にいた。そしてその時たまたま彼もそこにいた。)

→ p.65 関係副詞④b

5
□ **it is ～ that ...** 口語 …することは～である (形式主語のIt)

It is important ***that*** you listen to other people.
(他の人の話に耳を傾けることが大切です。)

→ p.60 it②a

The Origins and Spread of Coffee

257 words

1 ❶ **If one were to** ask most people, "What do you need in the morning?" the answer would surely be coffee. **Were it not for** coffee, some people could not even **go on with** their day. Some people drink it straight, while others **add** sugar or milk **to** their coffee.

5 ❷ Where did coffee come from? The exact origins are unknown, but you may have **heard of** this story. **Once upon a time**, a man in Ethiopia named Kaldi was **keeping an eye on** some goats. Some of his goats **went off** and ate some small fruits from a tree. **To his surprise**, these goats became very active and energetic. Kaldi **presented** religious workers
10 **with** his findings. They threw the berries into a fire, thinking they were evil. But after smelling the rich *aroma from the beans, they used them to make a delicious hot drink.

❸ How popular is coffee today? It has been called the second most heavily traded product in the world, **next to** oil. Some economists **point**
15 **out that** this figure may be exaggerated. But **be** it true **or** false, coffee is still one of the world's major industries. It was worth US $30 billion in 2015. And it **accounts for** about 7 to 8% of Colombia's GDP.

❹ Coffee beans must be grown, produced, exported, roasted, and sold. Workers in these processes, especially farmers, are **not always** treated
20 well. The Fair Trade movement seeks to **pay** farmers **for** their work, **so that** they earn enough money to live—**whatever may** happen to the price of coffee.

（注）aroma「香り」

☑ Check!!

❷☐ **exact** 形 正確な
　└exactly 副 正確に
☐ **origin** 名 起源
　├original 形 最初の，独創的な；元の
　└originate 自 始まる；起こる

☐ **energetic** 形 活動的な；エネルギーの
　└energy 名 元気；エネルギー
❸☐ **trade** 他（商品など）を取引〔売買〕する；を交換する 自 貿易する；売買する 名 貿易；商売
☐ **exaggerate** 他 を誇張する
　└exaggeration 名 誇張

コーヒーの起源と普及

❶　「あなたは朝に何が必要か？」と誰かが質問したなら，きっとほとんどの人が「コーヒー」と答えるだろう。コーヒーがなかったら，その日１日を続けることができないという人さえいるかもしれない。ストレートで飲む人もいるし，砂糖やミルクを加えて飲む人もいる。

❷　コーヒーはどこから来たのだろうか。正確な起源はわかっていないものの，次の話を聞いたことがある人もいるだろう。昔，エチオピアに暮らすカルディという名の男がヤギの見張り番をしていた。何頭かのヤギが逃げ出し，１本の木になっている小さな実を食べた。驚いたことに，その実を食べたヤギたちは活力がみなぎり元気いっぱいになった。カルディは自分が見つけたものを修道僧に差し出した。修道僧たちはその実を邪悪なものと見なし，火に投げ入れた。しかしその豆から漂ってくる芳醇な香りをかぐと，彼らはそれを使って美味なる温かい飲み物を作った，というのである。

❸　今日，コーヒーはどのくらい普及しているのだろうか。コーヒーは石油に次いで世界で２番目に多く取引されている製品だと言われてきた。経済学者の中には，２位は言い過ぎだろうと指摘する者もいる。しかし，その真偽がどうであれ，コーヒーが世界有数の一大産業であることには変わりない。2015年には300億米ドル相当の価値をもたらした。コロンビアのGDPの約７～８％を占めてもいる。

❹　コーヒー豆は，生育され，生産され，輸出され，焙煎され，それから販売される必要がある。このプロセスに関わる労働者，とりわけその生産者は，待遇が良くないこともしばしばである。「フェア・トレード」の運動は，生産者たちに労働の対価が支払われ，その結果彼らが生活していくのに満足な額を稼げるようにする──コーヒーの価格に何が起ころうと。

□ **industry**　名 産業；工業
　└industrial　形 産業〔工業〕の
□ **worth**　前 の価値がある　名 価値
　└worthy　形 価値のある

❹□ **export**　他 を輸出する　名 輸出（品）
　⇔import　他 を輸入する　名 輸入（品）
□ **process**　名 製造〔処理〕過程；経過
　　他 を処理〔加工〕する
□ **treat**　他 を扱う；を治療する
　└treatment　名 待遇；治療

44
☐ **go on (with ～)** 口語　～を続ける；続く
OK, everyone, *go on with* your work.（さあ皆さん，自分の作業を続けてください。）

45
☐ **add A to B** 口語　AをBに加える
A service charge is *added to* the bill.（サービス料が勘定に加えられます。）
cf. add to ～　～を増やす

46
☐ **hear of ～**　～のうわさを聞く
Hi, I *hear* a lot *of* you from Sarah.
（どうも。あなたのことはサラからよく伺っていますよ。）
cf. hear from ～　～から聞く〔便りがある〕

47
☐ **once upon a time** 口語　昔々
Once upon a time there lived an old couple.
（昔々，おじいさんとおばあさんが暮らしていました。）

48
☐ **keep an eye 〔one's eye(s)〕 on ～** 口語　～から目を離さない；～を見張る
Keep an eye on the baby.（赤ちゃんから目を離さないように。）

49
☐ **go off** 口語　去る；爆発する；(明かりが) 消える
Suddenly all the lights in the room *went off*.（突然，部屋のすべての電気が消えた。）

50
☐ **present A with B**　AにBを見せる；AにBを贈る
We *presented* Mr. Jones *with* a bunch of flowers.
（私たちはジョーンズ先生に花束を贈りました。）
cf. share A with B　AをBと共有する

51
☐ **next to ～** 口語　～に次いで；ほとんど
Lucas knew *next to* nothing about filmmaking.
（ルーカスは映画製作についてほとんど何も知らなかった。）

52
☐ **point out that ...**　…だと指摘する
Janet *pointed out that* the data was inaccurate.
（ジャネットは，そのデータが不正確だと指摘した。）
cf 1. point out ～　～を指し示す；～を指摘する
Can you *point out* what you want?（欲しいものを指で指してください。）
cf 2. point to ～　～を指し示す；～を指摘する
The article *points to* an interesting fact.（その記事は興味深い事実を指摘している。）

53 □ **account for 〜** 〜を占める；〜(の理由)を説明する

There is no ***accounting for*** tastes.
(人の趣味を説明することはできない〔蓼(たで)食う虫も好きずき〕。)

54 □ **pay (A) for B** 口語 Bの代金(としてA)を支払う

I ***paid*** 70 dollars ***for*** the shoes. (私はその靴に70ドル払った。)

6 □ **if S were to *do*** 口語 もし…することがあれば〔あっても〕

If the sun ***were to*** rise in the west, I would never tell a lie.
(太陽が西から昇るとしても，私は嘘をつきません。) → p.89 仮定法⑤b

7 □ **were it not〔had it not been〕for 〜** もし〜がなければ〔なかったら〕

Were it not for water, nothing could live. (もし水がなければ，何物も生きられない。)
→ p.88 仮定法①b

≒ If it were not〔had not been〕for 〜

8 □ **to one's ＋感情を表す名詞** …したことには

To my surprise, he passed the exam. (驚いたことに，彼は試験に合格した。)
→ p.90 名詞・代名詞①

9 □ **be S 〜 (or …)** Sが〜であろうと(…であろうと)

Be it true ***or*** false, we must talk about it. (それが本当であろうと偽りであろうと，私たちはそれについて話さなければならない。) → p.85 譲歩2②

10 □ **not always** 必ずしも…(とは限ら)ない

He is ***not always*** right. (彼は必ずしも正しくない。) → p.86 否定①

11 □ **〜, so that …** 口語 〜それで…；〜その結果…

I overslept, ***so that*** I missed the train. (私は寝過ごし，その結果列車に乗り遅れた。)

12 □ **whatever (may) …** たとえ何が〔を〕…しようと

Whatever happens, I won't change my mind.
(たとえ何が起ころうとも私は決心を変えません。) → p.84 譲歩①

≒ no matter what (may) …

5 The Knowledge of London

257 words

1 ❶ To become a taxi driver in London, you must take **what is called** the Knowledge of London. According to the *New York Times*, "it has been called the hardest test, of any kind, in the world." It is **too** difficult **for** about 70% of the test takers **to** pass.

5 ❷ The test covers all of the roads and landmarks in London. The person taking the test must know **in detail** some 25,000 streets covering about 32,000 kilometers. They will **spend** three to four years **on** preparation for the test. They must learn the best route to hospitals, theaters, parks, and other places. This is so they can offer excellent 10 service when they **give a ride** to someone who is **in a hurry**. Prospective taxi drivers also need to **watch out for** areas that are **under construction** and other changes. If they **make a mistake**, they have to take the test again.

❸ Drivers must also **have a good eye for** even the smallest details. 15 One test taker was asked about a statue of mice eating **a piece of** cheese! After passing the test and getting their green badge, they can **make a living** as the driver of a "black taxi." This will show that their knowledge of the London streets is **second to none**.

❹ Some say that people needn't **take the trouble to** pass such a 20 difficult test. They say the old cab system is **out of date** because of GPS and navigation. Maybe so, but **for the present**, there are no plans to do away with the test.

☑ *Check!!*

❶ □ **knowledge** 名 知識
□ **according to** → 英文23
❷ □ **landmark** 名 (航海者･旅行者の)陸標；歴史的建造物；画期的な発見
□ **excellent** 形 優れた；極めてよい
□ **prospective** 形 将来の；有望な
□ **area** 名 地域；領域
≒ **region** 名 地域；地方
❸ □ **detail** 名 細部
□ **statue** 名 像

❶ ロンドンのタクシー運転手になるには,「ナレッジ・オブ・ロンドン(ロンドンに関する知識)」なるものを受験しなければならない。ニューヨーク・タイムズによれば,「それは種類を問わず,世界で最難関の試験であると言われている」。受験者の約70%が合格できないほど難しいのである。

❷ その試験範囲は,ロンドンのあらゆる道路から標識にまで及ぶ。受験者は合わせて約3万2000キロメートルにもなる,およそ2万5000本の通りについて詳細に知っていなければならない。受験者たちはこの試験をパスするための準備に3年から4年費やす。病院や劇場・映画館,公園その他の場所へ行くための最適なルートを学ぶ必要がある。これは,急いでいる人を乗せる際に優れたサービスを提供できるようにするためだ。タクシー運転手になろうとする者は,工事中など,いつもと状況が違うエリアにも注意しなければならない。間違いを犯せば,テストはやり直しとなる。

❸ 運転手には,どんな小さなことをも見逃さないことが求められる。過去には,一切れのチーズをかじっているネズミの像について問われた受験者もいたのだ! この試験に合格し,緑のバッジをもらうと,彼らは晴れて「ブラック・タクシー」の運転手として生計を立てることができるようになる。これが,ロンドンの通りに関する彼らの知識が最高のものであることの証となるのだ。

❹ こんなに難しい試験をわざわざ通過する必要などないと言う人もいる。GPSやナビが利用できる今,昔ながらのタクシーのシステムは時代遅れだ,と言うのである。確かに一理ある。しかし当面は,この試験が廃止される予定はない。

1 2 3 4 **5** 6 7 8 9 10 11 12 13 14 15 16 17 18 19 20 21 22 23 24 25 26 27 28 29 30 31 32 33 34 35 36 37 38 39 40 41 42 43 44 45 46 47 48 49 50 51 52 53 54 55 56 57 58 59 60 61 62 63 64 65 66 67 68 69 70 71 72 73 74

---

❹□ **system** 名 仕組み;制度;体系
□ **navigation** 名(乗り物の)ナビゲーション;航行〔航海〕術
□ **do away with** → 英文43

55
☐ **what is called ～** 口語　いわゆる～

I'll try *what is called* an 'ekiben' on the Shinkansen.
(新幹線ではいわゆる「駅弁」というのを試してみるよ。)

≒ what we〔they〕call

56
☐ **in detail**　詳細に；詳しく

I haven't looked at the plans *in detail* yet. (まだその計画を詳しく見ていないんだ。)

≒ at length

57
☐ **spend A on〔for〕B** 口語　A（金・時間）をBに費やす

He *spent* all the money *on* books. (彼はすべてのお金を本に費やした。)

cf. spend ～ (in) …ing　～（時）を…して過ごす

58
☐ **give ～ a ride〔lift〕**　～を車に乗せてあげる；～を車で送る

Shall I *give* you *a ride* to the airport? (空港まで車で送りましょうか。)

59
☐ **in a hurry** 口語　急いで；慌てて

Don't be *in a hurry*. (慌ててはいけません。)

≒ in haste
cf. hurry up　急ぐ

60
☐ **watch out (for ～)** 口語　(～に) 気をつける；(～に) 用心する

The air is extremely dry. *Watch out for* fire.
(空気が非常に乾燥している。火事には用心を。)

≒ look out (for～)

61
☐ **under construction**　工事〔建設〕中の

A new school building is *under construction*. (新校舎は建設中だ。)

62
☐ **make a mistake**　間違える；失敗する

He is *making a* big *mistake*. (彼は大きな間違いをしている。)

63
☐ **have an〔a good〕eye for ～**　～に対する鑑識眼〔見る目〕がある

Patty *has an eye for* modern art. (パティは現代アートの目利きだ。)

64
☐ **a piece of ＋不可算名詞** 口語　１つ；１点；１件

I'll give you *a piece of* advice. (１つだけアドバイスしよう。)

65 □ **make a〔one's〕living** 収入を得る；生計を立てる

He ***makes a living*** by teaching English to children.
（彼は子供たちに英語を教えて生計を立てている。）

66 □ **second to none** 口語 右に出るものはいない

This is an excellent machine—***second to none***.
（これは素晴らしいマシンだ——他の追随を許さないほど。）

67 □ **take the trouble to *do*** わざわざ…する；労を惜しまずに…する

Mr. Lee ***took the trouble to*** come to see me.
（リー先生はわざわざ私に会いに来てくれました。）

≒ **go out of one's way to *do***
cf. take pains to *do* …しようと骨を折る
I ***took pains to*** complete the task.（そのタスクを完成させようと骨を折った。）

68 □ **out of date** 口語 時代〔流行〕遅れの

Tablet PCs will be ***out of date*** in the future.
（タブレットPCはいつか時代遅れになるでしょう。）

⇔ **up to date**

69 □ **for the present** 差し当たり；とりあえず今は

For the present, we have enough food and supplies.
（当面，食べ物と生活必需品は十分にあります。）

≒ **for the time being**

13 □ **too ～ (for A) to *do*** （Aが）…するには～すぎる

It's never ***too*** late ***to*** start something.（何かを始めるのに遅すぎることはない。）

→ p.67 不定詞⑥

Digital or Paper Books?

239 words

1 ❶ **It appears that** e-books have become commonplace. About 42% of U.S. adults said in a recent survey that they now read either digital books only, or digital books **as well as** paper books. And two-thirds of teachers said they have been using e-books more this year than last year.

5 ❷ How are the two different? Paper books have **a host of** advantages. For one thing, you can sell or **hand down** your paper books to someone else after you've had them **for a while**. **It costs less to** buy second-hand paper books. And if you **hang on to** special editions or first editions of paper books, they may become valuable. This doesn't happen with 10 digital books.

❸ On the other hand, digital books have features such as highlighting, dictionaries, and markups. Students **in particular** can **put** these functions **to use**. You can buy an e-book online and start reading it immediately. They do not **take up** space like paper books do. And an 15 e-book reader gives you access to books that have only been **put out** in digital form.

❹ Some readers who **are in the habit of reading** paper books may not be able to **adapt** themselves **to** the digital book format. And some say they don't want to **take a chance** on losing their book collections if the 20 provider goes out of business. But **many a** reader has found that **both** paper **and** digital books provide an enjoyable reading experience.

☑ Check!!

❶☐ **commonplace** 形 当たり前の；普通の
☐ **survey** 名 調査；概観 他 を調査する；を見渡す
❷☐ **advantage** 名 利点；優位
⇔disadvantage 名 不都合なこと
☐ **for one thing** → 英文44
☐ **edition** 名（刊行物の）版
❸☐ **on the other hand** → 英文21
☐ **feature** 名 特徴；特色；（～sで）顔立ち 他 を呼び物とする
☐ **immediately** 副 すぐに
└immediate 形 即座の；差し迫った
☐ **access** 名（～へ行く）手段；アクセス 他 に接続する

電子書籍か，紙の書籍か？

❶　電子書籍はすっかり当たり前のものとなったようだ。最近の調査では，今や米国の成人の約42％が，デジタル書籍のみを読む，あるいは紙の書籍だけでなくデジタル書籍も読むと答えた。そして，教師の3分の2が，電子書籍を利用する機会は昨年と比べて今年の方が多くなっていると答えている。

❷　この2つの違いは何か。紙の本には多くの利点がある。まず，紙の本はしばらく所有したのちに，別の人に売ったり譲ったりできる。中古の紙の本はより安く買える。それに紙の本なら，特別な版や初版を手放さずにおけば，いずれ値打ちものになるかもしれない。電子書籍だとこうはならない。

❸　その一方で，デジタル書籍はハイライト，辞書，マークアップ〔書き込み〕といった機能を備えている。とりわけ学生はこうした機能を活用することができる。電子書籍ならオンラインで購入してすぐに読み始められる。紙の本のようにスペースを取ることもない。それに電子書籍リーダーがあれば，デジタル形式でのみ出されている本が入手できる。

❹　紙の本を読むのが習慣になっている読書家の中には，デジタル書籍の形式に適応することができないという人もいるかもしれない。販売業者が廃業すれば本のコレクションを失ってしまうというリスクをあえて冒したくはないという人もいる。しかし，数多くの読者が，紙の本とデジタル書籍のどちらも楽しい読書体験をもたらしてくれることを実感している。

□ **form**　名 形：（記入）用紙　自 生じる：形を成す　他 を形作る
　└formal　形 正式の：形式的な
≒ shape　名 形

❹□ **provide**　他 を供給する
　≒ supply　他 を供給する　名 供給
□ **experience**　名 経験　他 を経験する

70
☐ **a host of ～** たくさんの～；多数の～

We have overcome ***a host of*** difficulties together.
（私たちは数々の困難を共に乗り越えてきた。）

71
☐ **hand down ～** ～を手渡す；～を後世に残す

This is a legend ***handed down*** over generations.
（これは代々語り継がれてきた伝承です。）

72
☐ **for a while** しばらくの間

Please wait for me here ***for a while***.（しばらくの間，ここで私を待ってください。）

73
☐ **hang on (to ～)** （～を）手放さない；（～に）しがみつく

Let's not ***hang on to*** the past.（過去にしがみつくのはやめよう。）

cf 1. hang up (～) ～（電話など）を切る
Just ***hang up*** the phone.（電話を切りなさい。）
cf 2. hang around〔about；round〕 うろつく；ぶらぶらする
I was ***hanging around*** with my friends.（友達とぶらぶらしていた。）

74
☐ **in particular** 特に

I have nothing to do ***in particular*** tomorrow.
（明日は特に何もすることはありません。）

75
☐ **put ～ to use** ～を利用〔使用〕する

He ***put*** the garage ***to use*** as a workshop.（彼はガレージを作業所として利用した。）

cf. put ～ together ～を合わせる；～をまとめる
Let's ***put*** our heads ***together***.（知恵を出し合おう。）

76
☐ **take up ～** ～（割合など）を占める；～（仕事など）を始める

She will ***take up*** her duties on July 1.（彼女は7月1日から職務に就きます。）

77
☐ **put out ～** ～（本など）を出版する；～（火・明かりなど）を消す

Now, ***put out*** the light and go to sleep.（さあ，もう電気を消して寝なさい。）

≒ **turn off ～** ～（火・明かりなど）を消す ⇔ **turn on ～**
cf. cross out ～ ～に線を引いて〔×印を付けて〕消す；～を（リストなどから）除外する
Cross out the wrong number.（間違っている数字には取り消し線を引いてください。）

78
☐ **adapt A to〔for〕B** AをBに適応させる；AをBに適合させる

I'm now struggling to ***adapt*** myself ***to*** the new class.
（私は今，新しいクラスに適応しようと必死だ。）

cf. admit ～ (to ...) ～が（…に）入る〔入場する・入学する〕ことを認める
I was ***admitted to*** his seminar.（私は彼のゼミに入ることを許された。）

79
☐ **take a chance〔chances〕** 口語 思い切ってやってみる

Let's ***take a chance*** on something new.（思い切って新しいことをやりましょう。）

80
☐ **many a〔an〕～** 多くの～

He spent ***many a*** year in that old apartment.
（彼はその古いアパートで幾年も過ごした。）

14
☐ **it appears (to ～) that ...** （～には）…のように見〔思〕える

It appears to me ***that*** he is ill.（私には彼が病気のように見える。） → p.61 it④c

≒ it seems (to ～) that ...

15
☐ **A as well as B** BだけでなくAも

I like pizza ***as well as*** hamburgers.（私はハンバーガーだけでなくピザも好きです。）

≒ not only B but (also) A
cf. ～ as well 同様に～；～もまた
I like Soseki, and Akutagawa ***as well***.（私は漱石が好きだし，芥川も好きです。）

→ p.87 否定⑤

16
☐ **it costs S ～（金額）to *do*** S（人）が…するのに（金額）かかる

It cost them 1,000 dollars ***to*** move there.
（彼らがそこへ引っ越すのに1,000ドルかかった。） → p.61 it④b

17
☐ **be in the habit of …ing** …する習慣になっている

She ***is in the habit of biting*** her fingernail.（彼女は爪を噛む癖がある。）

18
☐ **both A and B** AもBも；AとBの両方

Both you ***and*** she have to attend the meeting.
（君と彼女の両方が会議に出席しなければならない。） → p.80 接続詞⑩

cf 1. neither A nor B AもBも…ない cf 2. either A or B AまたはB

7 Yawning

244 words

1 ❶ Yawning is an unconscious action. People seldom yawn **at will**. It usually happens **of its own accord**, so you don't have to **remember to do** it. And people of all ages yawn. Babies yawn **not only** after they are born **but also** when they are still inside their mother.

5 ❷ Often, people think a yawn means we **are bored with** something. There is more to it than that. But **to tell you the truth**, scientists aren't quite sure why we yawn. One reason may be for our bodies to **see to it that** our brains get enough oxygen when we're not breathing deeply. Another reason may be to stretch the lungs **to the fullest** to keep them

10 healthy.

❸ **With all** this talk of yawning, you may feel the urge to yawn. Yawning is also contagious. When we see someone yawn, we often **cannot help but** yawn ourselves. We can't hold it in **no matter how** hard we try. Research shows that more than 50% of people **break out**

15 yawning after watching someone else yawn.

❹ Other studies have found that people are even more likely to catch a yawn from a familiar person than a stranger. And a University of Tokyo researcher named Teresa Romero found that the same **is true of** dogs. Dogs **are** more **liable to** yawn if they see a familiar person yawning.

20 This **is of interest** to scientists who study *empathy, as it shows that dogs may have special feelings toward people.

（注）empathy「感情移入」

☑ Check!!

❶☐ **yawn** 自 あくびをする　名 あくび
☐ **unconscious** 形 気づいていない
⇔conscious 形 気づいている
❷☐ **brain** 名 脳：知能
❸☐ **urge** 名 衝動　他（～ to *do* で）～に…するようせきたてる
☐ **contagious** 形 伝染性の：保菌者の
☐ **research** 名 調査：研究　他 を調査〔研究〕する

あくびの謎

音声

❶　あくびは無意識の動作である。人が自分の意志であくびをするということはめったにない。普通はひとりでに出るもので，そのため，あくびをするのを覚えておく必要はない。また，どの年代の人もあくびをする。赤ちゃんは生まれてからだけでなく，まだ母親の中にいる時にもあくびをしている。

❷　あくびをするのは何かに退屈しているからだと思っている人が多い。実情はそれより複雑だ。だが実を言えば，科学者たちもなぜ人があくびをするのかよくわかっていない。呼吸が浅くなっている時に，私たちの体が，確実に脳が十分な酸素を得られるようにしている，というのが理由の１つかもしれない。肺を健康に保つことを目的に肺を完全に広げるため，というのも理由として挙げられるかもしれない。

❸　あくびについての話ばかりなので，あなたはあくびをしたくなってくるかもしれない。あくびは伝染性でもある。誰かがあくびをするのを見ると，自分もあくびをしてしまうということがよくある。どれだけ我慢しようと思っても出てしまう。研究の示すところによれば，50%を超える人が，誰か別の人があくびをするのを見ると突然あくびが出てしまうという。

❹　別の研究によれば，赤の他人より，親しい人からの方があくびはうつりやすいという。東京大学の研究者であるテレサ・ロメロ氏は，これが犬にも当てはまることを発見した。犬は，親しい人があくびをしているのを見た時の方があくびをしやすい。これは感情移入について研究する科学者たちにとって興味深いものである。というのもそれは，犬が人間に対して特別な感情を抱いているかもしれないことを示しているからだ。

---

❹□ **familiar**　形 よく知っている：精通している

⇔unfamiliar　形 よく知らない

□ **stranger**　名 見知らぬ人

81 □ **at will** 意のままに

He can operate the computer *at will*.（彼は意のままにコンピューターを操作できる。）

82 □ **of one's own accord 〔free will〕** 自発的に；自らの自由意思で

You joined *of your own accord*, didn't you?（君は自分の意思で参加したんだよね？）

83 □ **be bored with 〔of〕 ～** 口語 ～に退屈している；～にうんざりしている

It seems Anna *is bored with* her current job.
（アンナは今の仕事に退屈しているようだ。）

84 □ **see (to it) that ...** …するよう取り計らう〔気をつける〕

Please *see to it that* she can go home earlier.
（彼女がもっと早く帰れるようにしてください。）

85 □ **to the fullest 〔full〕** 十分に；思う存分

I have enjoyed the party *to the fullest*.（私はパーティーを十分に楽しんだ。）

≒ to one's heart's content
cf. leave nothing to be desired　まったく申し分がない
Her performance *left nothing to be desired*.（彼女の演技はまったく申し分なかった。）

86 □ **with all ～** 口語 ～ばかりなので；～にもかかわらず

Monica, *with all* her faults, is an attractive person.
（欠点はあれど，モニカは魅力的な人だ。）

≒ in spite of ～

87 □ **break out** （戦争・災害などが）突然起こる

War between the two nations *broke out*.（その2国間で戦争が勃発した。）

88 □ **be true of ～** ～に当てはまる

The same *is true of* your case.（あなたの場合にも同じことが当てはまる。）

89 □ **be liable to *do*** …しやすい傾向にある；…する義務がある

You *are liable to* misjudge when you lack sleep.
（睡眠が不足していると，人は判断を誤りがちだ。）

≒ be apt to *do*　≒ be likely to *do*　≒ be prone to *do*

90 **be of interest** 興味深い

International politics ***is of interest*** to me.（国際政治は私にとって興味のあるものだ。）

19 **remember to *do*** 口語 忘れずに…する；…することを覚えておく

Make sure you ***remember to*** buy eggs.（忘れずに卵を買ってくるようにね。）

20 **not only A but (also) B** AだけでなくBも…

He is respected ***not only*** because he is wise, ***but*** because he is kind to others.
（彼は賢明であるためだけでなく，他人に親切でもあるので尊敬されている。）

→ p.87 否定⑤

≒ B as well as A

21 **to tell (you) the truth** 実を言うと

To tell the truth, I'm still scared of the dentist.
（正直なところ，歯医者は今でも怖いんだ。）

→ p.68 不定詞⑩

22 **cannot help but *do*** …しないわけにはいかない；どうしても…してしまう

That was so funny. We all ***couldn't help but*** laugh.
（面白すぎて，僕たちはみんな笑いをこらえられなかったよ。）

→ p.87 否定⑦

≒ cannot〔can't〕help …ing

23 **no matter how (S) may ...** どんなに…であろうと

No matter how hard it may seem, he won't give up.
（どんなに困難な状況に思われても，彼はあきらめない。）

→ p.84 譲歩③

8 The Effectiveness of Napping

220 words

1 ❶ Imagine you've spent hours **absorbed in** your study or work. You **get tired from putting in** those long hours. You may **feel compelled to** take a nap. Do **you wish** you could? If you have the opportunity, it's a good idea to **go ahead** and take one.

5 ❷ Napping can help you **concentrate on** your work. After a nap, you can **get on with** your duties for the day with more energy and attention. Studies have shown that people who nap are **several times as** productive **as** they would have been if they had not rested.

❸ A "*power nap" is a 15- to 30-minute nap popularized by an 10 American university professor, James Maas, which can be taken any time of day. The professor says it's important to **limit** your nap **to** a maximum of 30 minutes, so you should **wake** yourself **up** with an alarm. **The longer** you nap, **the more** likely you are to enter a deep sleep and feel even more tired when you wake up.

15 ❹ There are lots more benefits. A nap can **cure** you **of** stress and anxiety. And regular power naps can **lead to** long-term benefits for the brain. If you feel sleepy after lunch, you can't **go wrong with** taking a nap! **That is**, unless you **are supposed to** be at class during that time.

（注）power nap「一般的に15～30分程度の短い仮眠」

☑ Check!!

❶☐ **imagine** 他 を想像する
├imagination 名 想像（力）
└imaginary 形 想像上の
☐ **nap** 名 うたたね，昼寝
自 うたたねする

❷☐ **help O to *do*** → 英文58
☐ **duty** 名 義務，職務；関税
☐ **attention** 名 注意，注目
└attend 他 に注意を払う；に出席する

❸☐ **popularize** 他 を世〔社会〕に広める

仮眠のススメ

音声

❶　何時間も勉強や仕事に没頭していたとしよう。あなたは長時間の作業で疲れる。仮眠を取らずにはいられないと感じているかもしれない。あなたは，もし可能なら，そうしたいだろうか。そうした機会があれば，ぜひ仮眠を取るとよい。

❷　仮眠を取ることで，あなたは自分の作業に集中しやすくなる。仮眠を取った後は，その日やらなければならないことをよりいっそうのエネルギーと集中力でもって進めることができる。人は仮眠を取ると，休みを取らなかった場合の想定と比べ，生産性が数倍高いということが研究により明らかになっている。

❸　「パワーナップ」とは，アメリカの大学教授であるジェームズ・マースによって広められた，15分から30分間の仮眠のことを言い，日中のいつ取ってもよいものである。マースによれば，仮眠を長くても30分にとどめることが重要なので，アラームを使って自分で起きられるようにするのがよい。仮眠時間が長くなればなるほど，人は深い眠りに入り，目覚めた後いっそう疲れを感じやすくなる。

❹　利点は他にもたくさんある。仮眠には，ストレスと不安を取り除く効果がある。定期的にパワーナップを取るようにすると，長期的に見て脳に恩恵をもたらすことにつながる。昼食後に眠気を感じたなら，仮眠を取れば間違いなし！　まあ，その間に授業に出ることになっていなければの話だが。

□ **maximum**　㊔最大(限)
　㊒最大(限)の
⇔minimum　㊔最小(限)
　㊒最小(限)の

□ **enter**　㊀に入る，に入学する
└entrance　㊔入口；入学

❹□ **benefit**　㊔利益，恩恵　㊀の役に立つ
└beneficial　㊒有益な，有利な

□ **stress**　㊔ストレス；緊張；強調　㊀を強調する，にストレスを加える

□ **anxiety**　㊔心配；切望
└anxious　㊒心配して；切望して

91 ☐ **be absorbed in ～** ～に没頭する；～に夢中になる
My son *is absorbed in* playing baseball. (息子は野球に夢中になっている。)

≒ be intent on 〔upon〕～ ≒ be keen on ～ ≒ throw oneself into ～ ≒ lose oneself in ～
≒ be mad about ～

92 ☐ **get tired from 〔with〕～** ～で疲れる
I *got tired with* the long drive. (長いこと運転して疲れた。)

cf 1. be tired from ～ ～で疲れている
cf 2. be tired of ～ ～にうんざりしている

93 ☐ **put in ～** ～(時間など) を費やす
She has *put in* time and effort to win the race.
(彼女はレースに勝つための時間と努力を注いできた。)

94 ☐ **be compelled to *do*** …せざるを得ない
He says he *was compelled to* sign the paper.
(彼は無理やりその書類に署名させられたと言っている。)

≒ be forced to *do* ≒ be obliged to *do*

95 ☐ **go ahead** 口語 (許可などを表して) どうぞ；進んで行う
Sorry for interrupting, please *go ahead* with your story.
(お話の邪魔をしてすみませんでした，どうぞ続けてください。)

96 ☐ **concentrate (A) on B** (Aを) Bに集中する
He *concentrated* his efforts *on* improving his baseball skills.
(彼は野球の技術を向上させることに全力を注いだ。)

97 ☐ **get on with ～** 口語 ～を続ける；～をどんどん進める
Let's *get on with* the class. (授業を続けましょう。)

98 ☐ **limit A to B** AをBに制限する；AをB内にとどめる
Limit your answer *to* 30 words. (答えは30語以内で。)

≒ confine A to B

99 ☐ **wake (～) up** ～を起こす；目がさめる
I'll take a nap. Please *wake* me *up* at six. (仮眠を取ります。6時に起こしてください。)

100 ☐ **cure A of B** AのB（病気・悪癖など）をなおす

Have you been *cured of* that eye disease?（例の目の病気はもうなおったの？）

101 ☐ **lead to ～** ～を引き起こす

His carelessness *led to* the accident.（彼の不注意がその事故を引き起こした。）

≒ bring about ～　≒ result in ～

102 ☐ **go wrong (with ～)** （～が）うまくいかない

Something is *going wrong with* my car.（車の調子がおかしい。）

cf. be wrong with ～　～の調子が悪い；故障している

Something *is wrong with* this car.（この車はどこか調子が悪い。）

103 ☐ **that is (to say)** つまり；言い換えれば；…ならの話だが

His trip will be low-budget, *that is*, by hitchhiking.
（彼の旅行は安上がりだ。つまり，ヒッチハイクなのだ。）

≒ in other words

24 ☐ **S wish ...** …であれば〔あったら〕よいのに

I wish I could fly.（飛ぶことができればよいのになあ。）→ p.88 仮定法③

≒ If only ...

25 ☐ **X times as ～ as ...** …のX倍～

My father earns four *times as* much *as* me.（父は私の4倍の収入がある。）

→ p.82 比較① j

26 ☐ **the 比較級 ～, the 比較級･･･** ～すればするほどますます…

The more I thought, *the more* confused I became.
（考えれば考えるほど，ますます混乱した。）→ p.82 比較② e

27 ☐ **be supposed to *do*** 口語 …することになっている；…するものと考えられている

He *is supposed to* come here by seven.
（彼は7時までにここに来ることになっている。）

≒ be expected to *do*

START 100 200 300 400 500 600 700 800 900 1000 1080～

9 About Lies

254 words

1 ❶ There are many kinds of lies. Sometimes you give someone information, **only to** find out later that it was wrong. That's not really a lie since you **intended to have** told the truth. Or is it?

❷ Sometimes a little lie is told to **make the best of** an uncomfortable
5 situation. Imagine you're **trying on** an item of clothing. You think it looks fantastic, but your friend says, "**To be honest**, I don't think it looks good on you." Do you appreciate their honesty? Or do you **blow up** at them for disagreeing with your fashion sense? Would you **call off** your friendship with them **over** this? Many people would have simply said,
10 "Sure, it looks nice," even if it wasn't true.

❸ Other lies are much more harmful. Imagine you're listening to the radio and the people **on the air** are going **on and on** about something. You have no idea what **on earth** they are talking about. Their words are **neither** clear **nor** truthful, but those people have *charisma. They
15 can persuade listeners that they have experienced something **first hand** when they are really just lying about it. These kinds of lies must be challenged **lest** uneducated people start believing them.

❹ Therefore, when you know someone is lying, you should try to figure out what they are **driving at** when they lie. If it's a simple lie
20 meant to avoid hurting someone's feelings, it may be OK. But if, for example, a person who is **running for** election tells lies, it could be dangerous.

（注）charisma「カリスマ性」

☑ Check!!

❷□ **uncomfortable** 形 心地よくない；落ち着かない
⇔comfortable 形 快適な
□ **appreciate** 他 に感謝する；の価値を認める；を鑑賞する
└appreciation 名 感謝；認識；鑑賞

❸□ **harmful** 形 有害な
└harm 名 害 他 に害を与える
≒hurtful 形 傷つける；有害な
□ **persuade** 他 を説得する

いいうそと悪いうそ

音声

❶ うそにもいろいろある。時には誰かに何かを教えて，あいにく後でそれが間違いだったと気づくこともある。自分では本当のことを教えたつもりだったのだから，それはうそとはいえない。それとも，それもうそなのだろうか。

❷ 時には，気まずい状況で最善を尽くすために他愛のないうそをつくこともある。例えばあなたが服を試着しているとしよう。あなたはそれが素敵だと思っているのに，あなたの友達が「正直，似合ってないよ。」と言ったとする。あなたはその人の正直さをありがたく思うだろうか。それとも，自分のファッションセンスを否定した友達に腹を立てるだろうか。この件をめぐってその人と友達であることをやめてしまうだろうか。多くの人は「もちろん，よく似合ってるよ」とだけ言うだろう。たとえ，それが事実ではなかったとしても。

❸ はるかに有害なうそもある。想像してみよう。あなたはラジオを聞いていて，出演中のその人物は何かについて延々としゃべっている。その人が一体何を言おうとしているのかあなたにはさっぱりわからない。その人の話はわかりやすくもないし事実でもないのだが，その人物にはカリスマ性がある。その人は聴き手に，自分が何かをじかに経験したと思い込ませることができる。本当はうそをついているだけなのに，だ。この種のうそは，無知な人がそういう人の言うことを信じ始めないよう，それはうそであると異議を唱えられなければならない。

❹ したがって，もし誰かがうそをついていると気づいたら，その人がうそをつくことで何を意図しているのかを見抜くようにすべきだ。もしそれが誰かの気持ちを傷つけまいとして出ただけのうそなら，別にかまわないだろう。でももし，例えば，選挙に立候補している人物がうそをついているとしたら，それは危険なことかもしれない。

- □ **challenge** 他 を疑う；に挑む；(人の)意欲をかき立てる 名 挑戦；やりがいのあるもの；課題
- □ **uneducated** 形 無知な；教養のない
- ❹□ **therefore** 副 それゆえ；したがって
- □ **figure out** → 英文52
- □ **avoid** 他 を避ける
- □ **hurt** 他 を傷つける；の感情を害する 自 痛む 名 傷
- □ **election** 名 選挙
  - └**elect** 他 を選ぶ

104
☐ **make the best of ～** 口語 ～（不利な条件）を最大限に活かす

All we can do is to *make the best of* this situation.
（我々にできるのは，この状況で最善を尽くすのみだ。）

cf 1. make use of ～　～を利用する
cf 2. make the most of ～　～（有利な条件）を最大限に活かす

105
☐ **try on ～** 口語 ～を試着する

I *tried on* the shoes to see if they fit.（私はその靴が合うか確かめるために試着した。）

106
☐ **blow up (～)** （怒りなど）感情をぶつける；爆発する；～を爆破する

Who *blew up* the bridge?（誰が橋を爆破したの？）

107
☐ **call off ～** ～を中止する；～（計画など）を取りやめる

If you feel sick, we can *call off* the dinner.
（もし気分が悪かったら，夕食を中止することもできる。）

108
☐ **on the air** 口語 （テレビ・ラジオで）放送されて

That show goes *on the air* at seven.（その番組は7時に放送される。）

cf. in the air　（噂などが）広まって；空中に

109
☐ **on and on** 口語 どんどん；引き続き

The rain continued *on and on* throughout the day.（雨は1日中ずっと続いた。）

cf 1. on and off　断続的に；時々
Snow has been falling *on and off*.（雪は降ったり止んだりしている。）
cf 2. over and over (again)　何度も（繰り返して）
I read the poem *over and over again*.（私は何度もその詩を読んだ。）

110
☐ **(at) first hand** じかに；直接

I've seen it *first hand*.（私はそれを直接見てきた。）

111
☐ **drive at ～** 口語 ～を意図する；～を言おうとする

I'm not quite sure what you are *driving at*.
（君が何を言いたいのかよくわからないよ。）

cf. drive out (～)　～を追い出す；車で出かける
They successfully *drove out* the pests.（彼らは見事に害虫を駆除した。）

112
☐ **run for ～** ～に立候補する

She decided to *run for* political office.（彼女は政治の職に立候補することに決めた。）

28 □ **only to *do*** （その結果〔結局〕）…するだけだ

We hurried to the station *only to* miss the train.
（私たちは駅へ急いだが，結局列車に乗れなかった。） → p.67 不定詞⑦

29 □ **intended to have ＋過去分詞** …するつもりだったのに

I *intended to have* met him.（私は彼に会うつもりでいたのに。） → p.68 不定詞⑨

30 □ **to be honest (with you)** 口語 正直に言えば；正直なところ

To be honest, I wasn't surprised to hear that.
（正直なところ，それを聞いても驚きはしなかったよ。） → p.68 不定詞⑩

31 □ **over 〜** 〜をめぐって；〜を食べ〔飲み〕ながら

We enjoyed talking *over* dinner.（私たちは夕食をとりながら会話を楽しんだ。）

cf. at (the) table 食事中で；食事中の
Don't discuss politics *at the table*.（政治の話を食事中にしないこと。）
↩ p.16 前置詞・副詞

32 □ **on earth** （疑問詞を強調して）一体全体

Who *on earth* are you?（一体全体あなたは誰なんですか？）

≒ in the world ↩ p.12 前置詞・副詞

33 □ **neither A nor B** AもBも…ない

Neither you *nor* I am wrong.（君も私も悪くない。） → p.80 接続詞⑩

cf 1. both A and B AもBも，AとBの両方
cf 2. either A or B AかBのどちらか，AまたはB

34 □ **lest S (should) ...** …しないように

Please advise her *lest* she *should* fail in her exams.
（彼女が試験で失敗しないように助言してください。） → p.79 接続詞⑥

What Causes Colds?

218 words

1 ❶ "Dress warm or you'll catch a cold!" Children around the world **are accustomed to hearing** this from their parents. Of course, we **are** all **grateful to** our parents **for** their concern. But is that advice really true? Does a colder body temperature **contribute to** the risk of catching a
5 cold?

❷ People catch colds because of viruses. **Generally speaking**, the common cold is spread by the *rhinovirus, but there are said to be **no less than** 200 viruses that cause cold symptoms. **More often than not**, our body's *immune system fights the virus. But in some cases, it **falls**
10 **victim to** the virus, and we **come down with** a cold.

❸ Are you more **likely to** catch a cold if you are not warm? Some studies have shown that being cold weakens our immune systems. However, spending time indoors **in the company of** other people can increase cold risk because you **are exposed to** viruses from other people
15 around you. **What is worse**, touching surfaces that have viruses on them increases risk even more.

❹ If you **are concerned about** catching a cold, you **may want to go out**. Getting fresh air may be better than being with others indoors. Perhaps you should **go for a walk**, or if you are with others, you could
20 hold your gathering outside, **weather permitting**.

(注) rhinovirus「ライノウイルス（鼻風邪の原因となるウイルスの一種）」 immune system「免疫システム」

☑ Check!!

❶☐ **concern** 名 心配；関心 他 を心配させる；に関係する
☐ **temperature** 名 体温；温度
❷☐ **virus** 名 ウイルス
☐ **spread** 自 広がる 他 を広げる
☐ **symptom** 名 症状；兆候
❸☐ **weaken** 他 を弱める 自 弱まる
☐ **increase** 他 を増やす 自 増える 名 増加
⇔**decrease** 他 を減らす 自 減る 名 減少

風邪をひくメカニズム

音声

❶ 「暖かくしなさい，そうでなければ風邪ひくよ！」世界中の子供が，親からこう聞くことに慣れている。もちろん，私たちは皆，親が心配してくれることに感謝している。だが，その助言は本当に正しいのだろうか。体温が下がることは，風邪をひくリスクの一因となるのだろうか。

❷ 人は，ウイルスが原因で風邪をひく。一般的に，通常の風邪はライノウイルスによって広まるものの，風邪の症状を引き起こすウイルスは200もあると言われている。ほとんどの場合，私たちの体の免疫システムがウイルスと闘う。だが場合によっては，免疫システムがウイルスの餌食となり，その結果私たちが風邪にかかるというわけである。

❸ 暖かくないと，風邪にかかりやすくなるのだろうか。体が冷えていると免疫システムが弱まることを示す研究結果もある。しかし，他の人と一緒に室内で過ごすことは，周りの人からのウイルスにさらされることであるため，風邪のリスクを高めることにつながる。さらに悪いことに，ウイルスが付着している表面に触れるのはよりいっそうリスクを高めることになる。

❹ 風邪にかかるのが心配なら，外出する方がよいだろう。新鮮な外の空気を吸うことは，室内で他人と過ごすよりマシかもしれない。おそらく散歩に行くのがよいだろう。あるいは他の人と一緒にいるなら，天気がよければ，その集まりを屋外で開催してもよいだろう。

□ **risk** 名 危険（性） 他 を危険にさらす
　└risky 形 危険な
□ **surface** 名 表面 形 表面の

❹□ **gathering** 名 集まり；集会
　└gather 他 を集める 自 集まる

113
☐ **be accustomed to ～〔…ing〕** ～に〔…することに〕慣れている

I *am accustomed to getting* up early.（私は早起きに慣れています。）

≒ be used to ～　≒ be conditioned to ～〔to *do*〕
cf 1. get accustomed to ～〔…ing〕　～に〔…することに〕慣れる
cf 2. get used to ～〔…ing〕　～に〔…することに〕慣れる

114
☐ **be grateful (to A) for B** 口語 Bについて（Aに）感謝している

I'*m* deeply *grateful for* your kindness.（お気遣いに心より感謝いたします。）

cf. apologize (to A) for B　Bについて（Aに）謝る
I *apologize to* you *for* my remarks.（私の発言に関して謝罪します。）

115
☐ **contribute to ～** ～の一因となる；～に貢献する；～に寄付する

She *contributed* greatly *to* the development of this drug.
（彼女はこの薬の開発に大きく貢献した。）

≒ make a contribution to ～　cf. contribute A to B　AをBに寄付〔寄稿〕する

116
☐ **more often than not** たいてい；しばしば

More often than not, I go to church.（しばしば私は教会へ行きます。）

≒ as often as not　cf. in all likelihood　おそらく

117
☐ **fall victim to ～** ～の犠牲になる；～のえじきになる

Thousands of civilians *fell victim to* the atomic bombs.
（何千人もの民間人が原爆の犠牲になった。）

118
☐ **come down with ～** 口語 ～（風邪など）にかかる

I think I'm *coming down with* a cold or something.
（どうやら風邪か何かにかかってしまったようだ。）

119
☐ **be likely to *do*** …しそうである

The rain *is likely to* continue for a while longer.（雨はまだしばらく続きそうだ。）

≒ tend to *do*　≒ be inclined to *do*　≒ be liable to *do*　≒ be prone to *do*

120
☐ **in the company of ～** ～と一緒に

She showed up *in the company of* her boyfriend.
（彼女は彼氏と共に現れました。）

cf. in the name of ～　～の名のもとに；～という名目で

121
☐ **A is exposed to B** AがBにさらされている

The prime minister has *been exposed to* public criticism.
（首相は国民からの批判にさらされている。）

≒ expose A to B

122
□ **be concerned about〔for〕～** ～について懸念している

I'm *concerned about* my student loan debt.
(自分の学生ローンが(ちゃんと返済できるか)心配だ。)

≒ worry about ～　≒ be worried about ～　≒ be anxious about ～
cf. be concerned with〔in〕～　～に関係がある

123
□ **go out** 口語　外出する；消える

Suddenly the fire *went out*. (突然火が消えた。)

≒ pass away
cf. fade away　(次第に)消え失せる〔衰える〕
I hope the sad memories will *fade away*.
(その悲しい記憶が次第に消え失せることを願っています。)

124
□ **go for a walk** 口語　散歩に出かける

I'll *go for a walk* and clear my head. (ちょっと散歩に行って頭を整理してくる。)

35
□ **generally speaking** 口語　一般的に言って

Generally speaking, the Japanese like eating seafood.
(一般的に言って，日本人はシーフードが好きだ。) → p.72 分詞3⑦

cf 1. as ～ go　(平均的に)～としては；～にしては
As deadlines *go*, it's quite reasonable. (締め切りとしては妥当だ。)
cf 2. talking of ～　～について話す；～と言えば
Talking of movies, have you seen any of Hitchcock's works?
(映画と言えば，ヒッチコックの作品は何か観たことがあるの？)

36
□ **no less than ～**　～も

He has *no less than* 100 dollars. (彼は100ドルも持っている。) → p.83 比較②n

≒ as many〔much〕as ～
cf. A is no less ～ than B is (...)　AはBに劣らず～である

37
□ **what is worse**　さらに悪いことには

He lost his money, and *what was worse*, he had a flat tire.
(彼はお金をなくし，さらに悪いことにタイヤがパンクした。) → p.62 関係代名詞④

⇔ what is better

38
□ **may want to *do***　～するとよいでしょう

You *may want to* go to bed. (お休みになるとよいでしょう。)

39
□ **weather permitting**　天気が許せば〔よければ〕

Weather permitting, I will be there on time.
(天候に恵まれれば，時間通りに到着するよ。) → p.72 分詞3⑦

START 100 200 300 400 500 600 700 800 900 1000 1080～

11 The Benefits of Crying

223 words

1 ❶ Crying is something we do in various situations. When our eyes need to wash something away, such as smoke or dust, our eyes shed tears. These tears are called *reflex tears. But often we shed emotional tears **because of** something that moves us. We cry when we **part with**
5 someone we love, when we have to leave a cherished place **for good**, **and so on**.

❷ Some people may **view** crying **as** a bad thing, but it has several benefits. It can **relieve** a person **of** stress and sadness. Many experts say that it's healthier to **let go of** your stress by crying than to **hold back**
10 your tears.

❸ Other studies **brought to light** other reasons for crying. University of Minnesota researchers found that *endorphin, a natural *pain-relieving substance, is not found in tears **except for** those shed in response to emotion. Another study examined the cries of babies and
15 found that they **would often** cry at a higher pitch when they were sick.

❹ Moderation is important, of course. If someone cannot help but **carry on** crying, it may be a sign of deeper emotional troubles. But there's no need to **hold on to** your stress; it's fine to cry **from time to time**. Don't **mistake** someone's tears **for** a sign of a major problem.
20 Maybe you should join in with them instead!

（注）reflex tears「目に対する物理的な作用で出る涙」 endorphin「エンドルフィン（鎮痛作用のあるホルモン）」 pain-relieving「痛みを和らげる」

☑ *Check!!*

❶☐ **various** 形 さまざまな
　├variety 名 多様性；種類
　└vary 自 変わる；異なる
☐ **dust** 名 ほこり；ちり

☐ **shed** 他（涙・血）を流す；（不要なもの）を取り除く
☐ **emotional** 形 感情的な
　└emotion 名 感情
☐ **cherish** 他 を大切にする；を心に抱く

泣くことの利点

❶　私たちはいろいろな状況下で泣く。煙やほこりなど，何かを洗い流す必要がある時，私たちの目は涙を流す。こうした涙は反射の涙という。しかし私たちは，私たちの感情を動かすものによる情動の涙を流すこともよくある。愛する者と別れる時や愛着のある場所からこれっきり去る，などといった時に泣くのである。

❷　泣くことを悪いこととみなす人もいるかもしれないが，泣くことにはいくつか利点もある。泣くことは，人のストレスや悲しみを緩和させることができる。専門家の多くが，涙を我慢してストレスをため続けるより，泣くことでストレスを発散する方が健康的だと言っている。

❸　別の研究は，それとは別の泣く理由を明らかにした。ミネソタ大学の研究者たちは鎮痛作用のある天然物質，エンドルフィンは，感情に反応して流れる涙を除いては見られないことを発見した。また，赤ん坊の泣き声を詳しく調べた別の研究では，病気にかかっている時はいつもより高い声で泣くことが多かったことがわかった。

❹　もちろん，ほどほどであることが肝心だ。泣き続けるのをどうすることもできないのであれば，それはより深刻な感情的問題を抱えていることの兆候かもしれない。しかしストレスを抱え続ける必要はない。時々なら泣いてもかまわない。誰かが泣いているのを深刻な問題の兆候だと勘違いしないように。むしろ，一緒に泣くのがよいかもしれない！

---

❸□ **substance**　名 物質；本質
□ **examine**　他 を調べる；を試験する
└examination　名 試験
□ **pitch**　名 度合；投げること
他 を投げる；（テント）を張る
自 投球する

❹□ **moderation**　名 節度；適度
└moderate　形 適度な；穏やかな
□ **instead**　副 その代わりとして
└instead of ～　～の代わりに

125
☐ **because of ～** ～のために
Because of the rain, I couldn't go fishing.（雨のために釣りに行けなかった。）

≒ due to ～　≒ owing to ～　≒ on account of ～

126
☐ **part with ～** ～を手放す；～を売り〔譲り〕渡す
I can't *part with* this house; it is full of memories.
（この家は手放せない。思い出が詰まっているんだ。）

127
☐ **for good〔ever〕** 永久に；これっきり
This time I'm leaving Japan *for good*.
（もうこれっきり，私は日本には戻ってきません。）

128
☐ **～ and so on〔forth〕** 口語 ～など
The hotel has a swimming pool, a training room, *and so on*.
（そのホテルにはプールやトレーニング室などがある。）

≒～ and the like

129
☐ **view A as B** 口語 AをBとみなす〔考える〕
They *view* us *as* a rival.（彼らは私たちをライバルとして見ている。）

130
☐ **relieve A of B** AからB（苦痛・困難など）を取り除く
This medicine *relieves* you *of* the terrible pain.
（この薬はあなたをひどい痛みから救ってくれる。）

≒ clear A of B

131
☐ **let go of ～** ～を手放す；～をあきらめる；～を考えないようにする
Just *let go of* your past and move on.（過去のことはもう忘れて，前に進みなよ。）

132
☐ **hold back ～** ～（感情など）を抑える；～を隠す
Be honest, don't *hold back* your feelings.（感情を抑えず，正直でありなさい。）

cf. hold out (～)　もちこたえる；（食料などが）もつ
The supplies should *hold out* for a week.（備蓄は，１週間はもつはずだ。）

133
☐ **bring ～ to light** ～を明るみに出す
Shocking facts were *brought to light* by the investigation.
（調査によって驚くべき事実が明らかにされた。）

134
□ **except for 〜** 〜を除けば

We are all here ***except for*** Tom and Jane.
（トムとジェーンを除いてみんなここにいる。）

≒ other than 〜

135
□ **carry on (〜)** 口語 〜し続ける；継続する

He ***carried on working*** despite his illness.（彼は病気にもかかわらず仕事し続けた。）

cf. carry out 〜 〜を実行する

136
□ **hold on to 〜** 口語 〜を手離さないでいる

Hold on to the rope!（ロープを手離さないで！）

137
□ **from time to time** 時々

The customer comes to drink at this bar ***from time to time***.
（その客は時々このバーに飲みにくる。）

≒ (every) once in a while

138
□ **mistake A for B** AをBと間違える

I ***mistook*** you ***for*** Alice. Your voices are so similar!
（君をアリスと勘違いしたんだ。君たちの声があまりに似ているものだから。）

≒ take A for B
cf. by mistake 間違えて

40
□ **would (often) *do*** （よく）…したものだ

I ***would often*** sit reading in this park.（この公園で，よく座って読書をしたものだ。）

→ p.76 助動詞④

cf 1. used to *do* よく…したものだ
cf 2. wouldn't *do* （過去の時点の強い拒絶）どうしても…しようとしなかった
His car ***wouldn't*** start this morning.
（今朝，彼の車はどうしてもエンジンがかからなかった。）

→ p.76 助動詞⑤

12 Sleep and Dreams

268 words

1 ❶ What is the purpose of dreams? **What** do we dream **for?** Some say that dreams give our minds a chance to **think over** important events from the day **so as to** organize and remember them. Many researchers say that the *rapid eye movement (REM) sleep stage is when our short-
5 term memories **turn into** long-term memories. If you are getting **short of** seven to eight hours of sleep per night, your brain may not be making memories.

❷ Do you remember your dreams after you wake up? Some people remember their dreams **at times**, and some don't remember them **at all**.
10 One way to remember dreams is to keep a dream journal. If you **make certain** to keep a notebook by your bed, you can write your dreams down as soon as you wake up. This will **remind** you **of** the things you dreamed about.

❸ We have no control over our dreams **as such**. That's why many
15 cultures associate dreams with spiritual beliefs. Japanese culture **takes** the first dream of the New Year **as** a prediction of your luck over the coming year. Native Americans are famous for their dream catchers. They make these hanging ornaments by using *yarn, beads, and other materials **at hand**, to filter out bad dreams.
20 ❹ If you're not sleeping well, you should take steps to **prepare for** bedtime. **Dispense with** *caffeinated and alcoholic drinks and have herbal tea or hot milk instead. If you're hungry, **try eating** something that is easy to digest, such as yogurt. **Keep off** your smartphone and avoid bright lights. And **put on** some soft music to help you relax.

（注）rapid eye movement「急速眼球運動」 yarn「（編み物・織り物に用いる）糸」 caffeinated「カフェインの入った」

☑ Check!!

❶☐ **purpose** 名 目的
☐ **organize** 他 を組織化する；をまとめる
└organization 名 組織（化）
☐ **rapid** 形 急速な；素早い
└rapidly 副 急速に

❷☐ **journal** 名 日記；雑誌
☐ **as soon as**→ 英文15

❸☐ **associate A with B** AとBを結び付ける
☐ **spiritual** 形 精神的な；宗教的な
└spirituality 名 宗教（的なこと）に関心があること；霊的〔精神的〕であること
☐ **belief** 名 信仰；信念；考え
└believe 他自（を）信じる

音声

❶ 夢の目的とは何だろう。私たちは何のために夢を見るのだろうか。一部の見解では，夢とは，その日あった重要な出来事を整理し，覚えておくために，それについてよく考える機会を頭に与えているのだという。急速眼球運動（レム）の睡眠段階が短期記憶が長期記憶に変わる時であるというのが，多くの研究者の見解である。もし一晩の睡眠が7～8時間に達していない場合，脳は記憶を形成できていないかもしれない。

❷ あなたは目が覚めてからも見た夢を覚えているだろうか。時には夢を覚えているという人もいれば，まったく覚えていないという人もいる。夢を記憶する1つの方法は，夢日記をつけることだ。ノートを必ずベッド脇に置いておくようにすれば，起きてすぐに夢を書き留められる。こうすれば夢に見た内容を思い出させてくれるだろう。

❸ 私たちは夢そのものをコントロールすることはできない。多くの文化圏で夢が霊的信仰と結びつけられているのはそのためである。日本の文化では，新年に見る初夢を，きたる1年の運を占うものとみなしている。ネイティブ・アメリカンは，彼らの作る「ドリームキャッチャー」で有名である。彼らは悪い夢を払いのけるために，毛糸やビーズといった身近にある素材を使ってこのつり飾りを作るのである。

❹ よく眠れないなら，段階を踏んで就寝の準備をするようにするとよい。カフェイン飲料やアルコール飲料はやめて，代わりにハーブティーやホットミルクを飲もう。空腹なら，ヨーグルトなど，消化に良いものを食べるようにしてみよう。スマートフォンは手の届かないところに置き，明るい光は避ける。そして，リラックスしやすいように穏やかな音楽をかけてみよう。

□ **prediction** 名 予測；預言
　└predict 他 を予測〔予言〕する
□ **native** 形 その土地〔国〕に生まれた；生来の
□ **be famous for** → 英文52
□ **hanging** 形 つるした；つり下げ式の
　└hang 他 を掛ける 自 ぶら下がる
□ **ornament** 名 飾り；装飾（品）
□ **material** 名 材料；原料；（織物の）素材
❹□ **herbal** 形 ハーブの；草の
　└herb 名 ハーブ；草

139
☐ **think over ～** （決断する前に）～をよく考える

You should *think over* your plan.（計画を熟考すべきだ。）

cf. think twice （行動する前に）よく考える

Think twice before you join the tennis club.（テニス部に入る前によく考えなさい。）

140
☐ **turn into ～** ～に変わる；～になる

Thus, an ordinary girl *turned into* a national star!
（かくして，平凡だった少女は国民的スターとなったのである！）

141
☐ **short of ～** ～が不足している；～に達していない

The company is *short of* employees.（その会社は従業員が不足している。）

cf. fall short (of ～) ～（ある基準・期待など）に達しない

142
☐ **at times** 時々；たまには

She's kind and generous, but can be difficult *at times*.
（彼女は親切で心が広い人だけど，時々気難しくなることがある。）

≒ (every) now and then〔again〕 ≒ on occasion(s) ≒ from time to time

143
☐ **at all** 口語 《否定文で》少しも（…ない）

Her idea was not bad *at all*.（彼女の考えはまったく悪くなかった。）

144
☐ **make certain（that ...〔of ～；wh- ...〕）** 確かめる；確実にする

Make certain you have enough space for exercise.
（十分な運動スペースがあることを確認するように。）

145
☐ **remind A of B** AにBを思い出させる

The way he talks *reminds* me *of* his father.
（彼の話し方は私に彼の父のことを思い出させる。）

cf. bring back ～ ～を思い出させる；～を戻す

This song *brings back* good memories.（この曲はよい思い出をよみがえらせます。）

146
☐ **as such** そういうものとして；それ自体

Do you know why the street was named *as such*?
（どうしてその通りがそのように名付けられたのか知ってる？）

147
☐ **take A as B** 口語 AをBとみなす〔受け取る〕

She *took* it *as* a joke, but I was serious.
（彼女はそれを冗談と受け取ったが，私は真剣だった。）

148
□ **at hand** (時間・空間的に) すぐ近くに

The festival is close *at hand*.（祭りはもうすぐだ。）

149
□ **prepare for ～** ～に備える；～の準備をする

I've already *prepared for* the trip.（私はすでに旅行の準備をしました。）

≒ arrange for ～

150
□ **dispense with ～** ～なしで済ませる；～を省く

Let's *dispense with* all the formalities.（形式ばったことは全部なしで済ませよう。）

≒ do without ～

151
□ **keep off ～** ～に近寄らない；～を避ける

I've been trying to *keep off* junk food.
（最近はジャンクフードを控えるようにしている。）

≒ keep away from ～　≒ keep out of ～

152
□ **put on ～** 口語 ～(CDなど) をかける；～(服など) を身につける；～(体重) を増やす

I'll *put on* my best clothes on your wedding.
（君の結婚式には僕のいっちょうらを着ていくよ。）

⇔ take off (～)
cf. be dressed in ～　～を身につけている
He *was dressed in* the latest fashion.（彼は最新の流行の服を着ていた。）

41
□ **What ... for?** 口語 何のために…？

What are you taking this course *for?*
（あなたは何のためにこのコースを受講しているのですか。）

42
□ **so as to *do*** …するために

He studied English hard *so as to* go abroad.
（彼は外国へ行くために一生懸命英語を勉強した。） → p.66 不定詞④

≒ in order to *do*

43
□ **try …ing** 口語 試しに…してみる

John *tried calling* her but she wasn't at home.
（ジョンは彼女に電話をかけてみたが留守だった。） → p.73 動名詞④b

cf. try to *do*　…しようとする

13 Good Stress

245 words

❶ Stress is generally considered a negative condition. If you feel stress, people tell you that you **had better** not let it build up. Magazines **are full of** advertisements for *relaxation methods, medicines, and other products to help you **calm down**. Websites urge readers to do yoga or meditation or to **indulge in** favorite foods or hobbies to get rid of stress.

❷ People **are expected to** avoid stress, but did you know that stress isn't always harmful? That's the finding of Kelly McGonigal, a lecturer at Stanford Business School. When you **are faced with** stress, she says, viewing it more positively can help you **deal with** it better.

❸ Stress can be a challenge, but McGonigal describes three attitudes that can help people **get through**. One is that stress can **be of use** to you **in terms of** providing helpful energy. The second is that stress can help you learn and grow. It can **enable you to** handle new challenges. The third is that everyone **ends up dealing** with stress at some point. If you have stress, you are not alone.

❹ Of course, it is **beyond question** that stress can be harmful. If we do not **take care of** our mental health, we could end up facing illness and even early death. **In the end**, says McGonigal, balance is important. You must understand that opposite things can be true. **Take it easy** when you're stressed, but also think about how it can help you learn and grow.

（注）relaxation「くつろぎ；休養；娯楽」

☑ Check!!

❶☐ **generally** 副 一般に；たいてい
　└general 形 一般的な；全体的な
☐ **negative** 形 否定的な；消極的な
　名 否定
　⇔positive 形 肯定的な；積極的な

☐ **advertisement** 名 広告
　└advertise 他 を広告する
☐ **method** 名 方法
　≒way 名 方法
☐ **medicine** 名 薬；医学
　└medical 形 医学の

良いストレス

音声

❶　一般的にストレスは望ましくない状態だとみなされている。ストレスを感じていると，ストレスを溜め込まない方がよいと人は言う。雑誌を開けば，落ち着くのに役立つリラックス方法や薬剤などの商品の広告であふれている。ウェブサイトを見れば，ストレスから解放されるためにヨガをしなさい，瞑想をしなさい，好みの食べ物や趣味を存分に楽しみなさいと促してくる。

❷　人はストレスを避けるべきだとされているが，ストレスは必ずしも有害ではないということをご存じだろうか。これはスタンフォード大学経営大学院の講師であるケリー・マクゴニガル氏が発見したことである。彼女によれば，ストレスに直面した時，それをよりポジティブな側面から捉えることで，ストレスに対処しやすくなるという。

❸　ストレスは厄介なものになりうるが，マクゴニガル氏は，ストレスを切り抜けるのに役立つ3つの考え方について説明している。1つ目は，ストレスは有益なエネルギーを授けてくれるという点で人の役に立ちうるということ。2つ目は，ストレスは，人が学び，成長するのを助けることができるということ。ストレスによって，新たな難題に対処することができるようになるのである。3つ目は，どこかの時点で，誰もがいずれはストレスに向き合うことになる，ということ。ストレスを抱えているとしても，それはあなただけではないのだ。

❹　もちろん，ストレスが有害なものになりうるというのは言うまでもない。メンタルヘルスをケアしないと，疾患，さらには早死にすることにもなりかねない。結局のところ，大事なのはバランスだ，とマクゴニガル氏は言う。正反対のことがどちらも正しいことがあると理解しておこう。ストレスを感じるなら，気楽に行こう。でも同時に，それが自分の学びと成長にどう役立ちうるかということも考えてみよう。

□ **meditation**　名 瞑想；熟考
　└meditate　自 瞑想する
□ **get rid of** → 英文19
❷□ **view**　他 を見る　名 観点；見解；景色
❸□ **describe**　他 を説明〔描写〕する
　└description　名 説明；描写
□ **attitude**　名 考え方；態度
❹□ **opposite**　形 反対の；向かい側の
　　前 の向かい(側)に
　├oppose　他 に反対する
　└opposition　名 反対；抵抗

153
☐ **be full of ～** ～に満ちている

They *were* young and *full of* energy. (彼らは若く，エネルギーに満ちあふれていた。)

≒ be filled with ～

154
☐ **calm down (～)** 口語 静まる；～を静める

The storm *calmed down* by degrees. (嵐は徐々に静まった。)

cf. slow down 減速する；もっとのんびりする

Slow down. You're working too much. (のんびりやろう。君は働きすぎだよ。)

155
☐ **indulge in ～** ～にふける

I decided to *indulge in* a little shopping. (ちょっと買い物を楽しむことにしたわ。)

156
☐ **be faced with〔by〕～** ～に直面している

Now he *is faced with* many difficulties. (現在彼は多くの困難に直面している。)

≒ be confronted with〔by〕～

cf. confront A with B AをBと対決させる；AをBと直面させる

She *confronted* me *with* the truth. (彼女は私に真実を突き付けました。)

157
☐ **deal with ～** 口語 ～を処理する；～に対処する

The government has many problems to *deal with*.
(政府は処理すべき多くの問題を抱えている。)

≒ cope with ～ ≒ do with ～

158
☐ **get through ～** 口語 ～を切り抜ける

We'll do our best to *get through* this crisis.
(この危機を乗り切るために我々は最善を尽くすんだ。)

cf. be through with ～ ～を終えている

Are you *through with* that newspaper? (その新聞を読み終わったの？)

159
☐ **be of use** 役に立つ；有用な

This paper will *be of* great *use* to your study.
(この論文は君の研究に大いに役立つだろう。)

⇔ good for nothing ⇔ be of no use

160
☐ **in terms of ～** 口語 ～の点から；～の立場で

In terms of morals, his behavior is bad. (道徳の点から，彼の行動はよくない。)

cf. put oneself into one's shoes ～の立場に身をおく

161
☐ **end up ～〔…ing〕** 口語 結局～〔…すること〕になる

We were chatting happily at first, but *ended up fighting*.
(初めは楽しくおしゃべりをしていたのに，ケンカに発展してしまった。)

cf. end (up) with〔as；in〕～ 結局は～で終わる

Those bullies later *ended up in* prison. (そのいじめっ子たちはのちに，刑務所行きとなった。)

162 ☐ **beyond question** 疑いの余地がない

It is *beyond question* that sitting all day is unhealthy.
（1日中座っていることが健康に良くないことは疑いようがない。）

≒ for sure〔certain〕 ≒ no doubt
cf. beyond one's understanding ～の理解を超えて
Her theory is *beyond my understanding.*（彼女の理論は私の理解を超えている。）

163 ☐ **take care of ～** ～の世話をする

She *takes care of* her mother.（彼女は母親の世話をしている。）

≒ care for ～ ≒ look after ～ ≒ attend to ～

164 ☐ **in the end** 口語 結局は；最後には

The diligent boy succeeded *in the end.*（その勤勉な少年はついに成功した。）

≒ in the long run
cf. come to〔reach〕the conclusion that ... …という結論に達する
We've *come to the conclusion that* it's wrong.
（私たちはそれは間違っているという結論に達した。）

165 ☐ **take it easy** 気楽にやる；休養を取る

Just *take it easy* and tell the police what happened.
（とにかく落ち着いて，警察に事情を話してくださいね。）

cf. take a day off （1日の）休暇を取る
I'm going to *take a day off.*（私は1日休暇を取るつもりです。）

44 ☐ **had better *do*** 口語 …した方がよい

You *had better* not visit the area alone at night.
（夜に1人でその地域を訪れるのはやめた方がよいよ。） → p.77 助動詞⑨

45 ☐ **be expected to *do*** …することになっている〔を期待されている〕

You *are expected to* take off your shoes in Japanese houses.
（日本の家屋では靴を脱ぐことになっている。）

≒ be supposed to *do*
cf 1. expect A of〔from〕B AをBに期待する
He *expects* financial support *of* his mother.（彼は金銭的支援を母親に期待している。）
cf 2. look to *do* …することを期待する；…することを目指す
I'm *looking to* win the game this time.（今回は試合に勝つことを目指している。）

46 ☐ **enable O to *do*** Oが…できるようにする

The computer *enabled* us *to* finish this work.
（コンピューターによって，私たちはこの仕事を終えることができた。）

200
START 100 200 300 400 500 600 700 800 900 1000 1080～

Why We Love Salty Foods

242 words

1 ❶ For some reason, people **yearn for** salty foods. French fries, potato chips, salty ramen .... For many of us, just the thought of these foods **never fails to** make our mouths water. People feel the urge to eat them frequently, often **at the expense of** their health. **How come** we can't
5 resist them? It's a desire that may have followed humans **all the way** from ancient times.

❷ Salt is important for our bodies in many ways. It keeps our body's *fluids, *blood pressure, and muscle function **in order**. Early humans, who **came into being** around 200,000 years ago, had fewer sources of
10 salt. **Having spent** the day hunting and sweating in the forest, they needed to get any salt they could find.

❸ **In a sense**, the development of modern civilization is recent. Our lifestyles have changed, but our desire for salt has **held on**. This is why "diseases of civilization" such as high blood pressure are common in
15 people today.

❹ The problem with salt **lies in** getting too much of it. Sadly, people today consume about twice as much salt as they need. High levels of salt persist in the foods commonly eaten in Japan, including *soy sauce and miso soup. Salty snacks are good from time to time, perhaps as a
20 reward. But when you get a strong desire to eat a whole bag of potato chips, you should **come to your senses** and **be sure to look after** your health.

（注）fluid「液体；体液」 blood pressure「血圧」 soy sauce「しょうゆ」

☑ Check!!

❶☐ **desire** 名 欲望；願望 他 を強く望む
☐ **ancient** 形 古代の
≒ primitive 形 原始の；未発達の
⇔ modern 形 現代の

❷☐ **function** 名 機能；役目 自（機械などが）働く；機能する
☐ **human** 名 人間 形 人間の
≒ human being 名 人間
☐ **source** 名 源；情報源
☐ **sweat** 自 汗をかく 名 汗

しょっぱいものが好き

音声

❶ なぜか，人はしょっぱい食べ物を渇望する。フライドポテト，ポテトチップス，しょっぱいラーメン……。多くの人が，こうした食べ物を想像するだけで必ずよだれが出てくるほどだ。人はしきりにそれらを食べたいという欲求に駆られる。それも，健康を犠牲にしてまで，ということも珍しくない。なぜ私たちはしょっぱいものを我慢できないのか。この欲求は，人類が太古の昔からずっと追随してきたものかもしれない。

❷ 塩はさまざまな点で人体にとって重要である。塩は体の水分，血圧，筋肉の機能を正常に保つはたらきがある。およそ20万年前に誕生した古代人は，今より塩分の供給源に乏しかった。1日を森の中で狩りをし，汗を流して過ごした彼らは，見つけた塩分はすべて摂取する必要があったのだ。

❸ ある意味で，現代文明の発展は最近のことだ。私たちのライフスタイルは変化したものの，塩への欲求は残っている。高血圧などの「文明病」が現代人に多く見られるのは，このためである。

❹ 塩による問題は，それを過剰摂取することに存在している。残念なことに，現代人は必要量のおよそ倍の塩を摂取している。しょうゆや味噌汁を含む，日本で一般的な食品には高濃度の塩分が相変わらず含まれている。塩気の多いスナックは，時々，ご褒美などとして食べるのがよい。でももしポテトチップスを丸ごと一袋食べたいという強い欲求に駆られたら，正気を取り戻し，必ず自分の健康に気をつけるべきだ。

---

❸ □ **civilization** 名 文明
　└civilize 他 を文明化する
□ **disease** 名 病気
❹ □ **include** 他 を含む
　⇔exclude 他 を除外する
□ **reward** 名 報酬 他 に報いる
□ **whole** 名形 全部（の）
　≒entire 形 全体の

166
☐ **yearn〔long〕for ～** 口語　～を熱望〔切望〕する
Ryan *longed for* the chance to speak to her.
（ライアンは彼女と話す機会を待ち望んでいた。）

cf 1. be eager for ～　～を熱望している
Journalists *are eager for* news.（ジャーナリストはニュースを欲しがる。）
cf 2. be eager to *do*　…したいと（強く）思う
She *is* always *eager to* learn new things.
（彼女は常に新しいことを学びたいと思っています。）

167
☐ **at the expense of ～**　～を犠牲にして
He tried to get more money *at the expense of* his health.
（彼は健康を犠牲にしてより多くの金を得ようとした。）

≒ **at the cost〔price〕of ～**

168
☐ **How come ...?**　どうして〔なぜ〕…なのか。
How come the ocean water is salty?（どうして海水はしょっぱいのかな？）

169
☐ **all the way**　ずっと
Molly was listening to loud rock music *all the way*.
（モリーは道中ずっとやかましいロックミュージックを聴いていた。）

170
☐ **in order**　正常な状態で；整然と
They marched *in order*.（彼らは整然と行進した。）

⇔ **at random**　⇔ **out of order**

171
☐ **come into being〔existence〕**　生まれる；出現する
In the 19th century, the steam engine *came into being*.
（19世紀，蒸気機関が誕生した。）

cf. give birth to ～　～を生む；～の原因となる

172
☐ **in a sense〔way〕**　ある意味で
You can say, *in a way*, I was lucky.（ある意味，私はついていたとも言えるでしょう。）

173
☐ **hold on**　持続する；電話を切らないでおく
Could you *hold on* a minute?（電話を切らず）少々お待ちください。

cf. ring〔call〕up ～　～に電話をかける
I'll *ring up* tonight.（今晩電話します。）

174
□ **lie in ～** ～にある；～に存在する

Happiness doesn't *lie* only *in* wealth.（幸福は富にのみあるのではない。）

≒ consist in ～

175
□ **come to one's senses〔oneself〕** 正気を取り戻す；意識を取り戻す

After being sent to the hospital, he *came to his senses.*
（病院に運ばれた後，彼は意識を取り戻した。）

cf. bring ～ to one's senses　～を正気に返らせる
Punishment *brought* him *to his senses.*（罰は彼を正気に返らせた。）

176
□ **be sure〔certain〕to *do*** 必ず…する

Be sure to check the food for freshness.（食品の鮮度を必ず確認してください。）

177
□ **look after ～** 口語 気を配る；～の世話をする

David had to *look after* his mother.
（デイビッドは母親の世話をしなければならなかった。）

≒ take care of ～　≒ care for ～　≒ attend to ～

47
□ **never fail to *do*** 必ず…する

He *never fails to* read a book before going to bed.（彼は寝る前に必ず本を読む。）

cf 1. without fail　必ず，間違いなく
cf 2. There is no one but ...　…しない人はいない
There is no one but has some faults.（欠点のない人はいない（＝誰にでも欠点がある）。）

48
□ **having ＋過去分詞** …したので（完了分詞構文）

Having worked until midnight, he is tired.
（夜中まで働いたので，彼は疲れている。）

→ p.71 分詞3③

START 100 200 300 400 500 600 700 800 900 1000 1080～

About Dolphins

237 words

1 ❶ There are **plenty of** fascinating things to know about dolphins. One is the way they breathe. **In contrast to** fish, which breathe through their *gills, dolphins breathe through their lungs. **It follows that** dolphins cannot stay underwater for too long. When they are **out of breath**, they
5 have to go to the surface of the water to breathe. Their *blowholes **are equipped with** *a flap of skin that opens and closes the hole. Dolphins can **hold their breath** for a very long time because they **take in** a lot of air with each breath.

❷ Another fascinating thing about dolphins is the way they sleep,
10 which also concerns their breathing. Humans can breathe while sleeping, but dolphins have to **think about** each breath. Therefore, dolphins sleep by shutting down half of their brains. The other half stays awake at a low level. They go **back and forth** between these halves about every two hours.

15 ❸ **Aside from** the need to breathe, dolphins need to be aware of predators. By keeping half of their brains alert, they can **be all ears** so that they can escape **as soon as** an enemy approaches.

❹ Even while sleeping, dolphins can use their *echolocation capability to **pay attention to** their environment. Dolphins **are** very **sensitive to**
20 sound, so it is very important that their environment **is free from** noise pollution. Dolphins also need space, so don't **confine** them **to** a small tank or cage.

（注）gill「えら」 blowhole「頭部噴気孔」 a flap of skin「皮膚の弁」 echolocation「反響定位」

☑ Check!!

❶ □ **fascinating** 形 魅力的な
　└fascinate 他 を魅了する
□ **lung** 名 肺

❷ □ **concern** 他 に関係する
□ **awake** 形 目が覚めている 他 を目覚めさせる 自 目覚める

❸ □ **be aware of** に気づいている
□ **predator** 名 捕食動物〔者〕
□ **escape** 自 逃げる 他 を逃れる
□ **enemy** 名 敵
□ **approach** 自 接近する 他 に接近する 名 接近；取り組み方

イルカについて

音声

❶　イルカについては知って面白いことがたくさんある。1つはその呼吸法だ。エラで呼吸する魚とは対照的に，イルカは肺で呼吸する。そのためイルカは，水中に極端に長くとどまれないということになる。息が切れると，呼吸のために水面まで行く必要がある。イルカの噴気孔には噴気孔を開けたり閉じたりする皮膚の弁が備わっている。イルカはかなり長時間息を止めることができるが，それは1度の呼吸でたくさんの空気を取り込めるからである。

❷　イルカについてもう1つ興味深いのはその睡眠方法で，これも呼吸と関係している。人間は寝ている間も呼吸ができるが，イルカは毎度の呼吸について考える必要がある。そのため，イルカは脳の半分の活動を停止することで眠る。もう半分は低レベルで起きたままである。イルカの脳は約2時間おきに，この2つの状態を行ったり来たりするのである。

❸　呼吸の必要性に加え，イルカは捕食者に気をつける必要もある。脳の半分を警戒状態に置いておくことによって，敵が近づいてきたらすぐに逃げられるように，耳を澄ませておくことができるのだ。

❹　睡眠中も，イルカは自分が置かれている環境に注意するための反響定位能力を使うことができる。イルカは音に非常に敏感で，そのため生息環境に騒音公害がないことが極めて重要である。イルカにはスペースも必要なので，狭い水槽やケージに閉じ込めてはいけない。

❹□ **capability** 名 能力
　└capable 形 能力がある；有能な
□ **pollution** 名 汚染；公害
　└pollute 他 を汚染する

178
☐ **plenty of ～** 口語 多くの～；十分な～
There are still *plenty of* seats left.（まだたくさん席は残っています。）

cf 1. a variety of ～ さまざまな～
I saw *a variety of* birds flying on that island.
（私はその島でさまざまな鳥が飛んでいるのを見た。）

cf 2. be rich〔abundant〕in ～ ～が豊富である
This area *is rich in* mineral resources.（この地域は鉱物資源が豊富である。）

179
☐ **in contrast (to〔with〕～)** （～とは）対照的に
In contrast to our prediction, they're doing well.
（私たちの予測とは対照的に，彼らはうまくやっている。）

180
☐ **out of breath** 息切れして
Then Charles ran into the room, *out of breath*.
（その時，チャールズが息を切らして部屋に駆け込んできた。）

181
☐ **be equipped with ～** ～を備えている；～を装備している
The room *is equipped with* a fridge.
（その部屋には冷蔵庫が備え付けられています。）

182
☐ **hold one's breath** 息を止める；（期待・心配などで）固唾を飲んで見守る
I was waiting for his next move, *holding my breath*.
（私は息を殺し，彼の次の動きを待っていた。）

cf. take one's breath away （主語に）（美しさや驚きで）息をのむ；息をのむほど美しい
The landscape *took my breath away*.（景色に私は息をのんだ。）

183
☐ **take in ～** 口語 ～を理解する；～を取り入れる
She's 80, but always keen to *take in* new knowledge.
（彼女は80歳だが，いつも新たな知識を取り込むのに熱心だ。）

cf. be open to ～ ～に開放されている；～を受け入れる用意がある
We *are open to* any suggestions or criticism.（どんなご提案や批判も受け入れます。）

184
☐ **think about〔of〕～** 口語 ～を思いつく；～のことを考える
Lately I've been *thinking of* my career after graduation.
（最近ずっと卒業後の仕事について考えている。）

185
☐ **back and forth** 行ったり来たり；前後〔左右〕に
He was walking *back and forth*, thinking something.
（彼は行ったり来たりしながら何かを考えていた。）

cf. put forth ～ ～（芽・葉など）を出す；～を発表する
She *put forth* her best.（彼女は最善を尽くした。）

186 □ **aside from ～** ～は別にして〔除いて〕；～に加えて

Aside from her job, she's an active volunteer worker.
（仕事とは別に，彼女は熱心なボランティア活動を行っている。）

≒ apart from ～　≒ except for ～　≒ in addition (to ～)

187 □ **be all ears** 一心に耳を傾けている

Go ahead. I'***m all ears***.（どうぞ話して。しっかり聞いていますから。）

188 □ **as soon as ...** 口語 …するやいなや

As soon as the game began, the rain started to fall.
（試合が始まるとたちまち雨が降り出した。）

≒ on …ing

189 □ **pay attention to ～** ～に注意を払う

At that time, nobody was ***paying attention to*** him.
（その時，彼に注意を払う者はいなかった。）

cf. draw〔catch〕attention (to ～)　(～に) 注意を引く
Each artist tried to ***draw attention to*** their painting.
（各アーティストは，自分の絵に注目を引こうとした。）

190 □ **be sensitive to ～** ～に敏感である

Teachers must ***be sensitive to*** students' needs.
（教師は生徒たちの要望に敏感でなければならない。）

191 □ **be free from ～** ～(嫌なこと) を免れている；～がない

He ***is free from*** anxiety.（彼には心配がない。）

cf. set ～ free　～を解放する；～を放免する
The researchers ***set*** the turtles ***free***.（研究者はウミガメたちを放した。）

192 □ **confine A to B** AをB内にとどめる；AをBに限定する

Please ***confine*** your questions ***to*** a single topic.
（ご質問は，1つのトピックに限ってお願いします。）

≒ limit A to B

49 □ **it follows that ...** (当然) …ということになる

Just because he is a priest, ***it*** doesn't ***follow that*** he is honest.
（彼が司祭だからといって，正直であるということにはならない。）→ p.60 it④

16 Who Are You?

41 words

❶ Great picture! **By the way**, how was the Halloween party?
素晴らしい写真ですね！ ところで，ハロウィンパーティーはどうだった？

❷ Well, I **did enjoy** dressing up. But some strange things were happening.
まあ，仮装は本当に楽しかったよ。でも，不思議なこともあったんだ。

❸ Really? Like what?
本当に？　例えば？

❹ Well, **first of all**, there was no one next to me when I took this picture ....
まあ，まず，この写真を撮った時，隣には誰もいなかったんだよね…。

193 □ **by the way** 口語 ところで

By the way, I found your PC.（そう言えば，君のPCを見つけたよ。）

194 □ **first of all** 口語 第一に；まず

First of all, go to college.（第一に，大学へ行きなさい。）

50 □ **do ＋動詞** 口語 （強調のdo）；本当に…する

Do be quiet, please.（どうか静粛に願います。） → p.92 強調①

1 2 3 4 5 6 7 8 9 10 11 12 13 14 15 16 17 18 19 20 21 22 23 24 25 26 27 28 29 30 31 32 33 34 35 36 37 38 39 40 41 42 43 44 45 46 47 48 49 50 51 52 53 54 55 56 57 58 59 60 61 62 63 64 65 66 67 68 69 70 71 72 73 74

Note

No.16, 31, 46, 61の Note コラムでは覚えておくと便利な熟語やフレーズを紹介しています。

【身体に関する語を使った表現①】

- □ behind one's *back*「陰で，本人のいない所で」
- □ catch one's *breath*「（驚いて）息をのむ；一息つく」
- □ out of *breath*「息を切らして」
- □ be all *ears*「一心に耳を傾けている」
- □ be all *eyes*「一心に見る」
- □ catch one's *eye*「～の注意を引く」
- □ have〔keep〕an *eye* (up)on ～「～を監視する」
- □ lose one's *face*「面目を失う」
- □ to one's *face*「～の面前で，公然と」

☑ *Check!!*

❶□ Halloween 名 ハロウィーン

❷□ dress 他 に服を着せる 自 服を着る
 └dress up 自 仮装〔変装〕する

□ strange 形 奇妙な；不思議な

17 The Intelligence of Crows

251 words

1 ❶ Crows may not **strike** most people **as** intelligent creatures. We **watch them picking** apart garbage bags and **complain about** them to our neighbors. We take measures to stop them, but **as often as not**, they *outwit us. When we **come to think of it**, the reason we **are** so
5 **fed up with** them could be that we do not **give** them **credit for** their intelligence.

❷ Crows may be **smarter than any other** animal **apart from** primates. For one thing, they remember the faces of humans and can **tell** one person **from** another. If someone tries to catch them, they will **look**
10 **upon** that person **as** a threat. They will remember the person even years later. And scientists have found that crows can solve puzzles. Their intelligence is close to **that of** a seven-year-old child.

❸ Many studies show that crows are also capable of using tools. They drop nuts on the road **so that** passing cars **will** crack them open. They
15 can drop stones into a narrow container of liquid to bring the level **up to** where they can drink. They can use sticks to **help themselves to** hard-to-reach insects inside trees. And they can **break off** small branches from trees to build their nests, instead of just picking them up from the ground.

20 ❹ Scientists say that the *densely-packed neurons in their small brains account for crows' intelligence. This suggests they may also feel emotions. So before you **accuse** crows **of** messing up your neighborhood, think about what intelligent creatures they are!

（注）outwit「～を出し抜く，～の裏をかく」 densely-packed neurons「ぎっしり詰まった脳神経細胞」

☑ Check!!

❶□ **intelligent** 形 知的な；頭の良い
　└intelligence 名 知能；知性
□ **garbage** 名 (生) ごみ；がらくた
　⇔waste 名 廃棄物；浪費
□ **neighbor** 名 近所の人
　└neighborhood 名 近所

❷□ **primate** 名 霊長類
□ **threat** 名 脅威；脅し
　└threaten 他 を脅迫する；(～ to *do* で) …する恐れがある

カラスの驚くべき知能

音声

❶　カラスは，ほとんどの人に知能の高い生物という印象は与えていないかもしれない。私たちはカラスがごみ袋を荒らしているのを目にし，それらについて近所の人に愚痴を言う。私たちはカラス対策を行うものの，ほとんどの場合，彼らは人間を出し抜いてみせる。それを考えてみると，私たちがカラスにこれほどうんざりしている理由は，私たちが彼らの知能を正しく評価していないことにあるのかもしれない。

❷　カラスは，霊長類は別として，他のあらゆる動物より賢いかもしれない。その1例として，カラスは人間の顔を覚え，人と人を区別することができる。カラスを捕まえようとする者がいると，彼らはその人を脅威とみなすようになる。数年後になっても彼らはその人のことを覚えている。さらに，科学者たちはカラスがパズルを解けることも研究により明らかにしている。彼らの知能は7歳児のそれに近い。

❸　多くの研究により，カラスは道具も使えるということがわかっている。彼らは，通行する車が木の実を割るために，道路に木の実を落とす。液体が入った縦長の容器に石を落とし，その液体が飲めるところまで水位を上げることができる。枝を使って，木の中の届きにくい場所にいる虫を自分で自由にとって食べることもできる。さらには巣を作るために，ただ地面から木の枝を拾うのではなく，木から細い枝を折り取ることもできる。

❹　科学者たちによれば，カラスの知能は，その小さな脳に高密度で詰まっているニューロンによるものだという。これが示唆しているのは，彼らには感情もあるかもしれないということだ。だから，近所を荒らしていることでカラスを責める前に，彼らがいかに知的な生物かということに思いを巡らせてみよう。

---

❸□ **crack**　他 を割る　自 割れる
　　名 割れ目
□ **branch**　名 枝；支店
□ **instead of** → 英文60
❹□ **suggest**　他 と示唆する；を提案する
　└suggestion　名 示唆；提案

□ **mess**　他 を汚す；を無茶苦茶にする
　　名 散らかっている状態
　└messy　形 散らかった

195
☐ **strike A as B** Aに B という感じ〔印象〕を与える

What Rachael said *struck* me *as* strange.
（レイチェルが言ったことが私には奇妙に感じられた。）

cf. go on (a) strike ストライキをする；ストライキに入る
The workers decided to *go on a strike*.（労働者たちはストライキに入ることを決めた。）

196
☐ **complain (to A) about〔of〕B** （Aに）Bについて不平を言う

Don't *complain to* your mother *about* the food.
（食べ物についてお母さんに文句を言ってはいけません。）

197
☐ **as often as not** たいてい；しばしば

As often as not, he shows up late.（彼はしばしば遅れて現れるんだ。）

≒ more often than not

198
☐ **come to think of it** 口語 考えてみると

Come to think of it, he seemed uneasy then.
（考えてみると，あの時彼は落ち着かない様子だった。）

cf. come to *do* …するようになる
How did you *come to* know her?（どうして彼女と知り合いになったのですか。）

199
☐ **be fed up with 〜** 口語 〜にうんざりしている

I'*m fed up with* all your excuses!（君の言い訳にはもううんざりだ！）

≒ be tired of 〜 ≒ be sick of 〜 ≒ have had enough of 〜

200
☐ **give A credit for B** BをAの功績とする；AのBを正しく評価する

She was *given credit for* the success.（その成功は彼女の功績とされた。）

201
☐ **apart from 〜** 〜は別として；〜の他は

The room was empty, *apart from* some old chairs.
（いくつかの古い椅子を除けば，その部屋は空っぽだった。）

≒ aside from 〜
cf. part from 〜 〜（人）と別れる
Jorie had to *part from* his family.（ジョリーは家族と別れなければならなかった。）

202
☐ **tell A from B** 口語 AとBを区別する

You wouldn't be able to *tell* Terry *from* his twin brother.
（テリーと彼の双子の兄は見分けがつかないだろうよ。）

≒ distinguish A from B ≒ know A from B

203 □ **look on〔upon〕A as B**　AをBであるとみなす

Can we still *look on* Japan *as* a big power?
（我々は今でも日本を経済大国とみなすことができるだろうか。）

204 □ **up to 〜** 口語　〜まで

Our tent can sleep *up to* six people.（私たちのテントには6人まで寝られる。）

205 □ **help oneself to 〜**　〜を自由にとって食べる〔飲む〕

Please *help yourself to* more dessert.（もっとデザートを召し上がってくださいね。）

206 □ **break off (〜)**　〜をもぎ取る；〜（話など）を急にやめる；別れる

They *broke off* their conversation as I approached.
（私が近づくと彼らは会話を打ち切った。）

207 □ **accuse A of B** 口語　AをBしたとして非難する；AをBの罪で告発する

She's *accusing* me *of* lying, but I am not!
（彼女は私がうそをついたと責めてくるんだけど，私はうそなんかついていない！）

51 □ **watch ＋ O ＋…ing**　Oが…しているのを見る（知覚動詞）

She *watched him walking* into the restaurant.
（彼女は彼がレストランに入っていくのを見た。）　→ p.74 動詞①

52 □ **比較級＋ than any other 〜**　他のどの〜よりも…

Mt. Fuji is *higher than any other* mountain in Japan.
（富士山は日本でどの山よりも高い。）　→ p.82 比較②b

53 □ **that〔those〕of 〜**　〜のそれ

The population of the country is larger than *that of* Japan.
（その国の人口は日本のそれ（人口）より多い。）　→ p.91 名詞・代名詞⑤

54 □ **so that S will〔can；may〕...** 口語　Sが…するために

He got up early *so that* he *could* practice kendo.
（彼は剣道の練習をするために早く起きた。）　→ p.79 接続詞⑤

Plastic in the Oceans

252 words

1 ❶ Plastic has made our lives more convenient since it was invented in the 1800s. **In some ways**, we are **at the mercy of** plastic because we feel we cannot carry on without it. However, **it is about time that** we **admit to** the problem of plastic pollution. **By** 2050, there could be more 5 plastic than fish in the ocean by weight. Many people **have yet to come to terms with** this problem.

❷ **At issue** are the large pieces of plastic that **find their way into** the ocean via streams and rivers. The surf and sun **break up** these large pieces and **transform** them **into** tiny micro plastics. These tiny 10 pieces are swallowed by fish and other sea creatures. When we or other animals eat those fish, they **turn up** in our bodies as well.

❸ The extent of plastic's impact on sea life is **beyond description**. About 90% of seabirds have plastic in their stomachs. Half of all sea turtles have eaten plastic. And plastic pollution is destroying *coral 15 reefs, as common items like straws and bottles **cling to** them and cause damage.

❹ **There is nothing for it but to** take action immediately. Fortunately, there is still time before plastic waste completely **takes over** the oceans. Groups like the WWF are working to create a UN agreement to end 20 plastic pollution in the oceans. Governments should **impose** stricter rules **on** the polluters who **are guilty of** filling the ocean with waste. Meanwhile, we as individuals must also **be willing to** use less plastic.

（注）coral reef「サンゴ礁」

☑ Check!!

❶☐ **convenient** 形 便利な
　└convenience 名 都合；便利
❷☐ **via** 前 を経て；経由で
☐ **stream** 名 小川；流れ
☐ **micro** 形 極小の
☐ **swallow** 他 を飲み込む
❸☐ **extent** 名 程度；範囲
☐ **impact** 名 影響；衝撃

プラスチックごみによる海洋汚染

❶　プラスチックは，1800年代に発明されて以来，私たちの生活の利便性を高めてきた。ある意味で，私たちはプラスチックに命運を握られている。それなしではやっていけないと感じるからだ。しかし，プラスチック汚染の問題を認めるべき時が来ている。2050年までに，海におけるプラスチックが魚を重量で上回る可能性があるのだ。多くの人が，この問題と折り合いをつけるに至っていない。

❷　問題となっているのは，大小の河川から海へとたどり着く大きなプラスチック片だ。波と日光がこれらの大きな破片を細かく砕き，それらをごく小さなマイクロプラスチックへと変える。こうした小さな破片は，魚やその他の海洋生物によってのみ込まれる。人間や他の動物がそうした魚などを食べると，それは私たちの体内にも現れる。

❸　プラスチックが海の生き物に与える影響の規模は言葉で言い表せないほどだ。海鳥の約90%が，胃の中にプラスチックが入っている。あらゆるウミガメの半数が，プラスチックを食べたことがある。プラスチック汚染はサンゴ礁を破壊している。ストローやペットボトルといったありふれたものがサンゴ礁に引っかかり，ダメージを与えているのだ。

❹　ただちに対策を講じるしかないのである。幸い，プラスチックごみが海を完全に乗っ取るまでまだ時間はある。WWF（世界自然保護基金）などの団体が，海洋におけるプラスチック汚染をなくすための国連協定を作ろうと尽力している。各国政府は，海をごみで埋め尽くすという過失を犯している汚染者に，より厳格な規則を課すべきだ。一方，私たち個人もプラスチックの使用量を進んで減らそうとする必要がある。

□ **damage**　名 損害；損傷
　他 に損害〔損傷〕を与える

❹□ **completely**　副 完全に
　└complete　形 完全な　他 を完成する
　≒ entirely　副 完全に

□ **strict**　形 厳しい
　≒ severe / harsh　形 厳しい

208
☐ **in some ways** ある意味で
In some ways, he is a genius.（ある意味で，彼は天才だ。）

209
☐ **at the mercy of ～** ～のなす〔言う〕がままに
〔= at one's mercy〕
Joe is completely *at the mercy of* his parents.
（ジョーは完全に親の言いなりになっている。）

210
☐ **admit to ～** ～（事実・罪など）を認める
He will not *admit to* his guilt.（彼は自分の有罪を認めないだろう。）

211
☐ **come to terms with ～** ～と折り合いをつける
I've only recently *come to terms with* the sad reality.
（私は最近になってようやく悲しい現実と折り合いがつけられるようになった。）

cf. on ... terms with ～　～と…な関係になる
They are *on* good *terms with* the neighbors.（彼らは隣人と良好な関係だ。）

212
☐ **at issue** 論争中の；懸案となっている
This is the matter *at issue*.（これは論争中の問題です。）

213
☐ **find one's way ((in)to ～)** （～に）やっとたどり着く
This is a story of how he *found his way to* success.
（これは彼がいかにして成功にたどり着いたかという物語だ。）

cf. make one's way (to ～)　（～に）苦労して進む〔行く〕
Make your way to the front of the crowd.（何としても群衆の前まで行くんだ。）

214
☐ **break up (～)** ～をばらばらにする；解散する
The Beatles *broke up* in 1970.（「ビートルズ」は1970年に解散した。）

215
☐ **transform A into B** AをBへと変化させる；変形させる
They *transformed* an old building *into* this nice café.
（彼らは古い建物を素敵なカフェに変えた。）

≒ turn A into B

216
☐ **turn up** 口語 現れる
I waited for Anthony, but he never *turned up*.
（私はアンソニーを待っていたのに，彼は一向に現れなかった。）

217
☐ **beyond description** 言葉で言い表せないほど
The beauty of auroras is *beyond description*.
（オーロラの美しさは言葉では表せない。）

218
☐ **cling to ～** ～にしがみつく；～に固執する

We should stop *clinging to* such an old way of thinking.
（そのような古い考え方にこだわるのはやめるべきだ。）

≒ persist in ～ ≒ adhere to ～

219
☐ **take over ～** ～を支配する；～を引き継ぐ

He is going to *take over* your position.（彼があなたの役職を引き継ぎます。）

≒ succeed to ～
cf. turn over ～ ～をめくる；～をひっくり返す
Everyone, *turn over* the page.（皆さん，ページをめくってください。）

220
☐ **impose A on B** 口語 AをBに課す；押し付ける

I'm not going to *impose* my personal values *on* others.
（私の個人的な価値観を他人に押し付けるつもりはありません。）

≒ force A on B

221
☐ **be guilty of ～** ～の罪で有罪である

The man *was guilty of* murder in the case.
（男性はその事件で殺人の罪を犯していた。）

⇔ be innocent of ～

222
☐ **be willing to *do*** …するのをいとわない

If necessary, I'*m willing to* fly to Berlin and meet him.
（必要なら，ベルリンまで飛んで彼に会ってもよいと思う。）

55
☐ **it is (about) time (that) ...** そろそろ…してもよい頃だ

It's about time we told him the truth.（もうそろそろ彼に真実を伝えるべきだ。）

→ p.89 仮定法④a

56
☐ **by ～** ～までには

Come home *by* seven.（7時までには家に戻ってきなさい。）

≒ no later than ～

↩ p.13 前置詞・副詞

57
☐ **have yet to *do*** まだ…し（てい）ない

I *have yet to* decide what to do next.（次に何をするか，まだ決めていません。）

58
☐ **there is nothing for it but to *do*** …するより仕方がない

There is nothing for it but to omit this sentence.（この文はカットするしかない。）

≒ have no choice but to *do* ≒ cannot〔can't〕help …ing

START 100 200 300 400 500 600 700 800 900 1000 1080～

Protecting Forests with Fire

225 words

1 ❶ Most Americans **are familiar with** the character Smokey Bear and his slogan, “Only you can prevent forest fires.” **As a general rule**, we have to be **as** careful **as we can** not to start a fire in a forest. But fires can help forests *thrive under certain conditions. It may seem **at odds** 5 **with** common sense, but **on the whole**, controlled fires can be helpful to them.

❷ Controlled burning has been **carried out** for thousands of years by Native Americans in California and other places. This practice does not **burn down** an entire forest; instead, it is conducted over a limited area.

10 ❸ Here is how it works. Before people **set off** a controlled fire, a careful plan must be made **with regard to** the reasons for the burn and its size. The planners must **look out for** any factors that may affect the fire, such as weather and environmental conditions. Those doing the burning must also **inform** the public **of** the plan **prior to** starting the 15 fire.

❹ There are **quite a few** reasons for controlled burning. One goal is to **get rid of** dead trees to prevent wildfires. Another is to kill off harmful insects. And a third is to make the ground healthier. The burned trees give the soil important *nutrients, and the cleared space **allows for** more 20 sunlight to help young plants grow.

(注) thrive「栄える，繁栄する」 nutrients「栄養物，栄養素」

☑ *Check!!*

□ **protect** 他 を守る；を保護する
　└protection 名 保護
　≒defend 他 を守る
❶□ **prevent** 他 を妨げる；を防ぐ
□ **control** 他 を制御〔操作〕する；を支配する
❷□ **burn** 他 を燃やす；をやけどさせる
　自 燃える
□ **practice** 名 慣行；練習；実行
　他 を練習する；を実行する
　自 練習する

❶　ほとんどのアメリカ人は「スモーキーベア」というキャラクターとその標語「山火事を防げるのは君だけだ」をよく知っている。普通，私たちは森の中では火事を起こさないよう最大限注意しなければならない。しかし，ある状況下では，火事は森の繁栄に役立つことがある。常識とはそぐわないように思えるかもしれないが，概して，制御された火は森にとって役に立ちうるのである。

❷　制御された焼き払い（火入れ）は，カリフォルニアなどで，ネイティブ・アメリカンによって数千年にわたって行われてきたものだ。この慣習は森全体を焼き払うために行われるのではない。そうではなく，場所を限定して行われるのである。

❸　仕組みはこうだ。火入れを始める前に，その火入れを行う理由やその規模に関して入念に計画を立てる必要がある。計画者は，火入れに影響を与えうるあらゆる要因 ── 天候や環境条件など ── に注意を払わなくてはならない。また，火入れを行う者は，火をつける前にその計画について広く人々に告知しなければならない。

❹　火入れを行う理由はかなりたくさんある。目的の１つは，山火事を防ぐために老木を取り除くことだ。もう１つは害虫駆除。そして３つ目は土壌の改良である。焼けた木々は土に重要な栄養を与え，スペースができることで，若い植物が育つのを助けるためのより多くの日光を可能にする。

□ **conduct**　㊀を行う；を指揮する　㊔行い
□ **limit**　㊀を制限する　㊔制限；限界
❸□ **affect**　㊀に影響を与える；変化をもたらす
　≒ **influence**　㊀に影響を与える
❹□ **insect**　㊔昆虫
□ **clear**　㊀（of ～）（場所から）～を取り除く；をきれいにする　㊂晴れる　㊁明確な；晴れた
□ **soil**　㊔土，土壌

223
☐ **be familiar with 〜** 〜(物事)をよく知っている

I'm looking for someone who*'s familiar with* jazz history.
(ジャズの歴史に詳しい人を探しているのですが。)

cf. be familiar to 〜 〜になじみがある，〜によく知られている

224
☐ **as a (general) rule** 概して；普通は

As a rule, we don't wear shoes inside the house.
(基本的に，私たちは家の中では靴を履きません。)

≒ in general ≒ at large

225
☐ **at odds with 〜** 〜と争って；〜と反目して

Those countries are *at odds with* each other.
(それらの国々は互いに対立している。)

226
☐ **on the whole** 口語 概して；大体は

On the whole, Japanese are diligent. (概して日本人は勤勉である。)

≒ all in all ≒ by and large

227
☐ **carry out 〜** 〜を実行する；〜を果たす

When will you *carry out* the attempt? (君はいつその企画を実行するのですか。)

cf. carry on with 〜 〜を続ける

228
☐ **burn down (〜)** 〜を全焼させる；焼け落ちる

The famous hotel *burnt down* in 1995. (その有名なホテルは1995年に全焼した。)

229
☐ **set off (〜)** 〜を点火させる；出発する

She *set off* from Osaka at 10 o'clock. (彼女は10時に大阪を出発した。)

≒ set in
cf. leave (〜) for ... (〜を出て)…へ(向けて)出発する
The plane *left for* NY at 12:35. (飛行機は，12:35にニューヨークに向けて出発した。)

230
☐ **with〔in〕regard to 〜** 〜に関して

We will announce *with regard to* this matter tomorrow.
(この問題に関しては明日発表します。)

cf. give one's best〔kindest〕regards to 〜 〜によろしくと伝える
Please *give my best regards to* her. (彼女によろしくお伝えください。)

231
☐ **look out (for〜)** (〜に) 気をつける；用心する

When you hike around there, ***look out for*** bears.
(その辺りをハイキングする時は，クマに気をつけてね。)

≒ watch out (for 〜)
cf. on one's guard 用心して
Be ***on your guard***. (警戒してください。)

232
☐ **inform A of 〔about〕 B** AにBを知らせる

Why didn't you ***inform*** me ***of*** that plan beforehand?
(なぜ私にその計画を前もって知らせてくれなかったのですか？)

cf 1. convince A of B AにBを納得させる
I can't ***convince*** her ***of*** it. (彼女にそれを納得させることができない。)
cf 2. get across 〜 〜をわからせる
I'm good at ***getting*** my point ***across***. (私は要点を伝えるのがうまい。)

233
☐ **prior to 〜** 〜より前に；〜に先立って

Please read the document ***prior to*** the meeting.
(会議の前にその文書を読んでおいてください。)

234
☐ **quite a few** かなり多くの

Quite a few Japanese students study at this university.
(かなり多くの日本人学生がこの大学で学んでいる。)

≒ not a few
cf. quite a little かなりたくさん (の)

235
☐ **get rid of 〜** 口語 〜を取り除く

We should ***get rid of*** all nuclear weapons. (私たちは核兵器をすべて廃絶すべきだ。)

236
☐ **allow for 〜** 〜を考慮に入れる；〜を可能にする

Its structure ***allows for*** easy movement. (その構造が，動きを容易にする。)

≒ take 〜 into account

59
☐ **as 〜 as one can** 口語 できるだけ〜

Please come to my office ***as*** soon ***as you can***.
(できるだけ早く私の会社に来てください。) → p.81 比較①e

≒ as 〜 as possible

START 100 200 300 400 500 600 700 800 900 1000 1080〜

Halley's Comet

244 words

1 ❶ Have you ever thought about what a comet is? **On the face of it**, comets are bright balls of light that fly through the sky. But in fact, they **are composed of** ice, dust, and small rocks. As a comet approaches *the Solar System, the force of the solar wind causes a tail to form. A comet
5 **never** travels through the Solar System **without forming** a "tail." This shape helps astronomers **distinguish** comets **from** stars.

❷ The most famous comet is *Halley's Comet. It **comes into view** every 75 years. It was named **in honor of** English astronomer Edmond Halley. He was the first to suggest that comets seen in 1531, 1607 and
10 1682 **must have been** the same.

❸ Millions of people throughout the world **look for** Halley's Comet in the sky **every time** it comes. Some historical records **refer to** Chinese astronomers seeing the comet in 239 BCE. Its appearance is **such a huge event that** it inspired invasions by William I in 1066 and Genghis Khan
15 in 1222.

❹ The first photograph of Halley's Comet was taken in 1910. People were very worried because they believed that it would end life on Earth. When it came again in 1986, scientists viewed it through high-powered telescopes, but those observations did not **amount to** much, as
20 it remained far from Earth, and the Sun was **in the way**. Astronomers **are anxious for** the comet's arrival in 2061 and hope to **catch up with** it using *spacecraft.

(注) the Solar system「太陽系」 Halley's Comet「ハレー彗星」 spacecraft「宇宙船」

☑ *Check!!*

❶□ **tail** 名 しっぽ
□ **astronomer** 名 天文学者
❸□ **throughout** 前 の至る所で 副 至る所で；すっかり
□ **inspire** 他（人）を動機づける；を元気づける；に着想〔ひらめき・霊感〕を与える
└**inspiration** 名 ひらめき；鼓舞

ハレー彗星

音声 

❶ 彗星とは何か，思いを巡らせたことはあるだろうか。彗星は一見，空を飛んでいく明るい光の玉のように見える。だが実際には，彗星は氷，ちり，小さな岩石などでできている。彗星が太陽系に近づくと，太陽風の影響によって尾が形成される。彗星が太陽系を通過する時は必ず「尾」ができる。この形状のおかげで，天文学者は彗星と星を見分けやすくなる。

❷ 最も有名な彗星はハレー彗星だ。これは75年ごとに出現する。その名は，英国の天文学者エドモンド・ハレーを称えて付けられたものだ。彼は，1531年，1607年，1682年に観測された彗星が同じ物体だったに違いないと唱えた最初の人物である。

❸ 世界中の何百万もの人々が，ハレー彗星がやってくるたびに，空にそれを探す。紀元前239年，中国の天文学者によるこの彗星の観測に言及する歴史的資料もある。ハレー彗星の出現は，1066年のウィリアム1世による侵略や1222年のチンギス・ハーンによる侵略のきっかけとなった，大変大きな出来事なのである。

❹ 初めてハレー彗星の写真が撮られたのは1910年のことだ。人々はそれが地球上の生命を根絶やしにすると信じていたため，大いに不安に駆られた。1986年に再び訪れると，科学者たちは高倍率の望遠鏡でそれを観察したが，当時の観測は結局さほど大きな成果を生むには至らなかった。地球から遠くにとどまっており，また太陽が間に入っていたからである。天文学者たちは2061年のハレー彗星到来を首を長くして待っており，宇宙船を使って彗星に追いつくことを目指している。

□ **invasion** 名 侵略
　└invade 他 を侵略する

❹□ **observation** 名 観察；考察
　└observe 他 を観察する；（規則など）を守る

□ **remain** 自 （…の）ままである；残っている

237 □ **on the face of it** 一見したところでは

On the face of it, you're right, but .... (一見すると，君は正しいけれども…。)

238 □ **be composed of ～** ～から成り立っている

The committee *is composed of* twelve members.
(その委員会は12人のメンバーから成り立っている。)

≒ consist of ～　≒ be made up of ～

239 □ **distinguish A from B** AとBを区別する

Can you *distinguish* trout *from* salmon?
(マスとサケを区別することができますか。)

≒ tell A from B
cf. separate A from B　AをBと分ける〔切り離す〕
This should be *separated from* the others. (これは他とは別にしておくべきだ。)

240 □ **come into view〔sight〕** 見えるようになる；目に入る

The end of this conflict has finally *come into sight*.
(ようやくこの戦争の終わりが見えてきた。)

241 □ **in honor of ～** ～に敬意を表して；～を祝って

The stadium was named *in honor of* the baseball player.
(そのスタジアムは，この野球選手にちなんで名付けられた。)

cf. in praise of ～　～をほめて；～を称えて
In praise of her wonderful achievements. (彼女の素晴らしい業績を称えて。)

242 □ **look for ～** 口語 ～を探す

I have been *looking for* a better job since last month.
(先月以来，私は今よりも良い仕事を探している。)

≒ seek for ～

243 □ **refer to ～** ～に言及する；～を参照する

He never *refers to* his past. (彼は決して自分の過去に触れない。)

cf. refer to A as B　AをBと呼ぶ；AをBと称する
The artist *refers to* himself *as* a genius. (そのアーティストは自身を天才と称している。)

244 □ **amount to ～** (総計) ～に達する；～に等しい

The bill *amounts to* 1,000 dollars. (勘定は1,000ドルになる。)

≒ add up to ～

245 □ **in the way〔in one's way〕** 口語 邪魔になって

Sorry, am I *in your way*? (ごめんなさい，私，邪魔になってますか？)

246
☐ **be anxious for ～** ～を切望している

He *is anxious for* a new car.（彼は新しい車を欲しがっている。）

cf. be anxious about ～ ～を心配〔憂慮〕している

247
☐ **catch up (with ～)** 口語 （～に）追いつく

I have some difficulty *catching up with* my math class.
（数学の授業についていくのに苦労している。）

cf. keep up with ～ ～に（遅れないで）ついていく

60
☐ **never ～ without …ing** ～すれば必ず…する

They will *never* meet *without quarreling*.（彼らは会えば必ずケンカする。）

→ p.86 否定③

≒ never ～ but ...

61
☐ **must have ＋過去分詞** 口語 …したに違いない

She *must have told* a lie.（彼女はうそをついたに違いない。） → p.75 助動詞①

62
☐ **every time ...** 口語 …するたびに

People laugh at her *every time* Mia dances.（人々はミアが踊るたびに笑うの。）

→ p.80 接続詞⑪

cf. every other ～ ～おきに
The taxi driver works *every other* day.（そのタクシーの運転手は1日おきに働く。）

63
☐ **such (a〔an〕) 形容詞 ＋名詞＋ that ...** 大変～なので…；…するくらい～

He was *such a* kind man *that* everyone liked him.
（彼は大変親切な人なので，みんな彼のことが好きだった。） → p.78 接続詞④

21 Brain Size and Intelligence

227 words

1 ❶ Have you ever heard someone referring to someone else as a "birdbrain"? The term **is associated with** being a foolish or simple-minded person—to have a tiny brain, **as it were**. People **tend to** think that larger brains **are superior to** smaller ones in terms of intelligence.
5 But this is **not necessarily** the case.

❷ Research shows that humans have large brains **in proportion to** their body mass. The human brain weighs about 1.3 kilograms **on average**. However, some anthropologists have learned that human brain size today is smaller than it was about 3,000 years ago. **In spite of** our
10 advancements in science and technology, we have smaller brains than our ancestors.

❸ Many studies have been done to see if human brain size **is connected with** intelligence. **For the most part**, these studies have found only a slight relationship between the two. **All in all**, the brain is
15 still a mystery to scientists.

❹ **As for** birds and other animals, their brains are **far from** useless. Birds can recognize objects and faces. In some studies, birds could do some tasks better than humans could. **On the other hand**, whales and dolphins have very large brains, but they are also intelligent. They live in
20 societies and teach each other things. This shows that **it doesn't matter whether** the brain is small or large; it's how it is used that counts.

☑ Check!!

❶ □ **tiny** 形 非常に小さい
⇔huge 形 非常に大きい

❷ □ **mass** 名 塊；(the ~es で) 大衆
□ **weigh** 自 の重さがある
他 の重さを量る
└weight 名 重さ

□ **anthropologist** 名 人類学者
□ **advancement** 名 進歩；前進
└advance 他 を前進〔進歩〕させる
自 前進〔進歩〕する
□ **ancestor** 名 祖先
⇔offspring 名 子孫

❶　誰かが他の人のことを「鳥頭」と呼ぶのを聞いたことがあるだろうか。これは，ばかな，または愚かな人と結び付けられている言葉で，言ってみれば，脳が小さい，ということだ。人は，知能という点に関して，より大きな脳の方が小さな脳より優れていると考える傾向にある。だが，これは必ずしも事実ではない。

❷　人間は，その体格と比べて大きな脳をもつことが研究によってわかっている。人間の脳の重さは平均して約1.3キログラムである。しかし，一部の人類学者の研究結果によれば，現代人の脳は約3000年前の人類の脳より小さいという。人類の科学と技術の進歩にもかかわらず，私たちの脳は祖先と比べて小さくなっているのだ。

❸　人間の脳の大きさは知能と関係しているのかを調べるために，これまで多くの研究がなされてきた。おおむね，こうした研究で明らかにされてきたのは，脳の大きさと知能との間にはわずかな相関関係しかないということである。概して，脳は科学者にとってまだまだ謎に包まれているということだ。

❹　鳥やその他の動物に関して言えば，彼らの脳は無用の長物などではまったくない。鳥は物体や顔を識別することができる。人間より鳥の方がうまくできるタスクもある，とする研究もある。その一方で，クジラやイルカは非常に大きな脳をもつが，これらの動物も高度な知能をもつ。彼らは社会生活を営み，互いにものごとを教え合う。このことが示しているのは，脳が小さいか大きいかは問題ではないということだ。肝心なのは，それがどう使われているかなのである。

❸□ **slight** 形 わずかな
└slightly 副 わずかに

❹□ **useless** 形 役に立たない
⇔useful 形 役に立つ；有益な

□ **recognize** 他 を識別できる；を認める
└recognition 名 認識；承認

□ **object** 名 物体；目的 自 反対する
├objection 名 異議
└objective 形 客観的な

□ **task** 名 仕事；課題；タスク

248
☐ **be associated with ～**　～と関係がある
Declining bee populations may ***be associated with*** climate change.
（減少しているミツバチの個体数は気候変動と関連している可能性がある。）
cf. associate A with B　AとBを結び付ける
I ***associate*** good memories ***with*** that place.（私はその場所をよい思い出と結び付けます。）

249
☐ **as it were** 口語　いわば
He is, ***as it were***, a grown-up baby.（彼は，いわば大人の赤ちゃんだ。）
≒ so to speak〔say〕

250
☐ **tend to *do*** 口語　…する傾向がある
Statistically, women ***tend to*** live longer than men.
（統計学的には，女性は男性より長生きする傾向にある。）
≒ be likely to *do*

251
☐ **be superior to ～**　～より優れている
This car ***is superior*** in design ***to*** that one.（この車はあの車よりデザインがよい。）
⇔ be inferior to ～
cf. be senior to ～　～より年上である

252
☐ **in proportion (to ～)**　(～に) 比例して；つり合って
His workload is ***in proportion to*** his salary.（彼の仕事量は給料とつり合っている。）

253
☐ **on (the〔an〕) average**　平均して；概して
On average, I walk five kilometers per day.（平均して，私は1日に5キロ歩く。）

254
☐ **in spite of ～**　～にもかかわらず
Hanko culture has survived ***in spite of*** technological development.
（テクノロジーの発展にもかかわらず，ハンコ文化は生き残り続けてきた。）
≒ with all ～
cf. in spite of oneself　思わず；意に反して
She smiled ***in spite of herself.***（彼女は思わず笑ってしまった。）

255
☐ **be connected with〔to〕～**　～とつながっている；～と関係がある
Is the computer ***connected to*** the Internet?
（そのコンピューターはインターネットに接続されていますか。）
≒ connect A to B　AをBと関係づける
≒ be related to〔with〕～　≒ be concerned with〔in〕～　≒ have something to do with ～
⇔ have nothing to do with ～
cf. tie up (with ～)　(～と) 合併〔提携〕する
They tried to ***tie up with*** a big company.（彼らは大企業と提携しようとした。）

256 □ **for the most part** たいてい；大部分は

Life is, ***for the most part***, a steep slope.（人生は大部分は険しい坂道である。）

257 □ **all in all** 概して；全体として

All in all, I'm happy with the result.（全体を通して見ると，私は結果に満足だ。）

≒ on the whole

258 □ **as for ～** ～に関して；～について（言うと）

They like soccer, but ***as for*** me, I like baseball.
（彼らはサッカーが好きだが，私はと言うと，野球が好きだ。）

≒ as to ～

259 □ **far from ～** 決して～ではない

She is ***far from*** shy.（彼女は決して内気ではない。）

≒ anything but ～　≒ by no means

260 □ **(on (the) one hand ～,) on the other hand ...** （一方では～）他方では…

On the one hand he is kind, but ***on the other hand***, he is not diligent.
（一方では彼は親切だが，他方では彼は勤勉でない。）

64 □ **not necessarily** 必ずしも…（とは限ら）ない

The rich are ***not necessarily*** happy.（裕福な人が必ずしも幸せとは限らない。）

→ p.85 否定①

≒ not always

65 □ **it doesn't matter whether ...** …かどうかは問題〔重要〕ではない

It doesn't matter whether his answer is right or wrong.
（彼の答えが正しいか間違っているかは問題ではないよ。）

→ p.60 it③

cf. What is the matter with ～?　～はどこが問題か〔悪いのか〕。
What's the matter with you?（どうしたのですか。）

Smartphones and Driving

255 words

1 ❶ Smartphones are packed with convenient and fun features. They make it easy to **keep in touch with** family and friends. But their features make them **all the more** distracting. It's **one thing** to **fail to** concentrate on your studies or work because of them. But it's **another** to 5 be distracted by your phone while driving, riding a bicycle, or walking. **It goes without saying that** if you **cannot help looking** at your phone while **on the move**, you may put yourself and others **at risk** of an accident.

❷ According to Japan's National Police Agency, in 2021 there were 10 1,394 traffic accidents caused by drivers looking at their smartphones or mobile phones. Traffic accidents caused by cyclists using smartphones are also increasing year by year. You can **see** students **looking** at their phones as they walk or ride their bikes **on their way to** school.

❸ **Right now**, police are *cracking down. Officers check cars **at** 15 **random** to see if the drivers are paying attention and give them tickets if they are using smartphones. In 2021, there were 300,000 tickets given related to mobile phone use while driving, which is 5% of the total. Fines have also become heavier.

❹ It is important that you **abide by** the rules. **Put down** your phone 20 and keep it in your bag or pocket **as a matter of course**. You must **be all eyes** when you are driving, riding your bicycle, or walking. If you **commit an error** because you are distracted, you will surely **regret making** such a careless decision.

(注) crack down「厳重に取り締まる」

☑ Check!!

❶□ **distract** 他 の気を散らす；の心をかき乱す

❷□ **mobile** 形 移動可能な，動きやすい
└mobility 名 動きやすさ

❸□ **fine** 名 罰金 他 に罰金を科す

❹□ **commit** 他（罪・過ちなど）を犯す
└commit oneself to ～ ～にかかわる；～に献身する

「ながらスマホ」の危険性

音声

❶ スマートフォンには便利で楽しい機能が詰まっている。家族や友人と連絡を取るのも容易にしてくれる。だがスマホは，それが備えている機能ゆえにますます人の気を散らすものでもある。スマホのせいで勉強や仕事に集中できないということもある。だがこれが，車の運転中や自転車に乗っている最中，あるいは歩行中にスマホで気が散るとなると，別次元の問題である。言うまでもなく，移動中にどうしてもスマホを見てしまうようでは，自分自身も他人も事故の危険にさらすことになりかねない。

❷ 日本の警察庁によれば，2021年に，スマホや携帯電話を見ていた運転者が原因となった交通事故は1,394件にのぼった。スマホを操作しながらの自転車運転者による交通事故も年々増加している。登校中の学生が歩きながら，あるいは自転車に乗りながらケータイを見ているという光景も見られる。

❸ 現在，警察は厳しい取り締まりを行っている。警察官は，ドライバーが注意を払っているかを確かめるため，無作為に選んだ通行車両をチェックし，もしスマホを使用中だった場合には違反切符を切る。2021年に，運転中の「ながらスマホ」に関連して切られた違反切符は30万件にのぼる。これはチェックを行った全ドライバーの5%に当たる。反則金も引き上げられた。

❹ 規則を遵守することが重要である。当然のことながら，スマホはいったん置いてカバンやポケットにしまっておくことだ。車や自転車の乗車中や歩行中には，周囲を注視しなければならない。気が散っていたという理由で過ちを犯せば，かくも不注意な決断を行ったことを後悔するに違いない。

□ **decision** 名 決定；決心
　└decide 他 を決める

261
□ **keep in touch with ～**　～と連絡を取る；～と接触を保つ
Oliver ***keeps in touch with*** his parents by e-mail.
（オリバーは両親とはEメールで連絡を取り合っている。）

262
□ **all the 比較級 (...)**　それだけいっそう〔ますます〕(…)
He suffered ***all the more*** because everyone around him was kind.
（彼は周りの人々が優しかったために，いっそう苦しんだ。）

263
□ **～ one thing, ... another**　～と…は別のことである
It is ***one thing*** to know, and ***another*** to teach.
（知っていることと，教えるということは別のことである。）

264
□ **on the move**　移動中で；せわしなく動き回って
Our kid is always ***on the move.*** （うちの子はいつも動き回っている。）

265
□ **at risk**　危険にさらされた
Elephants are ***at risk*** of extinction. （ゾウは絶滅の危機に瀕している。）

cf 1. at the risk of ～　～の危険を冒して
Pursue your dream ***at the risk of*** failure. （失敗を覚悟したうえで夢を追い求めなさい。）
cf 2. run〔take〕a risk〔risks〕　危険を冒す
I ***took a risk*** and started my own business. （私はリスクを冒してビジネスを始めた。）

266
□ **on one's〔the〕way (to ～)**　(～への) 途中で
I met Jane ***on my way*** home. （帰宅途中でジェーンに会った。）

cf. in the process of ～　～の過程〔途中〕で

267
□ **right now〔away；off〕**　現在；今すぐ
Meg, come to the teachers' room ***right now.*** （メグ，今すぐ職員室に来なさい。）

cf. by and by　やがて；まもなく

268
□ **at random**　無作為に；雑然と；でたらめに
Those things were displayed ***at random.*** （それらのものは雑然と並べられていた。）

⇔ in order

269
□ **abide by ～**　～(規則・約束など) を忠実に守る
Emily made a promise and she ***abided by*** it.
（エミリーはあることを約束し，しっかりそれを守った。）

270
□ **put down ～** 口語　～を下に置く；～を書き留める
I should have ***put*** it ***down*** in my notes.
（それをメモ帳に書き留めておくべきでした。）

271 □ **as a matter of course** 当然のことながら

At night, I lock the door ***as a matter of course.***
（当然のことながら，夜はドアのカギを締める。）

cf. as a matter of fact　実際のところ

272 □ **be all eyes** 一心に見る

They ***were all eyes*** as the actor showed up.
（その俳優が現れると，彼らは興味津々で見つめた。）

273 □ **commit〔make〕an error** 過ちを犯す；間違える

I might have ***committed a*** serious ***error*** in judgment.
（私は重大な判断ミスを犯したかもしれない。）

66 □ **fail to *do*** …できない；…しない

I ***failed to*** help him with his homework.
（私は彼の宿題を手伝ってやることができなかった。）

67 □ **it goes without saying that ...** …は言うまでもない

It goes without saying that honesty is the best policy.
（正直は最善の策であるということは言うまでもない。）

≒ needless to say

68 □ **cannot〔can't〕help …ing** …せずにはいられない

I ***couldn't help smiling*** at the sight.（その光景に思わず笑みがこぼれてしまった。）

→ p.87 否定⑦

≒ cannot help but *do*

69 □ **see O …ing** 口語 Oが…しているのを見る（知覚動詞）

I ***saw*** a man ***running*** away from the bank.
（私は男が銀行から走り去って行くのを見た。）

→ p.74 動詞①

70 □ **regret …ing** 口語 …したことを後悔する

They ***regret breaking*** the window.（彼らは窓を壊したことを後悔している。）

→ p.72 動名詞④a

cf. regret to *do*　…することを残念に思う

Ötzi the Iceman

255 words

1 ❶ In a museum in Bolzano, Italy, lies the oldest natural *mummy in Europe. The mummy has been named "Ötzi" and it is famous. **The reason is that** it is the body of a man who lived more than 5,000 years ago. Ötzi may **be familiar to** you as there have been several books, 5 documentaries and films made about him.

❷ On September 19, 1991, two tourists from Germany, Mr. and Mrs. Simon, found a mummy buried in ice. Since the preservation of a human body in nature is mostly **dependent on** weather conditions, finding the well-preserved body was a miracle.

10 ❸ **Based on** research done on the body, scientists **became aware of** many aspects of Ötzi's life. **According to** the scientists who were **in charge of** analyzing the mummy, he was in his mid-forties and a head injury **was** possibly **responsible for** his death. Maybe he **was good at** hunting; his last meal contained meat, and wheat **as well**. He had many 15 *tattoos on his body, and the positions of the tattoos are **the same** place **as** those of modern *acupuncture points effective for *lower back pain. This suggests that the tattoos were used to treat Ötzi, who **suffered from** lower back pain.

❹ **Every now and then**, the museum receives requests from 20 scientists to study Ötzi, but they **are conscious of** the need to preserve it. **Provided that** Ötzi remains in good condition **by the time** more research methods are invented, scientists will be able to find out more about the life of Ötzi in the future.

（注）mummy「ミイラ」 tattoo「入れ墨，タトゥー」 acupuncture point「(東洋医学の)ハリのつぼ」 lower back pain「腰痛」

☑ Check!!

❶□ **documentary** 名（テレビの）ドキュメンタリー 形 事実を記録した
　└document 名 文書；記録
❷□ **bury** 他 を埋める；（死体）を埋葬する
□ **preservation** 名 保存；保全
　└preserve 他 を保存〔保護〕する
□ **mostly** 副 たいてい
□ **well-preserved** 形 保存のよい；若く見える
❸□ **aspect** 名（物事の）面；見方
□ **analyze** 他 を分析する
　└analysis 名 分析（結果），複数形は analyses

音声

❶　イタリアのボルツァーノにある博物館に，ヨーロッパ最古の自然ミイラが眠っている。このミイラは「エッツィ」と名付けられ，有名である。理由は，それが5,000年以上前の人間の遺体だからだ。エッツィについては，本やドキュメンタリー，映画などがあるので，あなたにもなじみがあるかもしれない。

❷　1991年9月19日，ドイツから来た2人の観光客，サイモン夫妻が氷に埋もれたミイラを発見した。自然界での人間の遺体の保存状態はもっぱら気候条件に左右されるため，保存状態の良好な遺体の発見は奇跡的だった。

❸　その遺体の研究に基づき，科学者たちはエッツィの生涯のさまざまな側面について認識するようになった。ミイラの分析を担当した科学者たちによると，彼は40代半ばで，頭部外傷が死の原因の可能性があるという。狩猟が得意だったのか，最後の食事には肉，そして小麦も含まれていた。体にはたくさんの入れ墨があり，その位置は現代の腰痛に効くツボと同じ場所だった。このことから，腰痛を患うエッツィを治療するために刺青を入れたと考えられる。

❹　博物館には，科学者から「エッツィを研究したい」という要望が時々寄せられるが，博物館は保存の必要性を意識している。今後，研究方法が確立されるまでに，エッツィの状態が良好であれば，将来的にエッツィの生涯をより解明することができるだろう。

□ **contain** 他 を含む；を入れている
≒include 他 を含む
└container 名 容器；コンテナ
□ **effective** 形 効果的な
└effect 名 効果；影響；結果

❹□ **invent** 他 を発明する
└invention 名 発明（品）

274
☐ **be familiar to ～** ～になじみがある；～によく知られている

Your name ***is familiar to*** me.（あなたの名前はよく知っています。）

cf. be familiar with ～　～（物事）をよく知っている

275
☐ **dependent on〔upon〕～** ～に依存している；～に頼っている

They are ***dependent on*** the country for gas supplies.
（彼らは，ガス供給の面でその国に依存している。）

⇔ independent of ～

276
☐ **be based on〔upon〕～** ～に基づいている

I doubt your argument ***is based on*** facts.
（あなたの主張は事実に基づいているようには思えない。）

277
☐ **become aware of ～** ～に気づく；～を認識する

He ***became aware of*** the risk.（彼はそのリスクに気づきました。）

cf 1. be conscious of ～　～に気づいている
cf 2. be aware of ～　～に気づいている

278
☐ **according to ～** ～によると；～に従って

According to the weather forecast, it will rain tomorrow.
（天気予報によると，明日は雨だ。）

cf. in accordance with ～　～に従って；～に一致して

279
☐ **in charge of ～** ～を担当して；～の責任者で

We are ***in charge of*** the security of this event.
（私たちがこのイベントの警備を担当します。）

280
☐ **be responsible for ～** ～の原因である；～に責任がある

You ***are responsible for*** what you have done.（君は自分のしたことに責任がある。）

≒ be to blame (for ～)　≒ be liable for ～

281
☐ **be good at ～** 口語 ～が得意である

I'*m* not ***good at*** speaking in front of crowds.
（私は大勢の人の前で話すのが得意ではありません。）

282
☐ **～ as well** 口語 同様に～；～もまた

Christmas is celebrated in a big way in Japan ***as well***.
（クリスマスは日本でも盛大に祝われる。）

283
☐ **suffer from ～**　～を患う；～で苦しむ
He is *suffering from* lung cancer.（彼は肺ガンを患っている。）

284
☐ **(every) now and then〔again〕**　時々
I still miss my hometown *now and then*.（今でも時々ふるさとが恋しくなる。）

≒ at times　≒ on occasion(s)

285
☐ **be conscious of ～**　～を意識している；～に気づいている
Try to *be conscious of* the environmental impact.
（環境への影響を意識するようにしよう。）

≒ be aware of ～

71
☐ **the reason is that ...**　その理由は…だからだ
I will not go. *The reason is that* he can't come.
（私は行きません。その理由は彼が来られないからです。）　→ p.77 接続詞①

72
☐ **the same ～ as ...** 口語　…と同じ（ような）～
I have *the same* car *as* yours.（私はあなたと同じ車を持っている。）
→ p.63 関係代名詞⑤

cf 1. (the) same to you　あなたも（同じように）
"Have a nice weekend!" "*Same to you*!"（「よい週末を！」「あなたもね！」）
cf 2. be identical with〔to〕～　～とまったく同じである
The results *were identical to* the expectation.（結果は期待通りでした。）

73
☐ **provided〔providing〕(that) ...**　もし…なら
I can attend the meeting, *provided* there's a suitable train.
（適切な列車があれば，私はその会議に出られるんだが。）　→ p.72 分詞3⑦

74
☐ **by the time ...** 口語　…までには
I can finish this job *by the time* he comes.
（彼が来るまでには私はこの仕事を終えることができる。）　→ p.80 接続詞⑪d

The Origins of Glass

254 words

1 ❶ Do you have glass items around you? Have you ever thought how glass **came about in the first place**? The earliest known human-made glass **dates back to** around 3500 BCE in Mesopotamia and Egypt. In the 2nd *millennium BCE, workshops in Egypt **prided themselves on** 5 making fine glass objects, **not** for the common people **but** for the elite. They **made** glass **from** *quartz rocks and plant ash that were melted together so that they did not **fall apart**.

❷ Over the years, Egypt and Syria became the main areas for workshops that **dealt in** glassmaking and selling. Glass was placed in 10 King Tutankhamun's tomb, but thieves **broke in** and stole it. This shows how valuable it was. Glass production flourished in the Roman Empire and developed throughout Europe.

❸ Traditional glassmaking is a very difficult practice. Students must learn the techniques **in the presence of** masters. They must make 15 many attempts before they **succeed in** creating a real work of art. The materials are also important. Sand that **is free of** any *impurities **makes for** the most attractive glass pieces.

❹ Most glass today is **no longer** made by hand. Much of the glass we buy is made in factories. Sometimes it is difficult to tell factory-made 20 glass from handmade glass. But there are some glassmaking workshops that let you try making it yourself. You can call or **fill out** a form online to **make a reservation** at these workshops. You'll **have a great time trying** it, and you'll see what a difficult process glassmaking can be.

(注) millennium「1000年ごとに区切った時代区分」 quartz「石英」 impurity「不純(物)」

☑ Check!!

❶☐ **workshop** 名 工場；研修会
☐ **elite** 名 上流階級〔階層〕；集団の中から選ばれた精鋭
☐ **melt** 他 を溶かす 自 溶ける

❷☐ **tomb** 名 墓(所)
☐ **thief** 名 泥棒
☐ **flourish** 自 繁栄する；(草木が)繁茂する

ガラスの起源

❶　あなたの身の回りにガラス製品はあるだろうか。そもそもガラスはいかにして生まれたのか，考えてみたことはあるだろうか。人間が製作したものとして知られる最も初期のガラスは，紀元前3500年前のメソポタミアとエジプトまでさかのぼる。紀元前2千年紀には，エジプトの工房が精巧なガラス製品を製作することを誇るようになっていたが，それは一般の人向けではなく，エリート層向けにであった。彼らは，ばらばらにならないよう溶け合わさった石英岩と植物灰からガラスを作った。

❷　やがて，エジプトとシリアが，ガラス製造と販売を取り扱う工房が集まる中心地となった。ツタンカーメン王の墓にもガラスが置かれていたが，盗賊が侵入し，それを盗み出した。これは，ガラスがいかに貴重なものだったかを物語っている。ガラスの製造はローマ帝国で発展し，ヨーロッパ全土で発達していった。

❸　伝統的なガラス製造は非常に難しい作業である。見習いは親方の面前でその技術を身につけなければならない。本物の工芸品を作ることに成功するには，何度も試みる必要がある。その素材も，重要な要素だ。不純物を一切含まない砂が，最も魅力的なガラス製品を生み出すのである。

❹　今日，ほとんどのガラスはもう手製ではない。私たちが買うガラスの大半は工場で作られている。工場で作られたガラスとハンドメイドのガラスを見分けるのは時に難しい。しかし，ガラス作りを体験させてくれるガラス工房がある。電話をかけたりオンライン上でフォームに必要事項を記入したりして，こうした工房に予約を入れればよい。あなたはその体験を大いに楽しむだろうし，ガラス作りがいかに難しい作業になりうるかということがわかるだろう。

---

❸ □ **traditional** 形 伝統的な
　└tradition 名 伝統
□ **attempt** 名 試み；企て 他 を試みる

□ **attractive** 形 魅力的な
　├attract 他 を魅了する
　└attraction 名 魅力；呼びもの

286 □ **come about** 口語 起こる；生じる

A very mysterious thing *came about* yesterday.
（昨日，大変不思議なことが起こりました。）

≒ take place

287 □ **in the first place** 口語 まず；第一に

In the first place, we need enough money.（第一に，私たちは十分なお金が必要だ。）

≒ first of all ≒ to begin〔start〕with

288 □ **date back to ～** ～にさかのぼる

The origin of this festival *dates back to* the Edo period.
（この祭りの起源は江戸時代までさかのぼる。）

≒ date from ～
cf. be derived from ～ ～に由来する
Many words *are derived from* Latin.（多くの言葉はラテン語に由来している。）

289 □ **pride oneself on ～** ～を誇りに思う；～が自慢である

The stupid man *prides himself on* his good looks.
（その愚かな男は自分の容姿を誇りに思っている。）

≒ be proud of ～ ≒ take pride in ～

290 □ **make A from B** B（原料）からAを作る

Sake is *made from* rice.（酒は米から作られる。）

291 □ **fall apart** ばらばらに壊れる；崩壊する

Their relationship *fell apart* when she left the city.
（彼女が町を去った時，2人の関係は崩れた。）

292 □ **deal in ～** ～（商品）を扱う

The company *deals in* sports goods.（その会社はスポーツ用品を扱っている。）

cf. deal with ～ ～を処理する；～に対処する

293 □ **break in** 侵入する；押し入る

It seems the thief *broke in* through this window.
（どうやら泥棒はこの窓から侵入したようだ。）

294 □ **in the presence of ～** ～の（面）前で；～がいる前で

The ceremony was held *in the presence of* the Emperor.
（その儀式は天皇陛下が出席される下で行われた。）

≒ in one's presence ⇔ in the absence of ～

音声 

295
□ **succeed in ～** ～に成功する

She finally ***succeeded in*** proving her hypothesis.
（彼女はついに自身の仮説を証明することに成功した。）

cf. succeed to ～　～を継ぐ
Kumi ***succeeded to*** her family business.（クミは家業を継いだ。）

296
□ **be free of ～** ～（有害物など）を含まない；～（料金・税金など）が免除されている

This soap ***is free of*** any harmful chemicals.
（このせっけんには有害な化学物質は一切含まれていません。）

297
□ **make for ～** ～を生み出す；～に役立つ；～へ向かって行く

This app ***makes for*** better communication.
（このアプリはコミュニケーションの改善に役立つわ。）

≒ head for ～
cf. be bound for ～　～行きである；～に向かう途中である
We ***are bound for*** California.（私たちはカリフォルニアに向かっています。）

298
□ **no longer ...** もはや…ない

We ***no longer*** need to fight with the enemy.（私たちはもはや敵と戦う必要はない。）

≒ not ... any longer

299
□ **fill out ～** 口語 ～に（必要事項などを）記入する

Please ***fill out*** this form.（こちらの申込用紙に記入してください。）

≒ fill in ～
cf. fill up (～)　満杯になる；～を満たす
The pond ***filled up*** after the rain.（雨が降った後で池は満水になった。）

300
□ **make a reservation** 予約する

Bill has already ***made a reservation*** for us.
（ビルがもう僕らのために予約をとってくれたよ。）

301
□ **have a good time (…ing)** （…して）楽しい時を過ごす

The couple ***had a good time singing*** and dancing.
（そのカップルは歌って踊ることで楽しい時間を過ごした。）

75
□ **not A but B** 口語 AではなくBである

He is ***not*** a poet ***but*** a novelist.（彼は詩人ではなく小説家だ。） → p.87 否定④

25 Religious Attitudes in Japan

254 words

❶ Are Japanese people religious? Do they **believe in** one God—or many gods? This is something people in other countries often wonder. **If** Japanese people are religious **at all**, they don't seem to show it much. They're not as likely to **lay out** their beliefs in the open as people in some major religions do.

❷ Some strongly religious people **object to** the idea that a person wouldn't believe in some higher power. Without religion, they say, people will **feel free to do** whatever they want. They will **live for** the moment and may not **make good on** their promises. If people don't believe in God, what are they living for? And if the world should **come to an end**, will they go to heaven?

❸ However, to many Japanese, religion is more a part of life than a specific set of instructions. Most people practice their religion **in private**. Whether they believe in gods controlling the world or that things happen **by chance**, people will often go to *shrines on holidays. Students and job-seekers write to the gods on votive tablets (*ema*) at shrines to **ask for** success in a test or an interview. If their wish **comes true**, they may go back to say thank you.

❹ Therefore, Japanese people may not go to church or temple **all the time** like religious people throughout the world do. But they are spiritual **none the less because** they lack obvious religious actions. Most people simply **prefer** a private form of spirituality **to** a more open one.

（注）shrine「神社」

☑ Check!!

❶□ **wonder** 他 を不思議に思う；に驚く；かどうかと思う
自 不思議に思う
□ **religious** 形 宗教の；信心深い
└religion 名 宗教

❷□ **promise** 名 約束 他 を約束する

❸□ **specific** 形 特定の；明確な
□ **instruction** 名 指示；教え；教育
└instruct 他 に教える

音声

❶ 日本人は信心深いのだろうか。日本人は唯一の神を信仰しているのだろうか ── あるいは，多数の神を？　これは外国人がよく疑問に思う事柄である。仮に日本人が信心深いとしても，彼らはそれをあまり表に出さないようだ。主要な宗教で行われているように，自分の信仰を包み隠さず明かすことは少ない。

❷ 信仰のあつい人は，より高次の存在を人が信じようとしないことに異議を唱える。彼らによれば，宗教がなければ，人間は望むことを何でも自由にやるようになる，というのである。刹那的に生きるようになり，約束を果たさないようになるかもしれない。もし神を信じないのなら，人間は何のために生きるというのか。それに，世界が終わりを迎えるとしたら，その人たちは天国に行けるのだろうか。

❸ しかしながら，多くの日本人にとって，宗教とは特定の教えをまとめたもの，というより，生活の一部である。ほとんどの人は宗教を私的に実践する。この世を統べる神々を信仰していようと，物事は偶然に起こるのだと信じていようと，休日にはよく神社にお参りする。学生や就活中の人は，試験や面接での成功を願うために，神への願いをしたためた板（絵馬）を書く。もし願いごとが叶ったら，お礼を言いにまたお参りすることもある。

❹ したがって，日本人は，世界中の信心深い人たちのように，しょっちゅう教会やお寺に通うということはしないかもしれない。しかし，それと見てわかるような宗教的行動をしていなくても，やはり彼らも宗教的なのである。単にほとんどの人が，オープンな信仰形態よりプライベートな信仰形態を好むというだけの話なのだ。

□ success 名 成功
├succeed 自 成功する
└successful 形 成功した
⇔failure 名 失敗

□ wish 名 願い；望み　自他（を）願う

302 □ **believe in ～** 口語 ～(の存在・人格)を信じる；～の正当性を信じる

I *believe in* God.（私は神を信じている。）

cf 1. believe it or not　信じられないかもしれないが本当に
Believe it or not, I saw a ghost.（信じられないかもしれないが，僕は幽霊を見たんだ。）
cf 2. have faith in ～　～を信頼する

303 □ **lay out ～** ～(考えなど)を述べる；～の設計をする

The beautiful garden was *laid out* by a famous designer.
（その美しい庭園は，ある有名なデザイナーが設計したものだ。）

cf. lay off ～　～を(一時)解雇する

304 □ **object to ～** 口語 ～に反対する

Many people *object to* the building of the new airport.
（新空港の建設には多くの人が反対している。）

≒ be opposed to ～

305 □ **feel free to *do*** 口語 自由に…する；遠慮なく…する

Please *feel free to* call me at any time.（いつでもお気軽にお電話ください。）

306 □ **live for ～** ～のために生きる

What does she *live for*?（彼女の生きがいは何ですか。）

307 □ **make good (on ～)** (～(目的・約束など)を)果たす；～(損失など)を償う；成功する

All their losses from the incident were *made good*.
（その出来事からの彼らの損失はすべて補填された。）

308 □ **come to an end** 終わる

Finally his lecture *came to an end*.（ついに彼の講義は終わった。）

cf 1. put an end to ～　～を終える〔終わらせる〕
How can we *put an end to* this?（どうすればこれを終わらせることができる？）
cf 2. call it a day　(仕事などを)切り上げる
Let's *call it a day*.（今日はここで切り上げるとしよう。）

309 □ **in private** 個人的〔私的〕に

James wants to speak to you *in private*.
（ジェームスはあなたと２人きりで話したい。）

⇔ in public　⇔ on business

310
☐ **by chance** たまたま；偶然

He also moved to this town ***by chance.*** (彼もたまたまこの町に引っ越してきた。)

≒ by accident

311
☐ **ask for ～** 口語 ～（助け・物）を求める；～（人）との（面会・話すこと）を求める

You need to ***ask for*** permission in advance. (事前に許可を求める必要がある。)

cf. struggle for ～　～のために〔～を得ようと〕奮闘する

We ***struggled for*** freedom. (私たちは自由のために奮闘した。)

312
☐ **come true** 口語 実現する

His dream of owning a home ***came true.*** (家を持つという彼の夢が実現した。)

313
☐ **all the time** 口語 いつも；その間ずっと

She is complaining about her low salary ***all the time.***
(彼女は給料が安いといつも不平を言っている。)

cf. all the time ...　…する間ずっと

The weather was good ***all the time*** we were there.
(私たちがそこにいた間ずっと天気は良かった。)

314
☐ **prefer A to B** BよりAを好む

I ***prefer*** coffee ***to*** tea. (私はお茶よりコーヒーの方が好きです。)

76
☐ **if ... at all** いやしくも〔仮にも〕…したなら

If you make your promise ***at all,*** don't break it.
(いやしくも約束をしたなら，それを破ってはいけません。)

77
☐ **none the 比較級 because ...** …にもかかわらず；それでもなお

I like Jacob ***none the less because*** he has faults.
(ジェイコブには欠点があるにもかかわらず，私は彼のことが好きなんだ。)

→ p.82 比較②g

OOParts

250 words

❶ *Artifacts are things that were made or used by humans. Old pots, tools, and jewelry are examples. **In general**, artifacts **are characteristic of** the culture of the region in which they are found. But sometimes, researchers find unexpected artifacts. They cannot **be certain about** where they came from or how they got there. These are called **out-of-place** artifacts (OOPArts).

❷ Sometimes OOPArts are highly advanced **in comparison with** the time or culture from which they came. One example is the *Antikythera mechanism discovered in the ocean near Greece in 1901. The mechanism is 2,000 years old, but it has modern gears and other technological parts. Researchers analyzed it in the 1970s and found it was **something of a** computer that showed the movement of the Sun, Moon, and planets. But they were **at a loss** to explain how it could have been made so long ago.

❸ Other OOPArts are artifacts that come from a different place and culture. When a 700-year-old church in Austria was **under repair** in 2002, workers found a drawing that looked almost identical to Mickey Mouse. Researchers examined the drawing and found that it was indeed from the 1400s. But Walt Disney would not create his character until six centuries **in the future.** Some people in the small town **insist that** it's really Mickey, but the researchers aren't so sure.

❹ There are **scores of** OOPArts from all over the world. How can we **make sense of** these findings? Some have simple explanations, but many remain a mystery.

（注）artifact「遺物，埋蔵物」 Antikythera mechanism「アンティキティラ島の機械」

☑ *Check!!*

❶□ **unexpected** 形 予期しない；思いがけない
⇔expected 形 予想される，起こり得る

❷□ **gear** 名 歯車；道具；用具一式
□ **planet** 名 惑星
□ **explain** 他自（を）説明する
└explanation 名 説明

音声

❶ 人工遺物とは，人間によって作られた，あるいは使われていたもののことである。古い陶器，道具，宝飾品といったもののことだ。たいてい人工遺物は，それが見つかった地域の文化の特徴を示すものである。だが時に，研究者たちは予想外の人工遺物を発見することがある。それがどこから来たのか，どうやってそこに来たのか確信が持てないのである。こうしたものは，場違いな遺物（オーパーツ）と呼ばれる。

❷ オーパーツは時に，それが作られた時代や文化と比較して，高度に発達したものである。その1例に，1901年にギリシャ近海で発見された「アンティキティラ島の機械」がある。この機械は2000年前に作られたものだが，近代的な歯車などの技術的部品を備えている。研究者たちはこれを1970年代に分析し，それが太陽，月，惑星の動きを示すコンピューターのようなものであると結論付けた。しかし，それがいかにしてかくも昔に作られたのかを説明するとなると，言葉に窮してしまうのだった。

❸ 他のオーパーツは，また別の場所と文化に属する遺物である。2002年のオーストリアで，700年前の教会の修復中に，作業員がミッキーマウスとほぼまったく同じように見える絵を見つけた。研究者たちはそれを詳しく調べ，それが実際に1400年代に描かれたものであることを明らかにした。しかし，ウォルト・ディズニーがそのキャラクターを生み出すのは，それから600年後のことなのだ。その絵が発見された小さな村には，それは実際にミッキーだと主張する人もいるが，研究者たちは確信がない。

❹ 世界には数多くのオーパーツがある。私たちはこうした発見物をどう理解したらよいだろうか。簡単に説明がつくものもあるが，多くは謎に包まれたままである。

1 2 3 4 5 6 7 8 9 10 11 12 13 14 15 16 17 18 19 20 21 22 23 24 25 **26** 27 28 29 30 31 32 33 34 35 36 37 38 39 40 41 42 43 44 45 46 47 48 49 50 51 52 53 54 55 56 57 58 59 60 61 62 63 64 65 66 67 68 69 70 71 72 73 74

❸□ identical 形 そっくりの，同じ
└identify 他（身元・本物であること）を確認〔特定〕する

315 ☐ **in general** 口語　一般に

Women live longer than men ***in general.*** (一般に女性は男性より長生きする。)

≒ as a (general) rule　≒ at large

316 ☐ **be characteristic of ～**　～の特徴〔に特有のもの〕である

The climate ***is characteristic of*** that island.
(その気候はその島に特有のものである。)

≒ be typical of ～

317 ☐ **be certain〔sure〕of〔about〕～**　～を確信している

I'*m* absolutely ***certain of*** your success. (僕は君が絶対に成功すると確信している。)

cf. be sure〔certain〕to *do*　必ず…する

318 ☐ **out of place**　場違いな；間違った場所の〔に〕

I felt ***out of place*** at the party. (私はそのパーティーで場違いな気がした。)

319 ☐ **in comparison with〔to〕～**　～と比較すると

In comparison with Tokyo, our city is small.
(東京と比較すると，私たちの街は小さい。)

≒ (as) compared to〔with〕～
cf. by comparison　それにひきかえ；比較すると
By comparison, I prefer tennis over golf.
(比べると，ゴルフよりテニスの方が私は好きですね。)

320 ☐ **something of a ～**　ちょっとした～；かなりの～

What he said then was ***something of a*** mystery.
(その時彼の言ったことは謎めいていた。)

cf. kind〔sort〕of　いくぶん；ある程度；ちょっと
It was ***kind of*** a dream come true. (それはまあ，夢が叶ったようなものでした。)

321 ☐ **at a loss**　途方に暮れて

He was ***at a loss*** for words. (彼は言葉に詰まった。)

≒ at one's wit's end
cf. beyond〔above〕words　言葉では言い表せない
The sight was beautiful ***beyond words.*** (その光景は言葉にならないほど美しかった。)

322 ☐ **under repair**　修理中で

The elevator is currently ***under repair.*** (エレベーターは現在修理中です。)

cf. under review　審査中で；検討中で
The paper is currently ***under review.*** (その論文は現在査読の段階にある。)

323
□ **in the future** 将来（に）；今後

Nobody can tell what will happen ***in the future***.
（将来何が起こるか誰にもわからない。）

⇔ **in the past**
cf. from now on 今後は
From now on you are in charge.（これからはあなたが担当です。）

324
□ **scores of ～** 多数の～

Scores of precious lives were lost in the fire.
（その火災で多くの尊い命が失われた。）

325
□ **make sense of ～** ～を理解する

I couldn't ***make sense of*** what he really meant.
（彼が本当は何を言わんとしていたのか，理解できなかった。）

cf 1. have no idea ＋ wh～ （～が）わからない
I ***have no idea what*** you're talking about.
（何のことを言っているのかさっぱりわからない。）
cf 2. make sense 意味を成す

78
□ **insist that ...** …だと言い張る

I ***insisted that*** you be invited to the party too!
（あなたもパーティーに招待されるようにと主張しました！）
cf. insist on〔upon〕～ ～を主張する；～を言い張る

Social Proof

292 words

❶ Have you ever come to a place **where** a group of people are staring at something? Chances are, you stopped to **have a look at** it. When we **come by** a place where other people are doing something unusual, we **feel obliged to** do the same, **even if** we aren't sure why. This is a psychological phenomenon known as *social proof.

❷ Social proof is also called "*herd instinct." It says that individuals feel they are acting the right way provided that others are doing the same, although it could lead to wrong conclusions. In one famous experiment, a psychologist drew a line on **a sheet of** paper and three lines of different length on another sheet of paper, and **had** people **choose** which of the three lines were the same length as the line on the first paper. Some gave the correct answer on their own, but many **yielded to** the pressure of others who gave wrong answers **on purpose**.

❸ Companies **caught on to** this trend long ago and have been using it to urge customers to buy their products. For example, imagine there are two brands of juice on display in a supermarket. We can choose **either A or B**. But we may choose **in favor of** the brand that has fewer boxes left. When deciding between two or more choices, consumers often **fall back on** public opinion and choose the one that seems to have more support from others.

❹ When we see an advertisement that says "best seller" or "only few left!", we may let the social proof message **get the better of** us and **give in to** the ad's messaging. Consumers should be careful to **make up their minds on their own** without being influenced by these sales methods.

（注）social proof「（社会心理学用語で）社会的証明」 herd instinct「群本能」

☑ Check!!

❶☐ **psychological** 形 心理的な；心理学の
　└psychology 名 心理学
☐ **phenomenon** 名 現象 （複数形 phenomena）

❷☐ **individual** 名形 個人（の），個々（の）
☐ **conclusion** 名 結論
　└conclude 他 と結論づける
☐ **experiment** 名 実験 自 実験する

社会的証明

❶ あなたが外を歩いていると，人々が群がって何かをじっと見つめているところへ行き当たった，という経験はあるだろうか。あなたはその光景を眺めるために立ち止まったかもしれない。私たちは他の人たちが何か変わったことをしているところに通りかかると，その人たちがやっていることをやらなくてはいけないような気になる。理由がよくわからなかったとしてもだ。これは社会的証明として知られている心理現象である。

❷ 社会的証明は「群本能」とも言う。それは，他の人たちも同じように振る舞っているならば，自分が正しく振る舞っているように感じる，というものである。これは時に，誤った結論に至ることもある。ある有名な実験で，心理学者が１枚の紙に１本の線を，別の紙に長さが異なる３本の線を引き，被験者に３本の線のうち，最初の紙の線と同じ長さのものはどれか選ばせるということを行った。何人かの被験者は自分で判断して正しく答えた。しかし多くの被験者が，わざと誤答を言う他者の圧力に屈したのだった。

❸ 企業ははるか前にこの傾向に気づき，販売促進のためにそれを利用してきた。例えば，スーパーで２つのブランドのジュースが陳列されていたとしよう。私たちはＡを選んでもＢを選んでもよい。しかし私たちは，陳列棚の残りが少ないブランドの方を好んで選ぶ可能性がある。２つ以上の選択肢の中から決断する際，消費者は世間一般の意見に拠り所を求め，他の人々からより多くの支持を得ていると思われるものを選ぶことが多いのである。

❹ 「よく売れています」とか「残りわずか！」といった広告を見ると，つい社会的証明メッセージが私たちに勝ってしまい，広告の宣伝文句に屈することになるかもしれない。消費者はこうした販売戦術に影響されることなく，自分の判断で決断するよう注意すべきだ。

---

❸ □ **trend** 名 傾向；流行
□ **display** 名 展示 他 を展示する
□ **support** 名 支持
他 を支持する；を支える

326 □ **have〔take〕a look at ～** 口語 ～を見る

Take a look at me.（私を見なさい。）

327 □ **come by** 口語 立ち寄る；（偶然）手に入れる；通りすぎる

The first edition of the book is hard to *come by*.
（その本の初版は入手するのが難しい。）

328 □ **feel obliged to *do*** …せざるを得ないと感じる

We *feel obliged to* work.（私たちは働かざるを得ないと感じる。）

≒ be obliged to *do* …せざるを得ない ≒ be compelled to *do* ≒ be forced to *do*

329 □ **a sheet of ～** 1枚の～

The student didn't bring even *a sheet of* paper.
（その生徒は1枚の紙さえも持ってこなかった。）

330 □ **yield to ～** ～に屈服する；～に敗れる

The fax machine *yielded to* e-mail for sending documents.
（文書の送信では，ファックス機はEメールに取って代わられた。）

331 □ **on purpose** 口語 故意に

He made a mistake *on purpose*.（彼はわざとミスを犯した。）

cf. to no purpose 無駄な〔に〕
We talked for hours, but ended *to no purpose*.（何時間も話しましたが，結局無駄に終わった。）

332 □ **catch on (to ～)** 口語 ～（意味など）をつかむ；広まる

They finally *caught on* to what was going on.
（彼らはようやく何が起きているのかを理解した。）

333 □ **in favor of ～** ～に賛成して；～の利益となるように

They are *in favor of* equal pay for equal work.（彼らは同一労働同一賃金に賛成だ。）

334 □ **fall back on〔upon〕～** （困った時に）～に頼る

You need someone to *fall back on*.（君にはいざという時に頼れる人が必要だ。）

≒ rely on〔upon〕～ (for ...)

335 □ **get the better of ～** ～に打ち勝つ

Nobody can *get the better of* me in an argument.
（議論では誰も私に勝てないんだ。）

336
☐ **give in (to 〜)**　(〜に) 屈する；〜に従う

Don't ***give in to*** the temptation of the devil. (悪魔の誘惑に屈してはならぬぞ。)

337
☐ **make up one's mind (to *do*)**　(…する) 決心をする

I've ***made up my mind to*** set up my own company.
(私は自分で会社を立ち上げることに決めた。)

≒ decide to *do*　≒ be determined to *do*

338
☐ **on one's own**　1人で；独力で

Now that you have grown up, you should live ***on your own***.
(今や君も大人なので，1人で暮らすべきだ。)

79
☐ **〜 where ...**　…する (ところの) 〜

I live in the house ***where*** I was born. (私は生まれたところの家に住んでいる。)

→ p.64 関係副詞①a

80
☐ **even if〔though〕...**　たとえ…であっても

Even if it rains tomorrow, I will go fishing.
(たとえ明日雨が降ったとしても，私は釣りに行きます。)

→ p.85 譲歩2④

81
☐ **have ＋ O ＋原形**　Oに…してもらう〔させる〕

I ***had*** him ***repair*** my watch. (私は彼に時計を修理してもらった。)

→ p.74 動詞③

82
☐ **either A or B**　AかBのどちらか；AまたはB

I'm leaving ***either*** on Monday ***or*** on Wednesday.
(私は月曜日か水曜日のどちらかに出発します。)

→ p.80 接続詞⑩

cf. neither A nor B　AもBも…ない

28 The Age of Adulthood

237 words

❶ In Japan, the age at which one becomes an adult was lowered from 20 to 18. These changes **went into effect** in April 2022. This means teenagers **come of age** at 18 and **are free to** do such things as getting a job, voting in elections, and signing contracts. Gaining these rights means 18 and 19-year-olds have new responsibilities.

❷ Drinking, smoking, and gambling **are to** remain prohibited for people under 20 **for the time being**. This is based on considerations related to social issues. **To be frank**, most people **agree with** this policy. **There is no telling** what 18-year-old people would do if they were given permission to drink alcohol or gamble. The law also **bars** people under 20 **from** getting a heavy truck license.

❸ However, the rights now gained **on turning** 18 are many. Parents used to have to **approve of** contracts for credit cards, mobile phones, and other services. Now young people can enter into these contracts without **getting** their parents **to** do so **on their behalf**. The problem is that these young people are not yet adults **at heart**. Some say they lack financial knowledge. They may **get involved in** *phishing scams.

❹ For these reasons, guidance **on the part of** parents and teachers is now more important than ever. It would be a shame if a young person's joy in turning 18 **gave way to** fear and anxiety because they were short of preparation.

(注) phishing scams「フィッシング詐欺」

☑ Check!!

❶
- □ **lower** 他 を下げる；を低くする
  - 自 下がる；低くなる
  - └low 形 低い
- □ **responsibility** 名 責任
  - └responsible 形 責任のある

❷
- □ **prohibit** 他 を禁止する
- □ **issue** 名 問題；発行 他 を発行する
- □ **policy** 名 政策；方針
  - ├political 形 政治の
  - └politics 名 政治(学)
- □ **permission** 名 許可
  - └permit 他 を許可する 名 許可(証)

音声

❶ 日本で，成年年齢が20歳から18歳に引き下げられた。この変更は2022年4月に施行された。これにより，ティーンエイジャーは18歳で成年に達し，就職したり，選挙で投票したり，契約を結んだりすることが自由にできる。こうした権利を得るということは，18歳と19歳の人が新たな責任を負うことになる，ということでもある。

❷ 飲酒，喫煙，賭博は，当面，20歳未満の人は禁止のままとなる。これは社会問題を考慮してのことである。率直なところ，この方針にはほとんどの人が賛同している。18歳で飲酒や賭博を許された場合，彼らが何をしでかすかわからないからである。この法律は，20歳未満の人が大型トラックの免許を取得することも禁じている。

❸ しかし，現在18歳になるとすぐ得られる権利はたくさんある。以前はクレジットカードや携帯電話といったサービスの契約締結にあたっては親の承認が必要だった。それが今は，若い人たちがこうした契約を結ぶことができる。親に自分の代理人としてそうしてもらうことなく，である。問題は，彼らが精神的にはまだ大人になっていないということである。彼らには経済的知識が足りないと言う人もいる。フィッシング詐欺に巻き込まれる可能性だってある。

❹ こうした理由から，親や教師による指導がいっそう重要になっている。18歳になるという若い人の喜びが，用意が足りないがゆえに恐怖や不安に屈するようなことになれば，残念だろうから。

---

❸□ used to *do* → 英文66
□ **contract** 名 契約（書）
　他自（を）契約する
□ **lack** 他 を欠く；が不足している
　自 欠いている；不足している
□ **financial** 形 財政（上）の；金銭上の
　└finance 名 財政〔金融〕学；資金管理

❹□ **shame** 名 恥；残念なこと
　└shameful 形 恥ずべき
□ **fear** 名 恐怖 他 を恐れる

339 ☐ **go into effect** （法律などが）発効する；実施される

The Constitution of Japan *went into effect* in 1947.
（日本国憲法は1947年に施行された。）

cf. put ～ into effect　～を実行する；～を実施する
New regulations are going to be *put into effect* immediately.
（新しい規制は即座に実施される予定だ。）

340 ☐ **come of age** 成人に達する；大人になる

He *came of age* and took over the family business.（彼は成人し，家業を継いだ。）

341 ☐ **be free to *do*** 自由に…する；好きなように…できる

Everyone *is free to* express their own opinion here.
（ここでは，誰でも自由に自分の意見を言ってかまいません。）

cf. have one's own way　自分の思い通りにする
You can't always *have your own way*.（いつも自分の思い通りにできるわけじゃないんだよ。）

342 ☐ **for the time being** 差し当たり；しばらくの間

Stay here *for the time being* until we call you.
（私たちが呼ぶまで，しばらくの間ここにいなさい。）

≒ for the present

343 ☐ **agree with ～** 口語 ～（人・意見）に賛成する

I completely *agree with* your opinion.（あなたの意見に完全に同意します。）

cf 1. agree to ～　～（計画・提案）に同意〔承諾〕する
I can't *agree to* his plan.（私は彼の計画に同意することができない。）
cf 2. consent to ～　～に同意する
I cannot *consent to* his plan.（私は彼の計画に同意することができない。）

344 ☐ **bar A from B** AにBを禁止する；AをBから締め出す

The law *barred* foreign travelers *from* entering the country.
（その法律は外国人旅行者の入国を禁止した。）

cf. dissuade ～ from …ing　～が…するのを思いとどまらせる
The doctor *dissuaded* the patient *from smoking*.
（医者は患者に喫煙をやめるように説得した。）

345 ☐ **approve of ～** ～をよいと認める；～に賛成する

Her father *approved of* her marriage.（彼女の父親は彼女の結婚を認めた。）

⇔ disapprove of ～
cf. admit to ～　～（事実・罪など）を認める

346
□ **on〔in〕one's behalf** ～に代わって；～のために

He fought with them *on our behalf*.（彼は私たちのために彼らと戦った。）

≒ on〔in〕behalf of ～

347
□ **at heart** 心の底では

I guess he's still a kid *at heart*.（彼はまだ根っこのところでは子供なんだと思うよ。）

348
□ **get involved in〔with〕～** ～に巻き込まれる；～に関わる

Three men *got involved in* that theft case by chance.
（3人の男は偶然その窃盗事件に巻き込まれた。）

cf. be involved in ～　～に巻き込まれている；～に関わっている

349
□ **on the part of ～**
〔on one's part〕 ～の方〔側〕では

The fault was *on the part of* the employer.（落ち度は雇用者側にあった。）

cf. for one's part〔for the part of ～〕　～（自分）としては
For my part, I'm willing to participate.（私個人としては，参加することに前向きです。）

350
□ **give way (to ～)** （～に）降参〔屈服〕する；（～に）道を譲る

He *gave way to* her temptation.（彼は彼女の誘惑に屈した。）

≒ give in (to ～)　≒ surrender (to) ～

83
□ **be to *do*** 口語 …することになっている

We *are to* meet at five.（私たちは5時に会うことになっている。） → p.66 不定詞③

84
□ **to be frank (with ～)** （～に）率直に言って

To be frank, I don't like your brother.（率直に言って，君の兄さんは好きではない。）
→ p.68 不定詞⑩

85
□ **there is no …ing** …することができない

There is no telling what will happen next.（次に何が起こるかわかりません。）
→ p.73 動名詞⑥c

≒ It is impossible to *do*　≒ be incapable of …ing

86
□ **on …ing** 口語 …するとすぐに

On seeing me, he ran away.（私を見るとすぐ彼は逃げた。） → p.73 動名詞⑥a

≒ as soon as ～

87
□ **get O to *do*** 口語 Oに…してもらう〔させる〕

I *got* Miki *to* type the letter.（ミキに手紙をタイプしてもらった。） → p.75 動詞⑤

29 The Impact of Meat Production on the Environment

261 words

1 ❶ Most people enjoy eating meat. **It** may not **occur to** most people **that** eating meat could be harmful to the environment. However, the truth may be surprising, **to say the least**. **Roughly speaking**, meat production **as a whole** contributes to about 14.5% of global greenhouse 5 gas emissions.

❷ Beef production **stands out** among all the different kinds of meat production. Cows must be raised on large amounts of farmland, and these cows produce lots of *methane. **What is more**, as the world's population increases, meat production will have to increase. And that 10 is **to say nothing of** the effects of meat on our health, nor the welfare of the animals, an unpleasant issue that many people do not wish to **dwell on**.

❸ Environmental activists have been **speaking out** about this problem for years. Meat eaters should think about eating more *plant-based 15 proteins or seasonal fruit and vegetables. You don't need to change your diet **all at once**, but if you can, do it little by little.

❹ **Speaking of** changing your diet; when you think about food, you may not **have** insects **in mind**. To many people in the West, they are **not** appealing **in the least**. However, two billion people, especially in Africa, 20 Latin America and Asia, eat insects. Grasshoppers and wasp larvae are eaten in Nagano, for example. They are a good source of protein. You may not **be satisfied with** this option if it is different from your food culture. But **at any rate**, insects are seen as one way to reduce the impact of meat consumption on the environment.

(注) methane「メタン」 plant-based protein「植物由来のタンパク質」

☑ *Check!!*

❶☐ **global** 形 地球（規模）の
　└globe 名 (the ～で) 地球；世界
☐ **emission** 名 排出

❷☐ **raise** 他 を育てる；をあげる
☐ **amount** 名 量；(金)額
　自 合計～になる
☐ **effect** 名 効果；影響；結果
　└effective 形 効果のある；有効な

❶ ほとんどの人は喜んで肉を食べている。肉を食べることが環境にとって有害になりうるということに思い至らない人が大半かもしれない。だが真実は，控えめに言っても驚くべきものであろう。おおまかに言って，食肉生産は全体で全世界の温室効果ガス排出量の約14.5%の原因となっているのだ。

❷ 各種ある食肉生産の中でも，牛肉の生産は際立っている。牛の生育には広大な牧場が必要であり，しかもその牛は多量のメタンガスを放出する。さらに，世界人口の増加に伴い，食肉生産は今後も増産の必要があるのだ。そしてそれは，私たちの健康に肉が与える影響や動物の福祉は言うに及ばず，多くの人にとっては考えたくもない不愉快な問題なのである。

❸ 環境保護活動家たちは何年も前からこの問題について声を上げてきた。肉を食べる人は，植物由来のタンパク質や旬の果物や野菜を食べるということを考えるべきだ。食べるものをいきなり変える必要はないが，できることなら，徐々にそうしていくべきだ。

❹ 食生活を変えるという話で言えば，食べ物について考える時，あなたは虫を思い浮かべることはないかもしれない。西洋諸国に暮らす多くの人にとって，虫はまったく魅力的とは言えない。しかし，とりわけアフリカ，ラテンアメリカ，アジアで暮らす20億人の人は，昆虫を食べるのである。例えば，長野ではバッタ類や蜂の子が食べられている。虫は良質なタンパク源である。これが自分の食文化と異なるとしたら，あなたはこの（虫を食べるという）選択肢に納得がいかないかもしれない。だがいずれにせよ，虫は肉の消費が環境に与える影響を減らす方法の１つとみなされているのである。

□ **welfare** 名 福祉；福利；幸福；繁栄
□ **unpleasant** 形 不愉快な
　⇔pleasant 形 愉快な

❸□ **diet** 名 食事；ダイエット
❹□ **especially** 副 特に
□ **be different from** → 英文64
□ **reduce** 他 を減らす
　└reduction 名 減少

29 》 The Impact of Meat Production on the Environment

351 ☐ **to say the least (of it)**　控えめに言っても

Your paper was impressive *to say the least.*
（あなたの論文は控えめに言っても印象的だった。）

352 ☐ **as a whole**　全体として

We did a good job *as a whole.*（全体として私たちはよい仕事をしました。）

≒ in the main　≒ at large

353 ☐ **stand out** 口語　目立つ；際立つ

This discovery *stands out* in the history of science.
（この発見は科学史上際立っている。）

cf. push forward ～　～を前面に押し出す；～を注目させる
They *pushed forward* their plan.（彼らは計画を前進させました。）

354 ☐ **what is more**　そのうえ；さらに

Our service is definitely helpful. *What's more*, it's free!
（我が社のサービスは絶対お役に立ちますよ。おまけに，無料です！）

355 ☐ **to say nothing of ～**　～は言うまでもない

She speaks many languages, *to say nothing of* English.
（彼女は多くの言語が話せる。英語は言うまでもない。）　→ p.68 不定詞⑩

≒ not to mention ～

356 ☐ **dwell on〔upon〕～**　～のことをくよくよ考える，話す

Don't *dwell on* it too much.（そのことについて考えすぎない方がいいよ。）

357 ☐ **speak out** 口語　思い切って意見を述べる

Don't hesitate to *speak out.*（遠慮しないで自分の意見を言って。）

358 ☐ **all at once**　突然

All at once, they stood up and ran away.（突然，彼らは立ち上がって逃げ出した。）

≒ all of a sudden

359 ☐ **have ～ in mind**　～のことを思って〔意図して〕いる

Could you tell me what you *have in mind*?
（君が考えていることを話してくれませんか。）

≒ keep〔bear〕～ in mind

360 ☐ **be satisfied with ～**　～に満足している

I'*m satisfied with* my present situation.（私は現在の状況に満足しています。）

≒ be content〔contented〕with ～　≒ be pleased with〔at；about〕～

361 ☐ **at any rate** とにかく；いずれにせよ

You have to finish this ***at any rate***. (君はとにかくこれを終えなければならない。)

≒ in any event ≒ at all events ≒ in any case
cf. at this〔that〕rate この〔あの〕調子で
At this rate, things will be worse. (この調子では，事態はさらに悪くなるだろう。)

88 ☐ **it occurs (to 人) that ...** (人に) …が思い浮かぶ

It occurred to me ***that*** my dog might be hungry.
(飼い犬が空腹だろうということが (私に) 思い浮かんだ。) → p.60 it②a

89 ☐ **roughly speaking** 口語 大ざっぱに言って

Roughly speaking, there were 100 guests at the party.
(大ざっぱに言って，パーティーでは招待客は100人はいた。) → p.72 分詞3⑦

90 ☐ **speaking〔talking〕of ～** ～と言えば

Speaking of travelling, I'm going to Paris this summer.
(旅行と言えば，私はこの夏パリに行く予定なんです。) → p.72 分詞3⑦

91 ☐ **not ... in the least** まったく…ない

The exam was ***not*** difficult ***in the least***. (その試験はまったく難しくなかった。)

≒ not〔no〕～ at all

Differences in Customs

232 words

1 ❶ Imagine you are **showing** a visitor from abroad **around** your town. **The first time** they see it, what will they think? Things you may **take pride in** may not be interesting to them. However, they may also view **with pleasure** things you thought were ordinary or boring. Travel
5 always provides interesting opportunities to see differences in customs.

❷ How should a visitor to Japan behave? To be frank, adapting to customs in Japan often means observing what others do. For example, when visiting someone's home, you cannot just **show up** without any sort of gift. Foreigners paying a visit to Japanese friends quickly realize
10 that they **should have brought** some sort of snack or drink.

❸ Another important thing when visiting someone is knowing when to leave. Japanese in particular may not **come out** and say, "It's time to go," but they may give subtle hints. **Read between the lines** of what they are saying so that you can make your exit without **wearing out** your
15 welcome.

❹ Another thing that surprises visitors to Japan is the trains. They always arrive **on time**! Conductors apologize if the trains are even a minute late. And if you see someone **on board** who is sleeping, you should **leave** them **alone**. It's not uncommon to see a sleeping person
20 suddenly **sit up** and open their eyes just **in time for** when the train **pulls up** to their destination.

☑ *Check!!*

❶□ **ordinary** 形 普通の
❷□ **behave** 自 ふるまう
　└behavior 名 ふるまい，行儀
□ **adapt to** 〜→ 英文44
□ **custom** 名 (社会的) 慣習
　≒ habit 名 (個人的な) 習慣
□ **realize** 他 に気づく；を実現する

社会的慣習の違い

音声

❶ 外国から来た人にあなたの町を案内するとしよう。あなたの町を初めて見た時，その人は何を思うだろうか。あなたが自慢に思っているものが，その人にとっては面白みのないものかもしれない。しかし，あなたが当たり前でつまらないと思っているものを喜んで眺めることもあるかもしれない。旅は必ず，社会的慣習の違いを目にする興味深い機会をもたらしてくれる。

❷ 日本を訪れる人はどう振る舞えばいいだろうか。率直に言って，日本文化に適応することは，しばしば，他人の振る舞いを観察することと同義である。例えば，誰かの家を訪問する時は，何の手土産もなく手ぶらでやってくるというのはいけない。日本人の友人の家を訪れる外国人は，お菓子とか飲み物といったものを持参すべきだったことにすぐ気づく。

❸ 誰かの家を訪ねる時には，帰るタイミングを知っておくことも大切だ。日本人は特に，「もうお帰りいただく時間です」と出てきて言うことはないかもしれないが，彼らは微妙〔わずか〕な合図を出しているかもしれない。歓迎が尽きないうちにおいとまできるよう，彼らの言葉の行間を読むようにしてみよう。

❹ もう1つ訪日客が驚くのは，日本の鉄道である。必ず時間通りにやってくるのだ！ 電車が1分遅れただけでも車掌が謝罪するのである。それから，もし寝ている乗客を見つけても，そっとしておくように。その人の降車駅に電車が着くのにちょうど間に合うタイミングで，眠っていた人が急にはっと起きて目を開くのを見かけるということは珍しくないのだ。

---

❸□ **subtle** 形 巧妙な；微妙な

❹□ **apologize** 自 謝罪する
└apology 名 謝罪

□ **destination** 名 目的地
└destine 他 を運命づける
└destiny 名 運命

30 ❯ Differences in Customs

362
☐ **show A around B** AにBを案内して回る

Let me ***show*** you ***around*** the office.（オフィスを案内しましょう。）

cf. direct A to B AにBへの道を教える

I ***directed*** Bob ***to*** my house.（私はボブに私の家への道を教えた。）

363
☐ **take pride in ～** ～に誇りを持つ

I ***take*** great ***pride in*** being part of this team.
（このチームの一員であることを大いに誇りに思います。）

≒ **pride oneself on ～** ≒ **be proud of ～**

364
☐ **with pleasure** 喜んで

I'll accept your offer ***with pleasure.***（あなたのオファーを喜んでお引き受けします。）

cf. take delight〔pleasure〕in ～ ～を楽しむ

She ***takes delight in*** learning English.（彼女は英語を学ぶことを楽しんでいる。）

365
☐ **show up** 現れる

Dylan always ***shows up*** late for the meeting.
（ディランはいつも会議に遅れて現れるんだ。）

366
☐ **come out** 口語 表明する；現れる；明らかになる

Jack opened his mouth, but no words ***came out.***
（ジャックは口を開いたが，何も言葉は出てこなかった。）

367
☐ **read between the lines** 行間を読む；言外の意味を読み取る

I'm not good at ***reading between the lines.***（行間を読むのは得意じゃない。）

368
☐ **wear out ～** ～が尽きる；～を疲れさせる

I always wear shoes until I ***wear*** them ***out.***（私は必ず靴を履きつぶすまで履く。）

369
☐ **on time** 口語 時間通りに

He didn't appear ***on time.***（彼は時間通りに現れなかった。）

cf. keep good time （時計が）正確である；正確な速度とリズムを保つ

The drummer ***kept good time.***（ドラマーは正確なリズムを保った。）

370
☐ **on board** 口語 （船・飛行機などに）搭乗して

Is there a doctor ***on board***?（機内にお医者様はいらっしゃいませんか。）

371
□ **leave ～ alone** ～を放っておく；～を1人にしておく

If I were you, I wouldn't ***leave*** him ***alone***.
（私があなたなら彼を1人にしないだろう。）

cf 1. **leave ～ behind** ～を置き忘れる
Did I ***leave*** my wallet ***behind***?（私は財布を置き忘れたんだっけ？）

cf 2. **leave out ～** ～を省く；～を除外する
Why did you ***leave*** her ***out*** of the list?（なぜ彼女をリストから除外したの？）

372
□ **sit up** 口語 寝ないでいる；きちんと座る

How can I get the students to ***sit up*** and listen?
（どうすれば生徒たちにしっかり話を聞いてもらえるかなあ。）

373
□ **in time (for ～)** （～に）間に合って

Were they ***in time for*** the departure time?（彼らは出発時間に間に合ったのですか。）

⇔ **be late for ～**

374
□ **pull up (～)** ～（車）を止める；車が止まる

I ***pulled up*** in front of the hotel.（私はホテルの前に車を止めた。）

cf. **pull together** 協力する
We must ***pull together*** for once.（一致団結しなければならない。）

92
□ **the first time ...** 初めて…する時

The first time I saw you, you were a child.
（初めてあなたに会った時，あなたは子供だった。）

→ p.80 接続詞⑪a

93
□ **should have ＋過去分詞** 口語 …すべきだったのに；…したはずだ

I ***should have written*** to him.（彼に手紙を書くべきだったのに（できなかった）。）

→ p.75 助動詞③

31 I Don't Wanna Get Wet

51 words

❶

The ship will call at Z-Town port in the morning.

❷

It's a long journey to grandma's house. Here's an umbrella in case it rains.

❸

Father, it's raining cats and dogs!
Alright, I'll send for a car.

❹

You call this a car?!
More or less. Watch your step when you get in!

❶ The ship will **call at** Z-Town port in the morning.
船は朝になったらＺ町の港に着くよ。

❷ It's a long journey to grandma's house. Here's an umbrella **in case** it rains.
おばあちゃんの家まで長い道のりだ。雨が降った時のための傘だよ。

❸ Father, it's **raining cats and dogs**!　父さん，土砂降りだよ！
Alright, I'll **send for** a car.　よし，車を呼ぼう。

❹ You call this a car?!　これが車だって!?
More or less. Watch your step when you get in!
ほぼね。乗る時は足元に気をつけてね！

音声

375
☐ **call at ～** 口語 ～（場所）にちょっと立ち寄る

May I *call at* your office this afternoon?
（今日の午後，オフィスに立ち寄ってもいいですか。）

cf. call on ～　～を訪ねる
I will *call on* you tomorrow.（明日あなたを訪ねるよ。）

376
☐ **rain cats and dogs** 口語 土砂降りに降る

It was *raining cats and dogs* outside.（外は土砂降りだった。）

377
☐ **send for ～** 口語 ～を呼びにやる

Send for a doctor, now!（医者を呼べ，早く！）

378
☐ **more or less** 口語 多少；多かれ少なかれ；およそ

Tom was *more or less* drunk.（トムは多少酔っていた。）

379
☐ **watch one's step** 口語 足元に気をつける

Sir, *watch your step*.（足元にお気をつけください。）

94
☐ **(just) in case (...)** 口語 …の場合に備えて；（通例文末で）万一のために

Take an umbrella with you *in case* it rains.
（雨が降るといけないから，傘を持って行きなさい。）

→ p.79 接続詞⑦

≒ for a rainy day

Note

【身体に関する語を使った表現②】

☐ out of *hand*「手に負えないで；すぐに」
☐ come into〔enter〕one's *head*
「頭に浮かぶ」
☐ make *head* (against~)
「進む；～に立ち向かう」
☐ make *head* or tail of ～
「～を理解できない」(cannot と共に)
☐ take to one's *heels*「逃げる」
☐ by a *nose*「（競技などで）わずかな差で」
☐ be wet to the *skin*「ずぶ濡れになる」

☑ Check!!

☐ wanna = want to
❶☐ port　名（客船などが寄港する）港
❷☐ grandma　名（略式）おばあちゃん
└grandmother　名 祖母，おばあさん
☐ umbrella　名 傘；雨傘

Respect for Parents

254 words

1 ❶ The idea **that** one should respect one's parents is a common theme in many cultures. It is **by far** one of the most important teachings in *Confucianism. The Christian Bible teaches, "Honor thy mother and father," and Islam teaches that people should **look up to** parents and
5 respect their wishes.

❷ When we are young, it's sometimes difficult to follow that advice. We generally understand that we should **speak well of** our parents to others. But often, we **make** a big deal **out of** small things and end up getting in fights.

10 ❸ As children become independent, many parents may say that they do not **hear from** their children often enough. "It's so simple to just **give us a call**," they think. Parents feel **let down** by various things their children do, such as not **getting married to** the right person or not having grandchildren soon enough.

15 ❹ In modern society, however, **it is no use expecting** children to **adhere to** the traditional "respect for elders" model. Children will **grow up to** become independent. Parents should urge their children to **keep to** their path and pursue their careers, especially when they are in their 20s. **One of these days**, it will occur to the children that they **owe**
20 everything they have **to** their parents. After they become adults, they will think they **ought to have spent** more time with their parents. And it will **come home to** the parents that they did not need to force their children to show them respect, but that it came naturally.

(注) Confucianism「儒教」

☑ *Check!!*

❶□ **respect** 他 を尊敬〔尊重〕する 名 尊敬；点
□ **theme** 名 テーマ，主題
□ **honor** 他 に尊敬の念をもつ，を称賛する 名 名誉，敬意
❸□ **independent** 形 独立した
└independence 名 独立（心・性）

親を敬うこと

音声

❶　子は親を敬うべきであるという考え方は，多くの文化に共通するテーマである。儒教の教えの中では，群を抜いて重要なものの１つだ。キリスト教の聖書には「あなたの母と父を敬え」とあるし，イスラム教は「人は親を敬い，その望みを尊重すべし」と教えている。

❷　若い時には，そうした助言に従うのは難しいこともある。他人には自分の親のことをよく言うべきだということはみんなわかっている。それでも，私たちはつまらないことで大げさに騒ぎ立て，ケンカする羽目になることもよくある。

❸　子供が自立すると，子供からの連絡が十分にないと嘆く親も多いだろう。「電話１本くれるだけでよいのに」と親は考える。親は子のするいろいろなことに落胆を感じるものだ。よい人と結婚しなかったとか，もっと早く孫の顔を見せろとか，そういったことだ。

❹　しかし現代社会においては，「年配者は敬うべき」という従来の考え方に子が従うよう期待しても仕方がない。子供は成長し，自立するものなのである。親のすべきことは，子供が自ら進む道から逸れずに自身のキャリアを追求するように促すことだ。子供が20代の時には特にそうだ。子はそのうち，自分の培ってきたあらゆるものが親のおかげだったことに気づくことだろう。大人になってから，もっと多くの時間を親と一緒に過ごすべきだったと考えるようになる。そうして親に敬意を示すよう子に強いる必要などなく，それは自然に訪れるものだったのだ，ということが親に理解される。

❹□ **path**　名（成功などへの）道，小径
□ **pursue**　他 を追求する

380 □ **by far** ずばぬけて；ずっと

Layla is ***by far*** the richest woman in Japan.
（レイラは日本でずばぬけて裕福な女性です。）

381 □ **look up to ～** ～を尊敬する

I've always ***looked up to*** Oliver for his courage.
（私は，勇気あるオリバーをいつも尊敬しています。）

⇔ look down (up)on ～

382 □ **speak well of ～** ～のことをよく言う；～をほめる

Her colleagues ***speak well of*** her often.（彼女の同僚は彼女のことをよくほめる。）

383 □ **make A (out) of B** BでAを作る

She ***made*** a beautiful sculpture ***out of*** clay.（彼女は粘土で美しい彫刻を作った。）

384 □ **hear from ～** 口語 ～から便り〔連絡・電話〕がある

I haven't ***heard from*** Thomas for a long time.
（トーマスから長い間便りがありません。）

cf. hear of ～　～のうわさを聞く

385 □ **give ～ a call〔a ring〕** ～に電話をかける

Give me ***a call*** when you're available.（都合のいい時に電話ください。）

386 □ **let down ～** ～の期待を裏切る；～をがっかりさせる

I'll never ***let*** you ***down***.（決してご期待を裏切りません。）

387 □ **get married (to ～)** （～と）結婚する

They decided to ***get married*** next year.（彼らは来年結婚することに決めた。）

388 □ **adhere to ～** （規則・主義など）を忠実に守る；～を固守する

All the students are required to ***adhere to*** this rule.
（すべての学生はこのルールに従う必要がある。）

389 □ **keep to ～** ～から外れない；～を守る

Leo was unable to ***keep to*** his schedule.（レオはスケジュールを守れなかった。）

cf. in obedience to ～　～に従って
He acted ***in obedience to*** her words.（彼は彼女の言葉に従って行動した。）

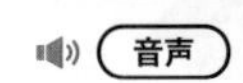

390
☐ **one of these days** 口語　そのうち；近いうちに

I'll call you ***one of these days***. (近いうちに電話するよ。)

cf. these days　最近
My father gets up early ***these days***. (私の父は最近早起きだ。)

391
☐ **owe A to B**　AはBのおかげである；AをBに借りている

I ***owe*** everything ***to*** you. (何もかもあなたのおかげです。)

392
☐ **come home to ～** 口語　～に痛切に感じられる；～に理解される

It ***came home to*** me that she'd be gone forever.
(彼女は2度と戻ってこないのだという実感がわいてきた。)

95
☐ **～（名詞）＋ that ...**　…という～（同格のthat）

The news ***that*** he died is not known. (彼が死んだという知らせは知られていない。)

→ p.78 接続詞②b

96
☐ **it is no use〔good〕…ing**　…しても無駄だ

It's no use asking him to do his homework. (彼に宿題をやれと言っても無駄だね。)

→ p.74 動名詞⑥f

97
☐ **grow up to *do***　成長して…になる

He ***grew up to*** be a great actor. (彼は大人になって素晴らしい俳優になった。)

→ p.67 不定詞⑦

98
☐ **ought to have ＋過去分詞** 口語　…すべきだったのに；…したはずだ

Mike ***ought to have arrived*** but the flight was delayed.
(マイクが到着していたはずだったのに，飛行機が遅れた。)

→ p.75 助動詞③

33 Short- & Long-Term Memory

241 words

1 ❶ Are you the type of person who, **without fail**, forgets a new word **the moment** you hear it? Maybe you forget the name of the person you just met an hour ago, but you can remember things that happened many years ago **with ease**. This can be **attributed to** the way our brain stores 5 information in our short-term and long-term memories.

❷ **What is** the inside of your brain **like?** The human brain is believed to be made up of 100 billion nerve cells. These **are equivalent to** houses, and they are connected by nerve fibers, which are like roads. The brain receives input, stores the information, and **calls for** it as needed.

10 ❸ **The number of** pieces of information that the short-term memory stores is about seven **at a time**. That memory usually keeps them about 10 to 15 seconds, or maybe one minute **at most**. The brain then has to decide if the information **is worthy of** storing in the long-term memory. Often such information **is essential to** our survival, such as, "Eating 15 spoiled food is dangerous."

❹ What if you want to move information from your short-term to long-term memory on purpose? It helps to **write down** the information or **go over** it many times. It's also useful to associate information with images. This helps with tasks such as remembering vocabulary words. 20 Or you can put the information into groups. Follow this advice and you'll be able to remember important things.

☑ *Check!!*

❶ □ **store** 他 を蓄える，を保存する
❷ □ **nerve** 名 神経
　└nervous 形 神経の；神経質な
□ **cell** 名 細胞
□ **connect** 他 をつなぐ；を関係づける
　└connection 名 関係；接続
□ **fiber** 名 繊維（状のもの）

短期記憶と長期記憶

音声

❶　あなたは，いつも決まって，新しい言葉を聞いた端から忘れてしまう，というタイプの人だろうか。もしかしたら，1時間前に会ったばかりの人の名前は忘れてしまうのに，何年も前に起こったことは容易に思い出せるかもしれない。これは，私たちの脳が情報を短期記憶と長期記憶に分けて保存するという方法に理由があると考えることができる。

❷　脳の内部はどのようになっているのだろうか。人間の脳は1000億個の神経細胞から成ると考えられている。こうした神経細胞は家々に相当し，それが，道路のような役割を果たしている神経線維によって結び付けられている。脳は入力を受け取り，情報を保存し，必要に応じてそれを呼び出す。

❸　短期記憶が保存する情報の数は，1度におよそ7つである。短期記憶は普通，それらの情報を10秒から15秒間，場合によっては最大で1分程度，保持する。それから脳は，その情報が長期記憶として保存するに値するかどうかを決定しなければならない。そうした情報は，生きていくうえで欠かせないものであることが多い。「腐った食べ物を食べるのは危険だ」というのがその1例である。

❹　もし，情報を意図的に短期記憶から長期記憶へ移したいとしたら？役立つ方法としては，情報を書き出す，何度も見直す，などがある。情報をイメージと関連付けることも役に立つ。これは，単語の暗記などのタスクに効果を発揮する。あるいは，情報をグループ分けするというのも手だ。これらのアドバイスに従えば，あなたは大事なことを覚えておけるようになるだろう。

□ **input**　名 入力
　⇔ **output**　名 出力，産出（量）

❸□ **survival**　名 生き残ること
　└ **survive**　他自（を）生き延びる

□ **spoiled**　形 腐った；甘やかされて育った
　└ **spoil**　他 をだめにする；を甘やかす
　　　　　自 だめになる

❹□ **vocabulary**　名 語彙

393
☐ **without fail** 必ず；間違いなく

I'll text you the detail by tomorrow ***without fail***.
（必ず明日までに詳細を携帯のメールでお送りします。）

cf. never fail to *do*　必ず…する

394
☐ **with ease** 容易に；楽々と

As expected, the champion defended the title ***with ease***.
（予想通り，チャンピオンが楽々とタイトルを防衛した。）

cf. feel at ease　くつろぐ
Please ***feel at ease*** in your room at the hotel.（ホテルの部屋でくつろいでください。）

395
☐ **attribute A to B** 口語 AがBに起因すると考える；AをBのせいにする

She ***attributes*** her success ***to*** her family.
（自分の成功は家族のおかげだと彼女は考えている。）

≒ ascribe A to B

396
☐ **be equivalent to 〜** 〜に相当する；〜に等しい

Their president ***is equivalent to*** our prime minister.
（彼らの大統領は，私たちの首相に相当します。）

397
☐ **call for 〜** 〜を呼び求める；〜を必要とする

This homework ***calls for*** a lot of patience.（今回の宿題はかなり忍耐が必要だね。）

cf. cry for 〜　〜を求めて叫ぶ〔泣く〕
The person ***cried for*** help.（その人は助けを求めて叫んだ。）

398
☐ **the number of 〜（複数形）** 〜の数

The number of tourists has dropped dramatically.（観光客の数が劇的に減少した。）

399
☐ **at a time** 1度に；同時に

He went up the stairs two steps ***at a time***.（彼は階段を1度に2段ずつ上った。）

400
☐ **at (the) most** 口語 せいぜい；多くて

That girl looks ten, ***at most***.（その少女はせいぜい10歳に見える。）

≒ not more than 〜　≒ at the very most

401
☐ **be worthy of 〜** 口語 〜に値する

His achievement ***is worthy of*** praise.（彼の業績は賞賛に値する。）

cf. be entitled to *do*〔to 〜〕　…する〔〜を得る〕権利がある，資格がある
You ***are entitled to*** your opinion.（あなたは自分の意見を持つ権利がある。）

402
☐ **be essential to ～** ～にとって不可欠である

Regular lifestyle habits ***are essential to*** your health.
（規則正しい生活習慣は，人の健康に欠かせない。）

≒ **be indispensable to〔for〕～**

403
☐ **write down ～** 口語 ～を書き留める；～をメモする

He ***wrote down*** her phone number on a scrap of paper.
（彼は紙切れに彼女の電話番号を書き留めた。）

≒ **take〔set；put；get〕down ～**

404
☐ **go over ～** ～を見直す；～を繰り返す；～を調べる

You should ***go over*** your report before you submit it.
（提出前に，レポートをチェックした方がいいよ。）

99
☐ **the moment〔instant；minute；second〕...** 口語 …するとすぐに；…した瞬間に

The moment I saw her, I knew something was wrong.
（彼女を見た瞬間，何かがおかしいとわかった。）

→ p.80 接続詞⑪ b

100
☐ **What is S like?** 口語 Sはどのようなものか。

What is it ***like*** to be completely free?（完全な自由とはどんなものだろう。）

34 A Mother's Heartbeat

270 words

1 ❶ Parents find getting a baby to fall asleep **is not** child's play **any more than** raising a kid **is**. Some parents even **go for drives** with their babies to get them to sleep! After **spending** hours **trying** to get their babies to fall asleep, many mothers will find their patience almost **giving out**.
5 When they have **run out of** ideas, mothers often resort to *cradling their babies in their arms, which always works.

❷ Studies show that 80% of mothers cradle their children in their left arms regardless of their *dominant hand. Research indicates that **nothing is as** soothing to a baby **as** the sound of its mother's heartbeat.
10 No other sound can **take the place of** her heartbeat to calm the baby. **By degrees** the baby learned to recognize its mother's heartbeat when he or she was in the mother.

❸ When babies cry, mothers must **attend to** them almost immediately. Many mothers, who constantly always **have** their babies **on their minds**,
15 are desperately **in need of** a rest from **caring for** their babies. Often, they are close to **breaking into** tears from stress. A company in Japan might have decided to **take pity on** these mothers **anxious about** soothing their babies. The company hires musicians to make a unique musical piece by combining the mother's favorite song, recordings of her
20 heartbeat and the baby's *gurgles. Many mothers cannot **do without** it when putting their babies to bed.

❹ **What do you say to asking** your mother how she managed to get you to sleep when you were a baby? She will be sure to have wonderful memories to share with you.

(注) cradle「～をあやす；ゆりかご」 dominant hand「利き手」 gurgle「うがい」

☑ Check!!

❶☐ **asleep** 形 眠って
副 眠って；休止して
☐ **resort to** ～→ 英文62
❷☐ **indicate** 他 を（指し）示す
☐ **soothe** 他 をなだめる；を和らげる
☐ **calm** 他 を静める 自 静まる
形 落ち着いた，静かな
❸☐ **rest** 名 休息；(the ～で) 残り 自 休む
他 を休ませる
☐ **unique** 形 ユニークな，独特の，特有の

母親の心音

音声

❶ 赤ん坊を寝かせることは，子育てがそうであるように，生易しいことではないと親は気づく。寝かしつけのために，わざわざ赤ん坊を車に乗せてドライブするという親までいるほどだ！　赤ん坊を寝かしつけようと何時間も頑張ったあとは，多くの母親は忍耐が尽き果てそうになっていることに気づく。万策尽きた時母親たちがよく頼るのが，赤ん坊をだっこして揺するというものだが，これが必ずうまくいく。

❷ 研究によれば，母親の80％が，彼女らの利き手にかかわらず，子供を左腕でだっこするという。赤ん坊にとって，母親の心音ほど落ち着くものはないことは，調査結果が示している。他のいかなる音も赤ん坊を落ち着かせる上で母親の心音に取って代わることはできない。赤ん坊は母体にいる時に，徐々に自分の母親の心音を認識するようになったのだ。

❸ 赤ん坊が泣くと，母親はすぐさまその子に構ってあげなければならない。赤ん坊のことを始終気にかけている多くの母親たちは，赤ん坊の世話から離れて休息することを切実に欲している。ストレスから泣き出しそうになることも珍しくない。日本のある企業は，赤ん坊の寝かしつけに気を病むそんな母親たちに救いの手を差し伸べることにしたのかもしれない。その会社は，ミュージシャンたちに依頼して，母親のお気に入りの曲に，その母親の心音を録音したものと赤ん坊が喉を鳴らして笑う声を組み合わせて，唯一無二の楽曲を制作するのだという。赤ん坊の寝かしつけはそれなしにはできないという母親も多い。

❹ どうだろう，ひとつあなたのお母さんに，赤ん坊だった頃のあなたをどうやって寝かしつけていたのか聞いてみては？　きっと素晴らしい思い出を共有してくれることだろう。

☐ **piece** 名 曲，作品；１つ，１片
☐ **favorite** 形 大好きな
　　名 お気に入り（の物・人）
❹☐ **manage to *do*** → 英文69
☐ **share with B** → 英文69

405
□ **go for a drive** ドライブに出掛ける
Why don't we *go for a drive* later?（後でドライブに行くっていうのはどう？）

406
□ **spend ～ (in) …ing** 口語 ～(時)を…して過ごす
Our son *spends* too much time *playing* online games.
（うちの息子はオンラインゲームに時間を費やしすぎている。）

407
□ **give out (～)** 口語 （体力・忍耐・貯えなどが）尽きる；～を配布する
Mr. Jones *gave out* the question papers.（ジョーンズさんが問題用紙を配布した。）

408
□ **run out of ～** 口語 ～を切らす；～がなくなる
My car *ran out of* gas just in front of my house.
（私の車はちょうど家の前でガソリンが切れた。）

≒ run short of ～

409
□ **take the place of ～** ～に取って代わる
Oil *took the place of* coal.（石油は石炭に取って代わった。）

≒ take one's place　cf. take place　起こる

410
□ **by degrees** 次第に；徐々に
He became better off *by degrees*.（彼は徐々に暮らし向きがよくなった。）

≒ little by little
cf. step by step　一歩一歩
The party climbed Mt. Fuji *step by step*.（その一行は一歩一歩富士山を登った。）

411
□ **attend to ～** ～の世話をする；～（の言うこと）を注意して聞く
Those nurses *attended to* injured soldiers on the battlefield.
（その看護師たちは戦場で負傷兵たちを手当てした。）

≒ take care of ～　≒ care for ～　≒ look after ～
cf. wait on〔upon〕～　～（客など）の給仕をする；～に応対する
Your job will be to *wait on* customers.（あなたの仕事はお客様に応対することです。）

412
□ **have ～ on one's mind** ～のことを気にかける；～を心配している
Do you *have* something *on your mind*?（何か心に思い悩んでいることはある？）

413
□ **in need (of ～)** （～を）必要として
My radio is *in need of* repair.（私のラジオは修理が必要だ。）

414
☐ **care for 〜** 〜の世話をする
How long have you been ***caring for*** your grandmother?
（君はどれくらいおばあさんの世話をしているの？）
≒ take care of 〜 ≒ look after 〜 ≒ attend to 〜

415
☐ **break into 〜** 口語 急に〜をし始める；〜に押し入る
Someone ***broke into*** his car and stole his PC.
（誰かが彼の車に押し入り，PC を盗んだ。）
≒ fall into 〜 ≒ burst into 〜

416
☐ **take〔have〕pity on 〜** 〜をかわいそうに思って手を貸す；〜に情けをかける
Could you please ***take pity on*** this poor, old man?
（この貧しい老人に情けをかけてくれませんか？）

417
☐ **be anxious about 〜** 〜を心配〔憂慮〕している
She ***was anxious about*** her test, but it was easy.
（彼女はテストのことを心配していたが，簡単だった。）
≒ be concerned about〔for〕〜 ≒ worry about 〜；be worried about 〜

418
☐ **do without 〜** 口語 〜なしですます
I cannot ***do without*** your help.（あなたの助けなしではやっていけません。）
≒ dispense with 〜

101
☐ **A is not 〜 any more than B is ...** Bが…でないのと同様にAは〜ない
A whale ***is not*** a fish ***any more than*** a horse ***is***.（クジラは馬と同様に魚ではない。）
→ p.83 比較② j
≒ A is no more 〜 than B is ...
cf. no more than 〜 〜しか

102
☐ **nothing is as〔so〕〜 as A** Aほど〜なものはない
Nothing is as precious ***as*** time.（時間ほど貴重なものはない。） → p.81 比較① i

103
☐ **What do you say to …ing?** …するのはどうか。
What do you say to going to the cafe tonight?（今夜カフェに行くのはどう？）

Light Pollution

247 words

1 ❶ Electric light has done **a great deal of** good for humankind since it was invented in the 1800s. However, light pollution **resulting from** population growth and constant human activity is now a problem. If you look at satellite photos of the Earth at night, you'll see that areas 5 where many people live **are filled with** artificial light. Only the most remote areas, such as Siberia, **are devoid of** light made by humans.

❷ Artificial light can **do harm to** the natural body rhythms in humans. Melatonin, the *hormone that helps us sleep, is released when it is dark. If we **turn on** too many lights at night, we won't be able to 10 sleep well. **As a result**, we will suffer headaches, stress, and other health problems.

❸ Animals that are exposed to artificial light at night also experience problems. Light can **deprive** birds **of** their natural senses, causing changes in their migration patterns and wake-sleep habits. Many 15 animals, such as sea turtles, **rely on** light from the moon or stars **for** direction when looking for food or shelter. Artificial light can **cause** them **to go astray** from their normal routes.

❹ Some national and local governments, including 19 states in the U.S. have issued regulations for outdoor lighting by homes and companies. 20 **Complying with** these rules is one solution, but people had better find other ways to reduce nighttime lighting. If it's difficult to **turn off** the lights, you can keep them **out of sight** using shields or other devices.

(注) hormone「ホルモン」

☑ Check!!

❶☐ **do good** → 英文64
☐ **constant** 形 絶え間ない，一定の
　└constantly 副 絶えず
☐ **satellite** 名 衛星，人工衛星
☐ **artificial** 形 人工〔造〕の，人為の
☐ **remote** 形 遠く離れた
❷☐ **release** 他 を放出する；を解放する
　名 解放

音声

❶　電気の光は，1800年代に発明されて以来，大いに人類の役に立ってきた。しかしながら，人口増加と絶え間ない人間の活動から生じる光害が今，問題となっている。夜の地球の衛星写真を見れば，人がたくさん暮らしている地域が人工照明で埋め尽くされているのが見て取れるだろう。人間によって作られた光がまったくないのは，最も人里離れた地域，例えばシベリアのような場所だけだ。

❷　人工照明は，人間の自然な体のリズムに害を及ぼす場合がある。私たちが眠りにつくのを助けるホルモンであるメラトニンは，周りが暗い時に分泌される。夜間に過度の明かりをつけていると，私たちはよく眠ることができない。その結果，頭痛やストレス，その他の健康問題に苦しむことになる。

❸　夜間の人工照明にさらされる動物たちも問題に悩まされている。光は鳥類から自然本来の感覚を奪うことがあり，それによって鳥たちの移動パターンや目覚めと睡眠の習性を変えてしまう。ウミガメなど，多くの動物が，エサやすみかを探す際，月や星の光を頼りに方向を探る。人工照明のせいで，彼らは本来の通り道から逸れてしまうことがあるのだ。

❹　米国の19の州を含む，複数の国や地方の政府が，家庭や企業による屋外照明の規制を行ってきた。こうした規則に従うのも1つの策だが，人々は他にも夜間の照明を減らす方法を探った方がよい。もし照明を消すのが難しいなら，覆いや他の装置を使って見えないようにしてもよいだろう。

❸□ **migration**　名（動物の）移動，移住
　└migrate　自 移動する，移住する
□ **shelter**　名 避難所，すみか

❹□ **shield**　名 遮蔽版；盾
□ **device**　名 装置；工夫；機器

419
☐ **a great〔good〕deal (of ～)** かなりたくさん（の～）

They spent *a great deal of* time building this castle.
（彼らはこの城を建てるのに膨大な時間を費やした。）

cf. a good〔great〕many ～　かなり多くの～
A good many people rushed into the hall.（かなり多くの人がホールの中へ殺到した。）

420
☐ **result from ～** ～から（結果として）生じる

The accident *resulted from* his carelessness.（事故は彼の不注意で起きた。）

cf. result in ～　～という結果になる

421
☐ **be filled with ～** ～でいっぱいである

The stadium *was filled with* spectators.（競技場は観客でいっぱいだった。）

≒ be full of ～
cf. be crowded with ～　～で混雑している
The bus *was crowded with* passengers.（バスは乗客で混雑していた。）

422
☐ **be devoid of ～** ～がない；～を欠いている

It seems that the planet *is devoid of* life.（その惑星に生命は存在しないようだ。）

423
☐ **do ～ harm〔damage〕／ do harm〔damage〕to ～** ～に害を与える

Smoking will *do harm to* your health.
（喫煙はあなたの健康を害することになります。）

⇔ do ～ good ／ do good to ～
cf. do ～ justice ／ do justice to ～　～を公正に扱う；（物が）～を十分に表現している
The painting doesn't *do justice*.（その絵は正当に評価されていません。）

424
☐ **turn on ～** ～（火・明かり・スイッチなど）をつける

Can I *turn on* the TV?（テレビをつけてもいい？）

⇔ turn off ～　⇔ put out ～
cf. turn back (～)　引き返す；～を引き返させる；（元に）戻る
I *turned back* because of heavy snow.（大雪のため引き返しました。）

425
☐ **as a result〔consequence〕(of ～)** （～の）結果として

As a result, he was fired by his boss.（その結果，彼は上司に解雇された。）

cf. as a token of ～　～の印に；～の記念として
I gave her a ring *as a token of* my affection.（愛情の印に，私は彼女に指輪をあげた。）

426
deprive A of B AからBを奪う

These children were ***deprived of*** access to education.
(この子たちは教育の機会を奪われたのです。)

427
rely on〔upon〕～ (for ...) (…について)～に頼る

Nowadays, most of us ***rely on*** the Internet ***for*** information.
(昨今，私たちのほとんどが情報を得るのにインターネットに頼っている。)

≒ **depend on〔upon〕～** ≒ **count on〔upon〕～**

428
go astray 道に迷う；(ものが)なくなる

When the sun was about to set, they ***went astray***.
(夕日が沈もうとしていた時，彼らは道に迷った。)

429
comply with ～ ～(規則・命令など)に従う，応じる

Please ***comply with*** the rules of this gym. (このジムの規則に従ってください。)

430
turn off ～ 口語 ～(火・明かりなど)を消す

Turn the lights ***off*** when you go out. (外出時は照明を消してね。)

≒ **put out ～** ⇔ **turn on ～**

431
out of sight 見えないところに〔の〕

I waved until the car was ***out of sight***. (その車が見えなくなるまで手を振ったんだ。)

104
cause O to *do* Oに…させる

The cold rain ***caused*** the plants ***to*** die.
(冷たい雨が原因で，その植物は枯れてしまった。)

cf. persuade O to *do* Oに…するよう説得する
We ***persuaded*** Tom ***to*** see a doctor. (私たちはトムに医者に診てもらうよう説得しました。)

START 100 200 300 400 500 600 700 800 900 1000 1080～

The Importance of Bees

230 words

1 ❶ A huge decline in the number of honeybees worldwide has **come to light**. In the United States, beekeepers reported losses of **as much as** 45% of their colonies between April 2020 and April 2021. Is this something that you should **be worried about**? If you eat food, then yes, 5 you should certainly **take notice of** this problem.

❷ The history of beekeeping goes back **as far as** 9,000 years. Bees were traditionally kept for honey, but today **a lot of** bees are used for *pollinating plants. According to the *FAO, three out of four crops producing fruits or seeds for human use as food **depend on** pollinators. 10 These include almonds, apples, coffee, and strawberries.

❸ There are many causes for the decline in honeybees. The decline started in the 1980s when certain *parasites entered the United States. **To be sure**, natural events such as drought and disease are affecting bees in many areas. But in many cases the decline is **owing to** human 15 farming practices, such as the destruction of habitats by farmers, which **interferes with** bees' natural behaviors. **In addition**, chemicals used on crops by farmers weaken the bees' immune systems.

❹ If nothing is done, **it won't be long before** *honeybee colonies **die out** altogether. Beekeepers and farmers need to **take account of** bee 20 deaths and report them to the government. And governments need to **work on** policies to protect bees.

（注）pollinate「～に受粉する」 FAO：Food and Agriculture Organization of the United Nations「国際連合食糧農業機関」 parasite「寄生動（植）物」 honeybee colony「ミツバチの群〔集団〕」

☑ Check!!

❶□ **decline** 名 低下，衰退 自 低下する，衰退する 他 を断る
≒ refuse 他自（を）拒否する
└ reject 他 を拒否する

❷□ **crop** 名（農）作物

❸□ **drought** 名 干ばつ，水不足
□ **disease** 名 病気
≒ illness 名 病気

🔊 音声

❶ ミツバチの数が世界的に激減していることが明らかになっている。米国では，養蜂家たちの報告によると，2020年4月から2021年4月の間にミツバチのコロニーが45%も失われたという。これはあなたが心配すべきことだろうか。もしあなたが食べ物を食べるなら，そう，間違いなくこの問題に注意を払うべきだ。

❷ 養蜂の歴史は9000年前にまでさかのぼる。ミツバチは伝統的にハチミツをとるために飼育されてきたが，今日では，植物に授粉する目的で多くのミツバチが利用されている。FAO（国際連合食糧農業機関）によれば，人間が食用とする果実や種を生み出す作物の4分の3が，送粉者（ポリネーター）に依存しているという。それらにはアーモンド，リンゴ，コーヒー（の実），イチゴなどが含まれている。

❸ ミツバチの減少には多くの原因がある。減少が始まったのは1980年代，米国にある寄生虫が入ってきたのがきっかけだった。もちろん，干ばつや病気といった自然の事象も，多くの地域でミツバチに影響を与えている。だが多くの場合，ミツバチの減少は人間の農業のやり方が原因である。農家による生息地の破壊はその一例であり，これは，ミツバチ本来の習性を阻害するものだ。加えて，農家が作物に使用している化学物質は，ミツバチの免疫システムを弱めている。

❹ 何も手を打たなければ，ミツバチのコロニーはやがて1つ残らず消滅するだろう。養蜂家と農家はミツバチの死を考慮し，それを政府に報告する必要がある。そして各国政府は，ミツバチを保護する政策に取り組まなければならない。

□ **destruction** 名 破壊
　├destroy 他 を破壊する
　└destructive 形 破壊的な
□ **habitat** 名（動植物の）生息地〔環境〕，居住地〔環境〕
□ **weaken** 他 を弱める
　└weak 形 弱い
❹□ **altogether** 副 まったく；全部で

432
☐ **come to light** 明らかになる；明るみに出る

New evidence of the case *came to light*.
（事件の新しい証拠が明るみに出た。）

433
☐ **as many〔much〕as ～** ～ほど多数〔多量〕の

As many as 3,000 people participated in the conference.
（3000人もの人がその会議に参加した。）

≒ no less than ～

434
☐ **be worried about ～** 口語 ～を心配する；～を気にする

Mom, don't *be* so *worried about* me. I'm an adult.
（お母さん，あんまり僕のこと心配しないで。もう大人なんだから。）

≒ be concerned about〔for〕～ ≒ be anxious about ～ ≒ worry about ～

435
☐ **take notice of ～** 口語 ～に注意を払う；～を気に留める

Take good *notice of* what the master says.
（師匠の言うことをしっかり心に留めておいて。）

≒ take note of ～

436
☐ **a lot of ～** 口語 多数の～；多量の～

My wife has *a lot of* worries.（私の妻はたくさんの心配事を抱えている。）

437
☐ **depend on〔upon〕～** ～次第である；～を頼りにする

A shooting schedule *depends* greatly *on* weather conditions.
（撮影スケジュールは気候条件に大きく左右される。）

≒ rely on〔upon〕～ (for ...) ≒ count on〔upon〕～ ≒ turn to ～

438
☐ **to be sure** 確かに；なるほど

He's smart, *to be sure*, but sometimes too proud.
（彼は確かに頭がよいが，プライドが高すぎることもある。） → p.68 不定詞⑩

439
☐ **owing to ～** ～が原因で；～のために

Owing to the heavy rain, I was late for school.
（大雨のため，私は学校に遅刻した。）

≒ due to ～ ≒ because of ～ ≒ on account of ～

440
☐ **interfere with 〜** 〜を妨げる；〜の邪魔をする

Don't ***interfere with*** me while I'm studying.
（勉強している間，私の邪魔をしないで。）

cf 1. interfere in 〜 〜に干渉する；〜の仲裁に入る

I'm trying not to ***interfere in*** this fight.（この争いに干渉しないようにしています。）

cf 2. compete with〔against〕〜 〜と張り合う；〜に匹敵する

We need innovation to ***compete with*** our rivals.
（ライバルに対抗するには，イノベーションが必要だ。）

441
☐ **in addition (to 〜)** （〜に）加えて；さらに

He's intelligent. ***In addition***, he's good at all sports.
（彼は聡明だ。さらに，スポーツ全般にも優れている。）

442
☐ **die out** 口語 絶滅〔死滅・消滅〕する

Many good traditions are ***dying out*** in my country.
（我が国では多くのよい伝統がなくなりつつある。）

443
☐ **take account of 〜** 〜を考慮に入れる

We should ***take account of*** their opinions.（彼らの意見を考慮すべきだ。）

≒ **take 〜 into account〔consideration〕**

cf. take leave of 〜 〜に別れを告げる

It is time for me to ***take leave of*** you.（そろそろお別れの時が来たようだ。）

444
☐ **work on 〜** 〜に取り組む；〜に影響を与える

The scientist is ***working on*** a new problem.
（その科学者は新しい問題に取り組んでいる。）

cf. tell on 〜 （過労などが）〜（健康・体など）にこたえる；〜に悪影響を与える

Overwork ***told on*** her health.（過労が，彼女の健康に影響を与えた。）

105
☐ **as〔so〕far as ...** 口語 …まで；…する限りでは

As far as the eye could see, there was only sand.（見渡す限り砂しかなかった。）

→ p.79 接続詞⑨

106
☐ **it won't be long before ...** すぐに…だろう

It won't be long before you hear from her.
（近いうちに彼女から君に便りがあると思うよ。）

cf. before long やがて；まもなく

It will be summer ***before long***.（まもなく夏が来るね。）

37 Circadian Rhythm

261 words

1 ❶ Our bodies have an internal clock that keeps our internal systems **under control**. Part of this clock is the circadian rhythms, which are 24-hour cycles such as our sleep-wake cycle. The word *circadian* **is derived from** the Latin phrase *circa diem*, which means "around a day." A group
5 of scientists won the Nobel Prize in 2017 **on account of** their research into circadian rhythms.

❷ Circadian rhythms help to **make sure that** our body is doing the right things at the right times. The sleep-wake cycle **plays a role in** almost all of our physical systems. Our body produces proteins to match
10 the times we eat meals. It also regulates hormones to **keep up with** our energy needs throughout the day.

❸ Some activities we **engage in** today can disturb the circadian rhythms. The main one is using a computer or other device that **gives off** blue light. Our bodies are very sensitive to this kind of light. Natural
15 light from the sun is what our body needs to feel awake, but blue light can cause the circadian rhythm to shift, which **prevents** us **from getting** enough sleep at night.

❹ Researchers say that we should **as** much **as possible** eat, be active, and sleep at the same time every day. But if you must use a computer or
20 smartphone at night, try not to **stay up** too late, and **make it a rule to** stop using it **at least** an hour before you go to sleep. We cannot **take it for granted that** our bodies will behave the way we expect them to.

☑ *Check!!*

❶□ **internal** 形 内部の；国内の
⇔external 形 外部の
名（複数形で）外部，外観

❷□ **regulate** 他 を制御〔規制〕する
┣regular 形 規則的な
┗regulation 名 規則，規制

サーカディアンリズム

音声

❶ 人間の体には，私たちの内部システムを制御下に置いている体内時計が備わっている。この時計の一部がサーカディアンリズム（概日リズム）で，これは私たちの睡眠・起床サイクルなどの，24時間のサイクルのことである。「サーカディアン」という語は，「およそ1日」を意味するラテン語の語句circa diemに由来している。2017年には研究者グループがサーカディアンリズムの研究によりノーベル賞を受賞した。

❷ サーカディアンリズムは，私たちの体がしかるべき時にしかるべきことをしているかを確かめるのに役立つ。睡眠・起床サイクルは，私たちの身体システムのほぼ全部で一定のはたらきを担っている。私たちの体は，食事時間に合わせてタンパク質を生成する。1日を通して必要なエネルギーを供給し続けるためにホルモンの調節も行っている。

❸ 現代に生きる私たちが行う活動の中には，サーカディアンリズムを乱すものもある。ブルーライトを発するコンピューターやその他の電子機器の利用は，その主たるものである。私たちの体はこの種の光に非常に敏感だ。太陽から届く自然光は私たちの体が目覚めを感じるために必要なものだが，ブルーライトによってサーカディアンリズムがずれてしまうことがあり，それが，私たちが夜間に十分な睡眠をとることの妨げとなるのである。

❹ 研究者によれば，私たちは毎日できる限り同じ時間に食事をし，活動を行い，睡眠をとるべきだという。だがもしあなたが夜にコンピューターやスマートフォンを使わなければならないとしたら，あまり遅くまで夜更かしをしないようにし，就寝の少なくとも1時間前には使うのをやめることを習慣化しよう。私たちの体が自分の期待通りに動くことを当たり前だと思ってはいけないのである。

---

❸□ **disturb** 他 を妨げる，を不安にさせる
≒ bother 他 を悩ませる

445
☐ **under control** 制御下に；管理下に
Police emphasized the situation was ***under control***.
（警察は状況が制御下にあることを強調した。）

⇔ out of (one's) control
cf. under〔in〕the control of ～ ～に支配〔管理〕されて
My PC is ***under the control of*** my mom.（私のPCは母の管理下にある。）

446
☐ **be derived from ～** ～に由来する
Many words ***are derived from*** Latin.（多くの言葉はラテン語に由来している。）

cf. derive from ～ ～から出る；（言葉などが）～に由来する
The word psychology ***derives from*** Greek.
（「psychology」（心理学）という語はギリシャ語に由来している。）

447
☐ **on account of ～** ～のために
I couldn't go out ***on account of*** the storm.（嵐のために私は外出できなかった。）

≒ because of ～ ≒ owing to ～ ≒ due to ～

448
☐ **make sure (that ...〔of ～；wh- ...〕)** …であることを〔～を；…かを〕確認する；…を確実にする
I'd like to ***make sure of*** a few things first.（初めに何点か確認したいのですが。）

449
☐ **play a part〔role〕in ～** ～において役割を果たす
He ***played a*** key ***part in*** ending the Cold War.
（彼は冷戦終結において決定的な役割を果たした。）

450
☐ **keep up with ～** 口語 ～に（遅れないで）ついていく
I read those magazines to ***keep up with*** the times.
（私は時代に遅れないように，そういった雑誌を読みます。）

≒ keep pace with ～
cf. keep up ～ ～を維持する
I want to ***keep up*** our friendship.（私たちの友情を続けたいです。）

451
☐ **engage in ～** ～に従事する；～に関与する
I want to ***engage in*** activities that help people in need.
（私は困っている人々を助ける活動に関与したい。）

452
☐ **give off ～** ～（におい・熱・光など）を発する
The air conditioner is ***giving off*** a strange smell.（エアコンから変なにおいがする。）

cf. give back ～ ～を返す；～を還元する
Give something ***back*** to society.（社会に何か恩返しをする。）

453
☐ **prevent ～ from …ing** ～が…するのを妨げる〔防ぐ〕；（主語のために）～は…できない

Illness ***prevented*** me ***from going*** out.（私は病気のため外出できなかった。）

≒ keep ～ from …ing ≒ stop ～ from …ing ≒ hinder ～ from …ing

cf 1.discourage ～ from …ing ～が…するのを思いとどまらせる

What ***discourages*** you ***from marrying***?（何が結婚することを思いとどまらせていますか？）

cf 2. prohibit ～ from …ing ～が…するのを禁止する

Visitors are ***prohibited from taking*** pictures.（入館者による写真撮影は禁止されています。）

454
☐ **stay up** 口語 寝ないでいる；夜更かしをする

Tonight only. You can ***stay up*** late.（今夜だけ特別に夜更かししていいぞ。）

≒ sit up late ≒ keep bad〔late〕hours ⇔ keep early〔good〕hours

455
☐ **at least** 少なくとも

The repairs will cost ***at least*** $150.（修理代は少なくとも150ドルかかる。）

≒ not less than ～

107
☐ **as ～ as possible** できるだけ～

Read ***as*** many books ***as possible***.（できるだけ多くの本を読みなさい。）

→ p.81 比較①e

≒ as ～ as one can

108
☐ **make it a rule to *do*** …することにしている

I ***make it a rule to*** take a walk in the park every morning.
（私は毎朝公園で散歩することにしている。）

→ p.60 it②b

≒ make a point of …ing

109
☐ **take it for granted that ...** …は当然だと思う

He ***took it for granted that*** he should speak as a representative.
（彼は自分が代表として演説することを当然のことと思っていた。）

→ p.60 it②b

Praising Effort or Ability?

244 words

1 ❶ How do you feel when a teacher or parent praises you for working hard on a task that you **had difficulty doing**? Do you **feel like working** harder? And how do you feel if they criticize you and **find fault with** your work? Does it make you want to **give up** trying?

5 ❷ Carol Dweck, a psychologist at Stanford University, has studied effort and success. She found that **when it comes to** ability, people generally have two kinds of mindset. One is a *fixed mindset, which says people are born with natural talents, **regardless of** effort. The other is a *growth mindset, which says people can **get over** any difficulty 10 through effort and practice.

❸ Dweck is just one of many researchers who have **looked at** the effects of praising ability and effort. Another study from 1998 shows that praising ability puts children in a fixed mindset, which may make them feel that they **are inferior to** other children. **On the contrary**, 15 praising effort **gives rise to** a growth mindset in children, by telling them they developed new skills because they **made an effort to** do the task.

❹ Experts say that teachers and parents should **make a point of praising** the process **each time** the child works hard, **no matter what** 20 the outcome **may** be. Adults should also be sure to give praise honestly. Children can tell if praise is not sincere, and if they hear it the wrong way, it will be all **for nothing**.

（注）fixed mindset「『能力は生まれつきで変えられない』という考え方」 growth mindset「『能力は努力や方法によって変えられる』という考え方」

☑ Check!!

❶□ **praise** 他 を称賛する
□ **criticize** 他 を批判する
├critic 名 批評家
├critical 形 批評の；危機の
└criticism 名 批評；評判

❷□ **effort** 名 努力

❹□ **sincere** 形 誠実な
└sincerely 副 誠実に

褒めるべきは努力か，能力か

❶　あなたがある課題に苦労して取り組み，その頑張りを先生や親が褒めた時，あなたはどう感じるだろうか。もっと頑張りたいと思うだろうか。また，もし先生や親があなたの頑張りを批判したりあら探しをしたとしたら，どう感じるだろうか。挑戦するのをあきらめたくなるだろうか。

❷　スタンフォード大学の心理学者であるキャロル・ドゥイックは，努力と成功について研究してきた。彼女は，能力に関して，一般的に人は2種類のマインドセットを持っているという結論に達した。1つは固定型マインドセットというもので，人は努力とは無関係に，生来の才能を持って生まれてくるという考え方である。もう一方は成長型マインドセットというもので，人は努力と練習によってどんな困難も乗り越えられるという考え方である。

❸　ドゥイックは，能力を褒めることと，努力を褒めることの影響について考察してきた研究者の1人である。1998年に行われた別の研究は，能力を褒めることは子供を固定型マインドセットにはめ込むことになり，ひいては自分は他の子供たちに劣っていると感じるようになる可能性がある，ということを示している。それとは逆に，課題をこなすために努力したから新しい技能が身についたのだと子供に伝えることによって努力を褒めることは，子供に成長型マインドセットをもたらす。

❹　専門家によれば，教師や親は，子供が頑張りを見せるたびに，その結果がどうであれ，必ずそのプロセスを褒めるようにすべきだという。また，大人は必ず正直に褒めるようにすべきだ。子供は褒め言葉が心から言われたものかどうかを判別できるので，誤った意味に捉えてしまうと，それが全て無駄になってしまうのだ。

456
☐ **have difficulty〔trouble〕(in) …ing** …するのに苦労する

Grandpa seems to *have* some *difficulty in walking*.
(おじいちゃんは歩くのに少し苦労しているようだね。)

cf. work one's way (through ～) 苦労して進む；働いて～を出る
The group *worked their way* in the desert. (その一行は苦労して砂漠を進んだ。)

457
☐ **find fault with ～** ～のあらを探す

You shouldn't *find fault with* others. (君は他人のあら探しをすべきではない。)

458
☐ **give up ～** 口語 ～をあきらめる；～をやめる

We *gave up* the original plan due to the budget cut.
(予算がカットされたため，当初の計画はあきらめた。)

≒ leave off ～ ≒ throw up ～

459
☐ **regardless of ～** ～に関係なく；～に構わず

My mother does what she wants, *regardless of* her age.
(年齢に関係なく，私の母はしたいことをする。)

460
☐ **get over ～** 口語 ～を克服する

Andrew can *get over* the problem without difficulty.
(アンドリューはこの問題を難なく乗り越えることができる。)

461
☐ **look at ～** 口語 ～を見る

Look at the stunning sunset! (見事な夕日を見て！)

≒ take〔have〕a look at ～
cf. glance at ～ ～をちらりと見る
The clerk *glanced at* me above the glasses. (その事務員は私をめがね越しにちらりと見た。)

462
☐ **be inferior to ～** ～より劣る

This piano *is inferior* in quality *to* that one.
(このピアノはあのピアノよりも品質の点で劣る。)

⇔ be superior to ～
cf. be no match for ～ ～にはかなわない
They *were no match for* their opponents. (彼らは相手にかなわなかった。)

463
☐ **on the contrary** それどころか

"Have you finished?" "*On the contrary*, I haven't begun."
(「もう終わったの？」「それどころか，まだ始めてない。」)

cf. contrary to ～ ～に反して

464
give rise to ～ ～を引き起こす

Overpopulation has ***given rise to*** serious problems.
（人口超過は深刻な問題を引き起こしている。）

≒ bring about ～

465
make an effort〔efforts〕(to *do*) （…しようと）努力する

The organization ***made efforts to*** assist refugees.
（その団体は難民支援のために尽力していた。）

cf. take pains 苦労する；骨を折る
He ***took pains*** in preparing this meal.（彼はこの食事の準備に手間をかけた。）

466
make a point of …ing 必ず…することにしている

I ***make a point of walking*** for an hour every morning.
（私は毎朝必ず1時間散歩することにしている。）

≒ make it a rule to *do*

467
each time ... …するたびに

I cry ***each time*** I see the photo.（その写真を見るたびに涙がこみ上げてくる。）

≒ every time ...

468
for nothing 口語 無駄に；ただで

Miki got this painting ***for nothing*** from a friend.
（ミキはこの絵画を友人からただでもらった。）

≒ free of charge

110
feel like …ing 口語 …したい気がする

I don't ***feel like going*** out.（私は外出する気がしない。）

111
when it comes to ～ 口語 ～のことになると

She is the best singer, ***when it comes to*** singing a song.
（歌を歌うということになると，彼女は1番だ。）

112
no matter what (may) ... 口語 たとえ何が〔を〕…しようと

No matter what happens tomorrow, I will leave here.
（明日，たとえ何が起ころうとも私はここを発ちます。） → p.84 譲歩1①

≒ whatever (may) ...

39 Gutenberg and the Printing Press

246 words

❶ Johann Gutenberg was born in Mainz, Germany, in the 1390s. His father worked at a mint where coins were made, and Johann helped him there, so both men **were at home with** metals and metalworking.

❷ Around 1440, Gutenberg **hit upon** the idea of making letter blocks from metal and lining them up **in a row** to print words. From there, he started to make Europe's first *printing press with movable type. **It took** many years **for** him **to** develop his idea. He raised **quite a little** money from friends who were interested, but he mostly conducted the work **in secret**.

❸ Gutenberg finally **set up** his press in 1450 in Mainz, **where** he printed his Bible. This was the first Western book printed using movable type. The Gutenberg Bible is **as** important **as any** book ever printed, **in the sense that** it made books available to the masses and launched the bookmaking industry in Europe.

❹ Little is known about Gutenberg's personal life. He was engaged to a woman around 1436, but he **broke his promise** to her and they never married. In the 1450s, he owed lots of money to his business partner, who **went so far as to** sue him and take his machines. Gutenberg **dropped out of** the printing business altogether around 1460, perhaps because he was starting to **go blind**. He died poor and lonely in 1468, but now people **regard** his printing press **as nothing short of** the most important invention in history.

（注）printing press「印刷機」

☑ *Check!!*

❶☐ **mint** 名 造幣局
❷☐ **line** 他 を一列に並べる
自 並ぶ 名 線
❸☐ **available** 形 手に入る，利用可能な
☐ **launch** 他（事業など）を始める；を発射する
名 発射；開始
❹☐ **sue** 他 を相手取って訴訟を起こす

グーテンベルクと活版印刷

音声

❶ ヨハネス・グーテンベルクは，1390年代のドイツ・マインツに生まれた。彼の父親は，硬貨を作る造幣所で働いており，ヨハネスもそこで父を手伝っていた。そのため，彼らは2人とも金属と金属加工に精通していた。

❷ 1440年頃，グーテンベルクは，金属で文字のブロック（活字）を作って，それを一列に並べて単語を印刷するというアイディアを思いついた。そこから，彼はヨーロッパで最初の可動活字による印刷機を作り始めることになった。彼がそのアイディアを発展させるには何年もかかった。グーテンベルクは，興味を持った友人たちから多額の資金を調達したものの，その作業の大半は秘密裏に行った。

❸ グーテンベルクは1450年，ついにマインツで印刷機を組み立て，そこで聖書を印刷した。これが，西洋で初めて可動活字によって印刷された本であった。グーテンベルク聖書は，本というものを世間一般の人が入手できるようにしたこと，そしてヨーロッパにおいて製本業を創始したという点で，これまで印刷されたいかなる書籍にも劣らない重要性を持っている。

❹ グーテンベルクの私生活についてはよくわかっていない。彼は1436年頃にある女性と婚約したが，彼はその女性と結んだ約束を破り，2人は生涯結婚しなかった。1450年代，彼は事業のパートナーから多額の借金をしていたが，その相手はグーテンベルクを訴え，彼の機械を手にするにまで至った。グーテンベルクは1460年頃には印刷事業から完全に手を引いたが，それはおそらく，彼の目が見えなくなり始めたことが理由だった。1468年，彼は貧困と孤独のうちに亡くなったが，今では人々は，彼の印刷機を史上最も重要な発明にほかならないと考えている。

469
☐ **be at home with〔in；on〕～** ～に精通している；～をよく知っている

Ms. Williams ***is at home with*** Latin.
（ウィリアムズ先生はラテン語に精通している。）

≒ be versed in ～

470
☐ **hit upon〔on〕～** ～を思いつく

I ***hit on*** a good idea for our group project.
（僕らのグループ研究のよいアイディアが思い浮かんだ。）

≒ come up with ～

471
☐ **in a row** 一列に；連続して

He won three matches ***in a row***.（彼は試合に3連勝した。）

472
☐ **quite a little ～** 口語 かなり多量の～；かなりの～

We got into ***quite a little*** argument on this.
（これについて僕らはかなりの言い争いになった。）

cf. quite a few ～　かなり多くの～

473
☐ **in secret** ひそかに；内緒で

They conducted the negotiations ***in secret***.（彼らは秘密裏に交渉を行った。）

474
☐ **set up ～** ～を設定する；～を設立する

He ***set up*** his first company when he was eighteen.
（彼は18歳の時に最初の会社を設立した。）

475
☐ **break one's promise〔word〕** 約束を破る

I never ***break my promise***. Trust me.（私は決して約束を破らない。信じてほしい。）

476
☐ **drop out of ～** ～から手を引く；～から脱落する

He ***dropped out of*** college due to financial difficulties.
（彼は経済的な理由で大学を中退した。）

cf. get out of ～　～（車など）から降りる；～から出る
Then everyone ***got out of*** the room.（それで，みんな部屋から出て行った。）

477
☐ **go blind** 口語 失明する

He ***went blind*** shortly after he was born.
（彼は生まれてすぐに盲目になった。）

478 □ **regard A as B**　AをBとみなす

Dr. Smith is ***regarded as*** an expert in public health.
（スミス博士は公衆衛生の専門家とみなされている。）

≒ look (up) on A as B　≒ think of A as B

479 □ **nothing short of ～**　～にほかならない

His piano performance was ***nothing short of*** perfect.
（彼のピアノ演奏は完璧そのものだった。）

113 □ **it takes 時間 for 人 to *do***　～(人)が…するのに～(時間)かかる

It takes time ***for*** anyone ***to*** master a foreign language.
（誰でも外国語をマスターするには時間がかかる。）

→ p.61 it④a

cf. take one's time　ゆっくりやる；マイペースでやる
Take your time.（ゆっくりやってください。）

114 □ **～, where ...**　～そしてそこで…(関係副詞の非制限用法)

He was born in Tokyo, ***where*** he died.（彼は東京で生まれ，そしてそこで死んだ。）

→ p.65 関係副詞④a

115 □ **as ～ as any**　何〔誰〕にも劣らず～

The boy is ***as*** polite ***as any***.（その少年は誰にも劣らず礼儀正しい。）

→ p.81 比較①b

cf. as ～ as ever　相変わらず～

116 □ **in the sense that ...**　…するという点で

The service is more useful ***in the sense that*** it's available 24/7.
（そのサービスは，24時間365日利用できるという点でより便利だ。）

→ p.78 接続詞②b

117 □ **go so far as to *do***　…しさえする

He ***went so far as to*** steal others' money to live.
（彼は生きるために他人のお金を盗みさえした。）

cf. go too far　行き〔やり・言い〕過ぎる
Hey, you've *gone too far*.（ねえ，それはちょっと言い〔行き〕すぎだぞ。）

Anger

266 words

1 ❶ Anger is an emotion **not so much** learnt **as** primitive. Babies first show anger when they are three to four months old. Anger produces powerful feelings and behaviors, as well as *physiological changes to the body such as an increased heart rate. It is caused by failure to achieve
5 a goal we had **set out to** achieve, or disturbing actions taken against us. Interestingly, we depend on anger for the ability to fight and defend ourselves.

❷ We all know that dealing with anger **in itself** is not an easy task. **At the sight of** the trigger, you may feel **nothing but** rage. According to
10 experts, there are many ways to handle anger. When you **get angry**, do not **keep** your anger **to yourself**. Talk to your friends or family. Or, you can express your anger physically, **on the condition that** others are not hurt in the process. You can also **make believe as though** nothing has happened and try not to think about it. However, this may cause mental
15 problems in the long term. Before anger **sets in** for good, try to calm yourself down and take in the fact that anger does not last for long.

❸ *Buddha said, "Anger is the punishment we give ourselves for someone else's mistake." Keep this quote in mind when you next feel like you **are on the verge of exploding** with anger. Before you lose
20 control and **in turn**, do something you will regret later, you **may as well** try to channel the energy into something useful. You will be surprised to discover how fast your anger can disappear.

（注）physiological changes「生理的な変化」 Buddha「釈迦」

☑ Check!!

❶☐ **anger** 名 怒り
　└angry 形 怒った
　≒ rage 名 激怒

☐ **primitive** 形 原始的な，未開の
☐ **achieve** 他 を達成する，を獲得する
　└achievement 名 達成，業績

❷☐ **trigger** 名 引き金

怒りを抑えるコツ

音声

❶　怒りは，学んで身につくというよりむしろ，原始的な感情である。赤ん坊が最初に怒りを見せるのは生後３カ月から４カ月頃だ。怒りは強烈な感情や行動，そして心拍数の上昇といった生理的変化をもたらす。達成することを期して自ら設定した目標を達成できなかったり，不快な行為を自分に向けられたりした時，怒りは引き起こされる。興味深いことに，私たちは闘ったり自分の身を守ったりするために怒りに頼るのである。

❷　怒りに対処することはそれ自体は容易ではないというのは周知の事実だ。怒りの引き金となるものを見れば，人は憤りしか感じないかもしれない。専門家によれば，怒りを手なずける方法はたくさんあるという。例えば，腹が立った時，その怒りを自分の中だけにしまっておかない。友人や家族に話す。あるいは，肉体的にその怒りを表出してもよい，ただし，その過程で周りの人を傷つけないという条件付きでだが。何も起こらなかったかのようなふりをして，そのことを考えないようにすることもできる。とはいえこの方法は，長期的には精神的問題となって表れる可能性もある。さらには，怒りが完全に定着してしまう前に，自分を落ち着かせ，怒りは長くは続かないという事実を理解するようにする，というのも手だ。

❸　ブッダは，「怒りとは，他者の過ちに対し，自分で自分に与える罰である」との言葉を残している。今度怒りで爆発しそうだと感じる時は，この言葉を心に留めておこう。理性を失い，その結果として後で後悔するようなことをしでかす前に，そのエネルギーを何か有益なものに向けようとする方がよいだろう。驚くほどあっという間に怒りというものは消えうるものなのだから。

□ **express**　㊀を表現する　㊔表現

❸□ **punishment**　㊔罰

└punish　㊀を罰する

□ **quote**　㊔引用　㊀を引用する

□ **explode**　㊂爆発する

㊀を爆発させる

□ **regret**　㊀を後悔する，を残念に思う

㊔後悔

480 □ **set out (to *do*)** …し始める；出発する

Thus, we ***set out to*** seek an answer to that question.
(こうして，私たちはその問いの答えを探し始めた。)

481 □ **in oneself** それ自体〔自身〕

His proposal is ***in itself*** very creative.（彼の提案それ自体はとても創造的である。）

482 □ **at the sight of ～** ～を見て

He ran away ***at the sight of*** the police officer.（彼は警察官を見て逃げた。）

cf. at the thought of ～ ～のことを考えて
I shuddered ***at the thought of*** it.（それを考えるだけで身震いした。）

483 □ **nothing but ～** ～にすぎない；～だけ

He is ***nothing but*** a mere child.（彼はほんの子供にすぎない。）

cf. anything but ～ 決して～ではない
≒ nothing more than ～

484 □ **get angry** 怒る；腹を立てる

Don't ***get angry*** over such little things.（そんな些細なことで怒らないでよ。）

cf. be angry with ～ ～に腹を立てている
Are you still ***angry with*** me?（まだ私に腹を立てているの？）

485 □ **keep ～ to oneself** ～を秘密にしておく

Please ***keep*** it ***to yourself*** that I came here.
(私がここに来たことは内緒にしておいてください。)

cf. have ～ to oneself ～を独占する
He ***had*** the whole beach ***to himself***.（彼はそのビーチを独り占めした。）

486 □ **on (the) condition (that) ...** …という条件で

He agreed ***on the condition that*** I'll give him help.
(彼は，私が彼に手を貸すという条件で同意した。)

487 □ **make believe (...)** 口語 (…の) ふりをする；(…を) 装う

Make believe you don't know me in front of him.
(彼の前では，私のことを知らないふりをして。)

cf. pretend to *do* …するふりをする
Stop ***pretending to*** be asleep.（寝たふりをするのはやめなさい。）

488 □ **set in** (悪天候・感染などが) 始まる，長引く

When we were about to leave, the rain ***set in***.
(ちょうど出発しようとしていた矢先，雨が降り出した。)

489
□ **in turn** 結果として；順番に；交替で

Be kind to others, and others are kind to you ***in turn***.
（他人に親切にしなさい。そうすれば今度は他人が君に親切にしてくれます。）

cf. by turns 代わるがわる；順番に
They took care of the task ***by turns***.（彼らはその仕事を交替でこなした。）

118
□ **not so much A as B** AというよりむしろB

He is ***not so much*** a singer ***as*** an actor.（彼は歌手というよりはむしろ俳優だ。）

→ p.81 比較①g

cf 1. A rather than B〔rather A than B〕 BよりもむしろA
I feel like running ***rather than*** walking.（私は歩くよりもむしろ走りたい。）

cf 2. so much for ～ ～についてはこれでおしまい
Well, ***so much for*** the introduction.（では，前置きはこれくらいにしましょう。）

119
□ **as though〔if〕...** まるで…かのように

Ken tried to behave ***as if*** nothing had happened.
（ケンは何事もなかったかのように振る舞おうとした。）

→ p.89 仮定法④b

120
□ **be on the verge〔point〕of …ing** 今にも…しそうである

Shelly ***was on the point of leaving*** when he arrived.
（彼が到着した時，シェリーはまさに出発するところだった。）

121
□ **may as well *do*** …する方がよい

You ***may as well*** start the meeting.（会議を始める方がよい。）

→ p.76 助動詞⑦

cf. may as well ～ as ... …するくらいなら～する方がましだ
You ***may as well*** hold your tongue ***as*** say such a thing.
（そんなこと言うくらいなら黙っている方がましだ。）

April Fools' Day

241 words

1 ❶ April Fools' Day is celebrated on April 1 in various cultures. People around the world **look forward to** the day when they can **play tricks on** others. Some common April Fools tricks include **keeping calling** someone repeatedly on the phone and pretending to be someone else, or 5 offering someone food or milk that has **gone bad**.

❷ When did April Fools' Day begin? Research has not **cleared up** the exact origins of the day. But many historians guess that it began in 1582, when France switched from the Julian calendar to the Gregorian calendar. The New Year began on January 1, but many people **were** 10 **ignorant of** this change and kept celebrating the New Year on April 1. People **spoke of** those unaware of the change **as** "fools."

❸ There are other theories **as to** the origins of April Fools' Day. The ancient Roman festival of Hilaria **is said to have been** celebrated by **making fun of** officials and powerful people. This day may have been 15 observed **in connection with** the first day of spring, when people **were** already **tired of** having to **put up with** unpredictable weather.

❹ It's fun to **pull someone's leg** on April Fools' Day with a simple joke. But it's not good to make fun of other people in ways that upset them. The person may feel that you **think little of** them. Meanwhile, 20 if someone plays a trick on you, don't **lose your temper** and get angry. Just laugh!

☑ Check!!

❶ □ repeatedly 副 繰り返して
　└repeat 他 を繰り返す
　　　　　自 繰り返して言う
□ pretend 他 のふりをする
□ offer 他 を提供する，を申し出る
　　　　名 申し出
❷ □ guess 他 を推測する；と考える
□ switch 自 変わる 他 を変える

エイプリルフールの起源

❶　エイプリルフールはさまざまな文化圏で4月1日に祝われる日である。世界中の人々が，他者にいたずらを仕掛けることができるその日を楽しみにしている。エイプリルフールによくあるいたずらをいくつか挙げれば，誰かにしつこく電話をし続けて別人のふりをする，あるいは，誰かに腐った食べ物や牛乳を出す，といったものがある。

❷　エイプリルフールはいつ始まったのだろうか。その正確な起源を解き明かす研究結果は出ていない。だが多くの歴史家が，エイプリルフールは1582年，フランスがユリウス暦からグレゴリオ暦に移行した時に始まったと推測している。新年は1月1日に始まったが，多くの人はこの変更を知らず，相変わらず4月1日に新年を祝っていた。この変更に気づいていない者たちを，人々は「フール（まぬけ）」と呼んだのである。

❸　エイプリルフールの起源については別の説もある。古代ローマのヒラリア祭は，役人や権力者たちをからかうことで祝われたと言われている。この祭りは，春の訪れの日と関連付けて祝われてきたものかもしれない。その時期，人々は変わりやすい天気を我慢しなくてはならないことにもううんざりしていたのだ。

❹　エイプリルフールに他愛のない冗談で人をからかうのは楽しい。しかし，人を動揺させるようなやり方でからかうのはよくない。その人は，あなたがその人のことを軽んじていると思うかもしれない。と同時に，誰かがあなたにいたずらを仕掛けても，腹を立てたり怒ったりはしないように。笑って済ませよう！

❸☐ **official**　㊔ 公務員，職員　㊒ 公式の
☐ **observe**　㊉ に気づく；を観察する；を祝う
☐ **unpredictable**　㊒ 予測不可能な
❹☐ **meanwhile**　㊖ 一方では；その間に

490 □ **look forward to ～** 口語 ～を楽しみにする；～を期待する

I'm *looking forward to* seeing you again.
（あなたに再度お会いできるのを楽しみにしています。）

491 □ **play a trick〔joke〕on ～** ～をからかう

He is serious now, so don't *play a joke on* him.
（今，彼は真剣です。だから彼をからかってはいけません。）

≒ make fun of ～

492 □ **keep …ing** 口語 …し続ける

Greg *kept nodding* off during the lecture.
（グレッグは講義中にずっとうとうとしていた。）

493 □ **go bad** 口語 腐る

Fish and meat *go bad* easily in summer.（魚や肉は夏には腐りやすい。）

494 □ **clear up ～** ～（疑問・誤解など）を解く；晴れる

I tried to explain and *clear up* the misunderstanding.
（私は説明し，誤解を解消しようとした。）

495 □ **be ignorant of ～** ～を知らない

He *is ignorant of* politics.（彼は政治に関しては無知である。）

496 □ **speak of A as B** AのことをBと言う

Colleagues *speak of* Monica *as* a very polite person.
（同僚たちはモニカのことをとても礼儀正しい人だと言っている。）

497 □ **as to ～** ～に関して；～について（言うと）

He said nothing *as to* the matter.（その件に関して彼は何も言わなかった。）

≒ as for ～

498 □ **make fun of ～** ～をからかう

It is wrong to *make fun of* older people.
（年上の人をからかうのは間違っているよ。）

≒ play a joke〔trick〕on ～　≒ make a fool of ～　≒ pull one's leg

499
☐ **in connection with 〜** 〜に関連して

Two women were arrested *in connection with* the case.
（その事件に関連して２人の女性が逮捕された。）

≒ in relation to 〜
cf. relate A to〔with〕B　ＡをＢと関連付ける〔関連させる〕
We must *relate* the present *to* the past.
（私たちは現在と過去を関連付けて考えなければならない。）

500
☐ **be tired of 〜** 〜にうんざりしている

We *are tired of* the same food every day.
（私たちは毎日同じ料理でうんざりしている。）

≒ be fed up with 〜　≒ have had enough of 〜

501
☐ **put up with 〜** 口語 〜に耐える；〜を我慢する

I can't *put up with* his behavior.（彼の行動には我慢できない。）

cf. hold up 〜　〜を（持ち）上げる；〜に耐える；〜を持ちこたえる
His restaurant is *holding up* well in this recession.
（彼のレストランはこの不況にあってよく持ちこたえている。）

502
☐ **pull one's leg** （冗談で）〜をからかう

Hey, are you *pulling my leg*?（ねえ，私のことからかってるの？）

≒ make fun of 〜　≒ make a fool of 〜

503
☐ **think little〔nothing；poorly〕of 〜** 〜を何とも思わない；〜を軽んじる

My boss *thinks little of* my contribution.（上司は私の貢献を軽視している。）

⇔ think much of 〜　⇔ think highly of 〜
cf. be poor at 〜　〜が苦手である
I'*m poor at* singing a song.（私は歌を歌うのが苦手です。）

504
☐ **lose one's temper** 腹を立てる；カッとなる

My father *loses his temper* quickly.（父はすぐにカッとなる。）

⇔ keep one's temper

122
☐ **be said to have ＋過去分詞** …だったと言われている

She *is said to have been* an actress.（彼女は女優だったと言われている。）

→ p.67 不定詞⑧

Facts About Koalas

248 words

1 ❶ Australia **is known for** its *biodiversity. It has more than one million species of plants and animals **in all**, many of which cannot be found anywhere else. But **for all** this biodiversity, no animal is as famous as the koala. It is **nothing less than** the country's national symbol.

5 ❷ Koalas don't eat **anything but** the leaves of *eucalyptus trees. Some of them eat up to one kilogram of eucalyptus leaves in a day. **On top of** this, they are very picky about the leaves they eat. Of the 600 different species of trees, koalas only choose from a few varieties.

❸ This diet **is peculiar to** koalas. Eucalyptus leaves are low in 10 nutrients and are *toxic for other animals. Koalas have a special system that allows them to **break** these leaves **down**. However, this diet also gives them very low energy. You may **see little of** koalas being active, and usually find them not doing anything. They can easily sleep for 16 hours **on end**. Some researchers have suggested that koalas **are addicted** 15 **to** the drug-like effect of the leaves.

❹ Despite their popularity, the number of koalas is decreasing. Some worry that koalas are on the verge of going extinct due to deforestation. And little can be done to prevent it, since roughly 60% of Australia's land is privately owned. Australia's landowners need to **cut back on** the 20 clearing of trees for farming and housing. **If** the koala **should** disappear, it would be a problem **of humans' own doing**.

(注) biodiversity「生物の多様性」 eucalyptus「ユーカリ」 toxic「有毒な」

☑ Check!!

❶□ **species** 名（生物学上の）種
❷□ **picky** 形 選り好みする，小うるさい
❸□ **allow** 他 を許す
❹□ **despite** 前 にもかかわらず
□ **extinct** 形 絶滅した
└extinction 名 絶滅

コアラに関する事実

音声

❶　オーストラリアは豊かな生物多様性で有名だ。この国には全部で100万種を超える動植物が生息しており，その多くは他の場所では見られないものである。しかし，こうした生物多様性にもかかわらず，コアラほどよく知られた動物は他にいない。コアラはまさにオーストラリアという国のシンボルにほかならない。

❷　コアラはユーカリの木の葉以外は何も食べない。中には，1日に最大1キログラムのユーカリの葉を食べるものもいる。さらには，コアラは自分が食べる葉について選り好みが激しい。600もあるユーカリの種のうち，コアラが選んで食べるのはごくわずかな種だけなのだ。

❸　このような食生活はコアラ特有のものだ。ユーカリの葉は栄養に乏しく，他の動物にとっては毒がある。コアラには，この葉を消化することを可能にする特別な仕組みが備わっている。だが，この食生活によってコアラが得られるエネルギーは非常に低い。あなたはコアラが活発に活動しているところはめったに見ないし，それにたいてい，何もしていないだろう。16時間連続で眠ることもよくある。コアラはユーカリの葉の薬物のような効果の依存症になっていると指摘する研究者もいる。

❹　その人気とは裏腹に，コアラの数は減少している。森林破壊によってコアラは絶滅寸前にあると懸念する人もいる。しかもそれを防ぐためにできることはあまりない。というのも，オーストラリアの土地のおよそ60％が私有地だからである。オーストラリアの土地所有者は，農地や住宅地のための木の伐採を減らす必要がある。もしコアラが絶滅するようなことがあれば，それは人間が自ら招いた事態ということになるだろう。

□ **deforestation**　名 森林破壊

505 □ **be known for ～** 口語 ～で知られている

Pisa *is known for* its Leaning Tower.（ピサは「ピサの斜塔」で知られている。）

≒ be famous for ～

506 □ **in all** 全部で；合計で

How much is that *in all*?（全部でいくらになりますか。）

507 □ **for〔with〕all ～** ～にもかかわらず

For all his faults, my friend is a kindhearted person.
（私の友人は欠点はあっても，心の優しい人なのよ。）

508 □ **nothing less than ～** ～にほかならない

Her recovery was *nothing less than* a miracle.
（彼女の回復は奇跡と言っても過言ではなかった。）

509 □ **anything but ～** まったく〔決して〕～ではない

He is *anything but* a scientist.（彼は決して科学者ではない。）

≒ far from ～ ≒ by no means
cf. nothing but ～ ～だけ，～にすぎない

510 □ **on top of ～** 口語 ～に加えて

Her business failed. *On top of* that, she lost her partner.
（彼女の事業は失敗した。そのうえ，パートナーまで失ったのだ。）

≒ in addition (to ～)
cf. and that ... しかも…；それも…
Something must be done, *and that* promptly.（何とかする必要がある，それもすぐにだ。）

511 □ **be peculiar to ～** ～に固有である；～に特有のものである

Is language *peculiar to* human beings?
（言語とは，人間にしかない固有のものですか？）

≒ be specific to ～

512 □ **break down (～)** ～（食物）を消化する；故障する；崩壊する

Suddenly the air conditioner *broke down*.（突然，エアコンが故障した。）

cf. break up (～) ～をばらばらにする；解散する

513 □ **see little〔much；nothing〕of ～** 口語 ～にあまり会わない〔よく会う；まったく会わない〕

I haven't *seen much of* Emily lately.（最近あまりエミリーを見かけることがないな。）

514
□ **on end** 続けて；立て続けに

This company has been making a profit for years ***on end***.
（この会社は何年も続けて利益を上げている。）

515
□ **be addicted to ～** ～(薬など)に依存している；～の中毒で

My son might ***be addicted to*** online games.
（私の息子はオンラインゲームに中毒になっているかもしれない。）

cf. be married to ～　～と結婚している；～に没頭している
John ***is married to*** his job. It's his only passion.
（ジョンは自分の仕事に夢中だ。それが彼の唯一の情熱だ。）

516
□ **cut back〔down〕(on) ～** 口語 ～を減らす；～を切り詰める

We are trying to ***cut down on*** food waste.
（私たちは食料廃棄の削減に努めています。）

cf. cut off ～　～を切り離す；～（話など）をさえぎる
He suddenly ***cut off*** the conversation.（彼は唐突に話を切り上げた。）

517
□ **of one's own …ing** ～自身で…した

This is a picture ***of her own painting***.（これは彼女自身が描いた絵です。）

cf. ... of one's own　～自身〔自体〕の…
I want a car ***of my own***.（私は自分自身の車がほしい。）

123
□ **if S should ...** 万一…なら〔でも〕

If I ***should*** die tomorrow, what would become of my family?
（万一明日私が死ねば，家族はどうなるだろう。） → p.89 仮定法⑤a

cf. by some possibility　ひょっとして；万一
By some possibility, she might buy it.（ひょっとしたら，彼女はそれを買うかもしれない。）

43 Bison and Native Americans

254 words

1 ❶ The American bison is a species of animal that **is native to** North America. The animal **is known to** many as "buffalo," but bison are a different species. It is believed that European settlers called the animals "buffalo" **by mistake**. The bison **was indispensable to** many Native
5 Americans. The original Americans **availed themselves of** the animals' flesh, skin, and bones for food, clothing, shelter, tools, and jewelry.

❷ **At first**, there were millions of bison in North America. Then settlers began to **push their way** into the Native Americans' territories **in search of** new land and gold. These settlers **were indifferent toward** the
10 natives' culture and lives. They believed that Native Americans would give up their land if they **did away with** the bison. They ordered soldiers to kill the animals.

❸ By the late 1800s, settlers had killed more than 40 million bison. The public saw the piles of dead bodies and began to speak out about
15 this senseless destruction. States passed laws **with a view to saving** the bison, but little was done to enforce them. The U.S. Congress passed a bill to protect the bison, but this effort was **in vain** because President Grant refused to sign it. Finally, Congress saved the bison in Yellowstone National Park **by way of** the passage of the *Lacey Act in 1894.

20 ❹ **Thanks to** this law and changes in people's thinking, the killing of the bison was **brought to an end**. Today the bison is no longer endangered. There are about 400,000 bison in North America now.

(注) Lacey Act「レイシー法（野生動植物の保護法）」

☑ Check!!

❶□ **settler** 名 入植者，開拓者
　└settle 他 を解決する；を定住させる
　　自 定住する

❷□ **order** 他 に命令する；を注文する
　名 命令；注文；順序

❸□ **enforce** 他 を施行する；を強いる
□ **congress** 名 会議；国会；(C～で) 米国連邦議会
□ **bill** 名 法案；請求書；紙幣
□ **passage** 名 (法案などの) 通過，可決；通路；流れ

バイソンとネイティブ・アメリカン

音声

❶　アメリカバイソンは北アメリカ原産の動物種である。この動物は「バッファロー」として多くの人に知られているが，バイソンは異なる種である。ヨーロッパからの入植者がこの動物を誤って「バッファロー」と呼ぶようになったと考えられている。バイソンは多くのネイティブ・アメリカンにとって欠かせない存在だった。アメリカの原住民はバイソンの肉，皮，骨を食料，衣類，家，道具，宝飾品にするために利用した。

❷　当初，北アメリカには数百万頭のバイソンが生息していた。その後，入植者たちが新しい土地と黄金を求めてネイティブ・アメリカンの土地に踏み込んでくるようになってきた。こうした入植者たちはネイティブ・アメリカンの文化や生活などお構いなしであった。彼らは，バイソンを始末すればネイティブ・アメリカンは自分たちの土地を手放すだろうと考えていた。彼らは，バイソンを殺すよう兵に命じた。

❸　1800年代後半までに，入植者は4,000万頭を超えるバイソンを殺した。人々はその死体の山を見て，この無意味な殺戮に対して声を上げるようになった。複数の州がバイソンを守る目的で法律を成立させたが，それを実行に移す努力はほとんどなされなかった。米国議会はバイソンを保護する法案を可決したが，グラント大統領がそれに署名することを拒んだことで，この尽力は無駄になった。1894年のレイシー法の成立によって，議会はついにイエローストーン国立公園内のバイソンを救うに至った。

❹　この法律と人々の考え方の変化によって，バイソンの殺戮に終止符が打たれた。今日，バイソンはもはや絶滅危惧種ではない。北アメリカには現在，約40万頭のバイソンが生息している。

---

❹□ **endanger**　他 を危険にさらす

518
☐ **be native to ～** （動植物が）～の原産である；～になじみがある

These fish *are native to* this region.
（これらの魚はこの地域が原産である。）

519
☐ **be known to ～** ～に知られている

Mr. Jones *is known to* everyone in this school.
（この学校の誰もがジョーンズ先生を知っている。）

520
☐ **by mistake** 間違って；誤って

Sorry, I took your bag *by mistake*.
（すみません，間違ってあなたのカバンを持って帰ってしまいました。）

cf. mistake A for B　AをBと間違える

521
☐ **be indispensable to〔for〕～** ～にとって不可欠である

Sleep *is indispensable to* human beings.（睡眠は人間にとって必要不可欠なものだ。）

≒ be essential to ～

522
☐ **avail oneself of ～** ～（機会など）を利用する

He *availed himself of* the opportunity to get a job.
（彼は仕事を得るためにその機会を利用した。）

≒ take advantage of ～

523
☐ **at first** 最初は

If *at first* you don't succeed, try, try again.
（１度で成功しなければ，何度でもやってみよ。）

524
☐ **push one's way** 押しのけて進む

He *pushed his way* through the crowd.（彼は人ごみを押しのけて進んだ。）

cf. have〔get〕one's (own) way　自分の思い通りにする
He insisted on *having his way*.（彼は自分のやり方を貫きたいと主張した。）

525
☐ **in search of ～** ～を探して；～を求めて

He came into the room *in search of* the key.（彼はカギを探して部屋に入ってきた。）

cf. in pursuit of ～　～を（追い）求めて

526
☐ **be indifferent toward〔to〕～** ～に無関心である

Is it true that young people *are indifferent to* politics?
（若者たちが政治に無関心だというのは本当だろうか。）

⇔ be curious about ～

527
☐ **do away with ～** 口語 ～を捨てる，始末する；～を廃止する

We need to ***do away with*** some rules.
（私たちはいくつかの規則を廃止する必要がある。）

cf. trifle with ～　～をもてあそぶ
Don't ***trifle with*** her emotions.（彼女の感情を軽んじないで。）

528
☐ **in vain** 無駄に；効果なく

The boy did his best ***in vain*** to solve the problem.
（少年はその問題を解こうと最善を尽くしたが無駄に終わった。）

529
☐ **by way of ～** ～を通って；～経由で

The artist recently arrived from Tokyo ***by way of*** Kyoto.
（その作家は最近，東京から京都経由でやってきた。）

530
☐ **thanks to ～** ～のおかげで

Thanks to him, we were able to deal with this problem.
（彼のおかげで，私たちはこの問題に対処することができた。）

≒ by〔in〕virtue of ～

531
☐ **bring ～ to an end〔a close〕** ～を終わらせる

The Civil War was ***brought to an end*** on April 9, 1865.
（南北戦争は1865年4月9日に終結した。）

cf. at an end　尽きて；終わって
The story is ***at an end.***（その話は終わりです。）

124
☐ **with a view to …ing** …するために；…する目的で

I am staying here ***with a view to seeing*** her.
（私は彼女に会うためにここに滞在しています。）

≒ for the purpose of ～

44 Multilingualism vs. Monolingualism

220 words

1 ❶ Multilingual is a term **applied to those who** speak two or more languages. By most estimates, **not less than** half of the world's population is either bilingual or multilingual. **It is said that** the figure could be up to 60 to 75 percent. Some countries have multilingual people within their 5 own borders. For example, South Africa has 11 official languages.

❷ Having another language **at our disposal** has many benefits. There are social, psychological, and lifestyle advantages. **For one thing,** speaking more than one language allows you to **make friends with** more people. It also lets you **adapt to** different environments more quickly 10 if you move or travel. And research shows that multilingual people do better on mental skill tests.

❸ **To put it another way,** being monolingual can put you at a disadvantage. **Now that** lots of business is conducted internationally, many companies are **searching for** personnel who **have a good** 15 **command of** more than one language, and they say multilingual workers **are preferable to** monolingual ones.

❹ The key to becoming multilingual is to start from a young age. But adults can also **become acquainted with** a new language. In the beginning, you'll have to **look up** many words **in the dictionary**. But if 20 you **keep at** it, you'll **make progress in** your language ability. Then you can call yourself multilingual!

☑ *Check!!*

❶□ **multilingual** 形 多数の言語を話せる 名 多数の言語を話せる人

□ **border** 名 国境，境界

□ **estimate** 名 見積，推定 他自（を）見積もる；（を）評価する

マルチリンガルとモノリンガル

❶　マルチリンガルは，2つ以上の言語を話す人に当てはまる言葉である。ほぼどの推計によっても，世界人口の少なくとも半数がバイリンガルかマルチリンガルだという。その数は，最大で60%から75%にもなると言われている。自国内の国民がマルチリンガルだという国もある。例えば，南アフリカには11の公用語がある。

❷　（母語とは）別の言語を思い通りにできることには多くの利点がある。社会的にも心理的にも，そして生活の上でもアドバンテージがある。1つには，2つ以上の言語が話せれば，より多くの人と友達になることが可能になる。それはまた，どこかへ引っ越したり旅行したりする時に，より速く異なる環境に適応することも可能にしてくれる。さらに，マルチリンガルの人たちはメンタルスキルの試験でより優れた結果を出すことが研究によってわかっている。

❸　言い方を変えれば，モノリンガルであることで不利益を被る可能性があるということだ。今や多くのビジネスがグローバルに行われ，多くの企業が2つ以上の言語を使いこなせる人材を求めており，そうした企業は，マルチリンガルの働き手の方がモノリンガルより望ましいと考えている。

❹　マルチリンガルになるためのカギは，若い頃から始めることだ。だが，大人でも新しい言語に精通するようになることは可能だ。初めのうちは，たくさんの単語を辞書で調べなければならないだろう。でもそれを根気よく続けていけば，きっと言語能力は向上する。そうすれば，あなたも晴れてマルチリンガルを名乗ることができる！

532
☐ **apply to ～** ～に当てはまる

The rule *applies to* this case.（その規則はこのケースに当てはまる。）

≒ be true of ～ ≒ hold true〔good〕
cf 1. apply A to B AをBに当てはめる〔応用する〕
cf 2. apply for ～ ～に応募する
cf 3. apply oneself to ～ ～に専念する

533
☐ **at one's disposal** ～の思うままに

All the cars here are *at your disposal*.
（ここにある車は，全部君の好きなように使ってよいよ。）

cf. at one's convenience 都合のよい時に
Please come to my office *at your convenience*.（都合のよい時に，私の会社に来てください。）

534
☐ **for one thing ～ (, for another ...)** （理由などを挙げて）1つには～(, また1つには…)

For one thing, smoking is bad for your health.（1つには，喫煙は健康に悪い。）

≒ in part

535
☐ **make friends with ～** ～と友達になる；～と親しくなる

I can *make friends with* anybody.（私は誰とでも友達になることができる。）

536
☐ **adapt to ～** ～に適応する；～に順応する

It takes time to *adapt to* a new environment.
（新しい環境に適応するのには時間がかかるものだ。）

537
☐ **to put it another way** 別の言い方をすれば

To put it another way, we're in trouble.
（別の言い方をすれば，困ったことになりました。）

538
☐ **search for ～** ～を捜し求める

We *searched for* the missing child.（私たちはその行方不明の子供を捜した。）

cf. in the market for ～ ～を買おうとしている
Are you *in the market for* a new home?（新しい家をお求めですか？）

539
☐ **have (a) good command of ～** ～を使いこなせる；～(言語など)に堪能である

John *has a good command of* Spanish.（ジョンはスペイン語を使いこなせる。）

540
☐ **be preferable to ～** ～より望ましい

Your approach *is* far *preferable to* mine.
（あなたの方法は私のよりもはるかに好ましい。）

541 □ **be acquainted with ～** ～を熟知して；～と知り合いで

Jake ***is acquainted with*** the President.（ジェイクは大統領と知り合いである。）

cf. get acquainted with ～　～と知り合う

542 □ **look up ～ (in the dictionary)** ～を（辞書で）調べる

If you don't know about CSR, please ***look*** it ***up***.
（もし「CSR」について知らないなら，調べてみてください。）

543 □ **keep at ～** ～を根気よく続ける

She ***kept at*** cleaning her room.（彼女は部屋を根気よく掃除した。）

544 □ **make progress (in ～)** 口語 （～において）進歩する〔進む〕

That student has ***made*** little ***progress in*** English.
（その生徒は英語においてはほとんど進歩していない。）

125 □ **those who ...** …する人々

Those who did not come to the meeting missed the chance.
（会議に来なかった人々はそのチャンスを逃した。）

126 □ **not less than ～** 口語 少なくとも～

He has ***not less than*** 100 dollars.（彼は少なくとも100ドルは持っている。）

→ p.83 比較②o

≒ at least

127 □ **it is said that ...** …と言われている

It is said that he was a teacher.（彼は教師だったと言われている。）

→ p.67 不定詞⑧

128 □ **now (that) ...** 口語 今や…なので；…であるからには

Now that we are all here, let's begin the meeting.
（みんなそろっているので，会議を始めよう。）

→ p.80 接続詞⑪e

Greetings from Japan

249 words

1 ❶ It is common for people in many parts of the world to **shake hands** as a greeting. People often **look** each other **in the eye** when they grip hands. The tradition dates back to **the time** long ago **when** wars were common. The handshake **provided** a way **for** a person to show that they
5 were not holding any weapons.

❷ In Japan, you should think twice before you **go in for** a handshake. People tend to **be particular about** the way they greet others. Whether you are meeting someone in a formal setting, **dropping in on** someone **at** their home, or **seeing** someone **off** as they leave, certain forms of
10 greetings are expected.

❸ Also, the bow is the traditional form of greeting for the Japanese. A quick bow is sufficient for familiar people, while deeper bows are used for a person who **is senior to** you. Sometimes people make multiple quick bows **in succession**. To people unfamiliar with the custom, it may
15 appear that the person bowing is **putting on airs**. But it's a perfectly normal greeting **all the same**.

❹ With recent trends, we cannot **rule out** the possibility that the rest of the world could **take after** Japan and use bowing as a greeting. Due to the COVID-19 pandemic, people around the world have **become**
20 **reluctant to** touch one another. They have **exchanged** the handshake custom **for** elbow bumps or fist bumps. Such greetings were informal in the past, but today they **are no less** polite **than** a handshake.

☑ *Check!!*

❶ □ **grip** 他 自（を）しっかりつかむ，（を）握る 名 握り
□ **weapon** 名 武器
❸ □ **bow** 名 お辞儀 自 お辞儀をする
□ **sufficient** 形 十分な 名 十分（の量）
□ **multiple** 形 多数の；多様な 名 倍数
└**multiply** 他 を増加させる；（数）に掛ける 自 増加する

日本式の挨拶

音声

❶ 世界の多くの地域で，人々は挨拶をするのによく握手をする。お互いの目を見ながら手を握るのが普通だ。この伝統の起源は，しょっちゅう戦争が起きていたずいぶん前の時代にまでさかのぼる。握手は，人にとって手に何ら武器を持っていないことを示すための手立てとなっていたのである。

❷ 日本では，握手をしようとする前によく考えた方がよい。人は，挨拶の方法にはうるさくなりがちである。改まった場で人と会う時であれ，誰かの家に立ち寄る時であれ，あるいはその場を去る人を見送る時であれ，その時々で期待される挨拶の仕方というものがある。

❸ また，日本人にとってはお辞儀が伝統的な挨拶の形式である。親しい人には軽く頭を下げるだけで十分だが，自分より目上の人にはもっと深くお辞儀をする。時には，何度か連続で軽く会釈をすることもある。この習慣になじみのない人には，お辞儀をする人が気取っているように見えることもあるかもしれない。しかし，それでもまったく普通の挨拶なのだ。

❹ 昨今の潮流を考えると，世界が日本に倣い，挨拶としてお辞儀をするようになる可能性も排除できない。新型コロナウイルス感染症の大流行により，世界中の人々がお互いに接触することをためらうようになった。人々は握手の習慣に代えて，肘タッチやグータッチをするようになっている。こうした挨拶の仕方は以前はインフォーマルなものだったが，今では握手に劣らず礼儀にかなったものである。

---

❹□ **the COVID-19 pandemic** 新型コロナウイルス感染症の世界的流行

□ **bump** 名 ぶつける〔ぶつかる〕こと 他 にぶつかる，をぶつける
└**bumpy** 形（道が）でこぼこの

545 □ **shake hands (with ～)**　（～と）握手する
We *shook hands with* each other.（私たちはお互いに握手をした。）

546 □ **provide B for〔to〕A** 口語　AにBを供給する〔提供する〕
The new factory *provided* employment *for* locals.
（新しくできた工場は地元住民に雇用をもたらした。）

cf 1. provide A with B　AにBを供給する〔提供する〕
That school *provides* every student *with* a tablet.
（あの学校は各生徒にタブレット1台を与えている。）
cf 2. provide for〔against〕～　～に備える；～を養う
cf 3. be gifted with ～　～（才能など）に恵まれている
He *is gifted with* the ability of language.（彼は言語能力に恵まれている。）

547 □ **go in for ～** 口語　（趣味などとして）～をし始める
I began to *go in for* photography.（最近，写真撮影を始めたんです。）

548 □ **be particular about〔over〕～**　（好みなどに関して）～にうるさい
Ted *is particular about* what he eats.（テッドは食べ物にはうるさい。）

cf. to one's taste　～の好みに合って
The color of the dress is *to her taste*.（そのドレスの色は彼女の好みに合っている。）

549 □ **drop in (on 人；at 場所)**　（～に）立ち寄る
Why don't you *drop in at* a bookstore?（本屋さんに立ち寄ってはどうですか。）

≒ **look〔stop〕in ～**　≒ **stop off (in〔at〕) ～**
cf. pay a visit to ～　～を訪問する
I'm going to *pay a visit to* my old friend.（古い友人を訪問するつもりです。）

550 □ **see off ～**　～を見送る
I *saw* her *off*, wishing her good luck.（私は彼女の見送りをした，幸運を祈りながら。）

551 □ **be senior to ～**　～より年上である
Everyone else on the team *is senior to* me.
（チームの他のメンバーはみんな私よりも年上だ。）

552 □ **in succession**　連続して；次々と
Joshua won the championship many times *in succession*.
（ジョシュアは何度も連覇を果たした。）

553 □ **put on airs**　気取る
I don't like the way he *puts on airs*.（彼の偉そうな態度が好きになれない。）

cf. put on〔gain〕weight　体重が増える
I always *put on weight* during vacation.（休暇中は必ず体重が増えてしまう。）

554
□ **all〔just〕the same** 口語　それでもやはり

She's difficult to please, but we love her *all the same*.
(彼女は気難しいが，それでも私たちは彼女のことが大好きだ。)

555
□ **rule out ～**　～を除外する

The possibility of nuclear war cannot be *ruled out*.
(核戦争の可能性は除外できない。)

556
□ **take after ～** 口語　～を追跡する；(人が) ～に似ている

The baby *took after* his mother. (その赤ん坊は母親に似ていた。)

cf. be similar to ～　～に類似している

557
□ **be reluctant to *do***　…したがらない

Emily *is reluctant to* tell me about it.
(エミリーはそのことについて僕に話したがらない。)

≒ be unwilling to *do*

558
□ **exchange A for B** 口語　AをBと交換する

I'd like you to *exchange* my yen *for* dollars.
(円をドルに両替していただきたいのですが。)

129
□ **look ～ in the eye〔face〕**　～の目〔顔〕をまっすぐ見る；～を直視する

How can you *look* me *in the face* and say that?
(どうして私の顔を見ながらそんなことが言えるの？)

cf. to one's face　～の面前で
He insulted her *to her face*. (彼は彼女の面前で彼女を侮辱した。)

130
□ **the time (～) when ...**　…する時

The time will come *when* all peoples live in peace.
(すべての民族が平和に暮らせる時代が来るでしょう。)　→ p.65 関係副詞③

131
□ **A is no less ～ than B is (...)**　Bが…であるのと同様にAは～である；AはBに劣らず～である

A whale *is no less* a mammal *than* a horse is.
(クジラは馬がそうであるのと同様に哺乳動物である。)　→ p.83 比較②k

cf. no less than ～　～も

Bad News?

55 words

❶ Our sales are down. I **regret to** inform you that we will have to **lay off** some employees.
当社の売上は減少しています。残念ですが，何人かの従業員を解雇せざるを得ないことをお知らせします。

❷ Bad news. But **on second thought**, I'm **kind of** glad.
悪い知らせだ。でも，よく考えたら，ちょっとうれしいな。

Yeah. It's a good chance to **take a break**.
そうだね。少し休むよい機会かも。

❸ **Between you and me**, I'm planning to live abroad.
ここだけの話，海外に住もうと思っているんだ。

❹ I guess I **need not have said** 'I regret' ....
「残念ですが」と言わなくてもよかったのかも…。

音声

559
☐ **lay off ～**　～を（一時）解雇する

The firm had to *lay off* 100 workers.
（その会社は100人の従業員を解雇せざるを得なかった。）

560
☐ **on second thought(s)** 口語　考え直して；やっぱり

On second thought, I decided not to go.（やっぱり，行くのはやめたよ。）

561
☐ **kind〔sort〕of** 口語　いくぶん；ちょっと

You look *kind of* tired.（ちょっと疲れているように見えるね。）

562
☐ **take a break** 口語　休憩する

Let's *take a break* after the meeting.（会議の後にひと休みしよう。）

563
☐ **between you and me** 口語　内緒にして

This is *between you and me*. OK?（これは内緒だよ。いい？）

≒ between ourselves

132
☐ **regret to *do*** 口語　残念ながら…する

We *regret to* say that we cannot support you anymore.
（残念ながら言うと，これ以上あなたをサポートすることはできないのです。）

cf. regret …ing　…したことを悔やむ

133
☐ **need not have ＋過去分詞**　…する必要がなかったのに

You *need not have called* a taxi.（タクシーなんて呼ばなくてもよかったのに。）

→ p.75 助動詞②

Note

【backを使った表現】

☐ *back* and forth
「前後に；あちこちに」（≒ to and fro）

☐ bring *back* ～
「～を思い出させる；～を戻す」

☐ fall *back* on〔upon〕～
「（困ったときに）～に頼る」

☐ hold〔keep〕*back* ～
「～を隠す，～（感情など）を抑える」

☐ take *back* ～「～を返す；～を撤回する」

☐ talk *back* (to ～)「（～に）口答えをする」

☑ Check!!

❶☐ sales　名 売上高；販売数
☐ inform　他 に知らせる；に通告する
☐ employee　名 従業員；社員
└employer　名 雇い主，雇用者

❷☐ glad　形 うれしく思う；うれしい

❹☐ guess　他 を推測する；を言い当てる
└I guess ...　語法 語調を弱めるために用いられることがある

47 Potatoes and Tomatoes in 1700s Europe

256 words

1 ❶ Potatoes and tomatoes are two of the most important foods in the West. You may think that Europeans have always loved both foods. **Who is it that** doesn't eat one or either of them almost every day? But surprisingly, people in Europe were afraid to eat both the potato and the
5 tomato at first.

❷ In the 1700s, the population of Europe was growing. But frequent droughts led to poor harvests, and grain supplies were being **used up**. **Seeing that** people were becoming hungry and angry, governments **set about** making the tough and easy-to-grow potato more popular. They
10 **made much of** its benefits in newspaper articles and pamphlets. King Louis XVI's wife Marie Antoinette even **showed off** potato flowers by wearing them in her hair. But while the rich **went on praising** potatoes, the public **turned** them **down**. They thought potatoes had no flavor and, **if anything**, were only good for feeding to animals.

15 ❸ Tomatoes were even scarier to Europeans. The settlers who brought them from Mexico in the 16th century **boasted about** their flavor. But most Europeans **refrained from** eating tomatoes. People called them the "poison apple" and **suspected** them **of** being deadly because many rich people had **died from** eating them. The truth **all along** was that the
20 rich were poisoning themselves **by accident**. The metal plates they used contained high amounts of lead, which the tomatoes absorbed because of their acidity.

❹ Over time, Europeans found delicious ways to cook potatoes and tomatoes. Now they are no longer scary. In fact, they are *staple foods!

(注) staple food「主食」

☑ Check!!

❷□ **frequent** 形 頻繁な
　└frequently 副 頻繁に
□ **harvest** 名 収穫 他 を収穫する
□ **grain** 名 穀物；（穀物・塩などの）一粒
□ **flavor** 名 風味；おもむき
□ **feed** 他（人・動物）に（食物）を与える；を養う

18世紀の欧州におけるジャガイモとトマト

❶ ジャガイモとトマトは，西洋諸国における最も重要な食べ物のうちの2つである。あなたはもしかしたら，ヨーロッパの人たちはこの2つをずっと愛してきたと思っているかもしれない。この2つのどちらか，あるいは両方を毎日食べない人などいるだろうか？　だが驚くべきことに，ヨーロッパの人たちは当初，ジャガイモもトマトも食べるのを嫌がっていたのである。

❷ 1700年代，ヨーロッパの人口は増加していた。だが，頻繁に干ばつが起き，それが理由で不作となり，穀物の備えが底を突くこともしばしばだった。人民が飢え，怒るのを見て，各国政府は，丈夫で育てやすいジャガイモをもっと普及させることに乗り出した。政府は新聞記事やパンフレットでジャガイモの利点を持てはやした。ルイ16世の妃マリー・アントワネットは，ジャガイモの花を髪に挿して見せびらかすということまでやった。富裕層はジャガイモを称賛するようになったが，その一方で，庶民はそれを受け付けなかった。彼らはジャガイモには風味がなく，むしろ，家畜のえさにしか向いていないと考えていた。

❸ ヨーロッパの人たちにとって，トマトはそれ以上に恐ろしいものであった。16世紀にメキシコからトマトを持ち込んだ入植者たちは，その風味の良さを自慢した。だが，ヨーロッパの大半の人はトマトを食べることを控えた。人々はトマトを「毒リンゴ」と呼び，それらが死に至らせるのではないかと疑っていた。というのも，多くの金持ちがトマトを食べて死んでいたからである。事の真相はと言えば，初めから彼らは偶然に中毒死していたのである。というのは，彼らが使っていた金属の皿には多量の鉛が含まれており，トマトが酸によってその鉛を吸収していたのだ。

❹ 時を経て，ヨーロッパの人たちはジャガイモとトマトをおいしく調理する方法を見つけた。この2つの野菜はもはや恐ろしいものではない。それどころか，それらは主食となっているのである！

---

❸□ **scary** 形 恐ろしい
　└scare 他 を怖がらせる
□ **poison** 他 に毒を盛る 名 毒
　└poisonous 形 有毒な
□ **absorb** 他 を吸収する；を夢中にさせる

564
☐ **use up ～** 口語 ～を使い尽くす
If you *use up* the butter, please buy some.
（もしバターを使い切っちゃったら，買っておいてね。）

cf 1. run down (～)　～を消耗する，(時間などが) 止まる
This app *runs down* the smartphone battery.（このアプリはスマホのバッテリーを消耗する。）
cf 2. sell out　売り切れる
The concert tickets *sold out* within hours.
（そのコンサートのチケットは数時間で完売した。）

565
☐ **seeing (that) ...** 口語 …であるので
Seeing that nobody has any questions, let's move on.
（誰も質問がないということなので，次に進もう。）

566
☐ **set about ～** ～を始める；～に取りかかる
I *set about* the business of teaching English.（私は英語を教える仕事を始めた。）

567
☐ **make much of ～** ～を重視する；～をもてはやす
You should *make much of* your son's opinion, too.
（君は息子の意見も尊重するべきだ。）

≒ think highly of ～　≒ think much of ～　≒ attach importance to ～　⇔ make little of ～

568
☐ **show off ～** ～を見せびらかす
He *showed off* his new house.（彼は自分の新築の家を見せびらかした。）

569
☐ **go on …ing〔with ～〕** 口語 …し〔～を〕続ける
He *went on reading*.（彼は本を読み続けた。）

≒ keep on …ing

570
☐ **turn down ～** ～を拒絶〔拒否〕する；～を断る
She *turned down* his marriage proposal.（彼女は彼のプロポーズを断った。）

cf. break away from ～　～と関係を断つ
Break away from your bad habits.（悪い習慣から抜け出しなさい。）

571
☐ **if anything** 口語 どちらかと言えば；むしろ
Her condition is, *if anything*, better than we expected.
（彼女の容体はむしろ，私たちが予想したよりよい。）

572
☐ **boast about〔of〕～** ～を自慢する；～を誇る
He's always *boasting about* his career.（彼はいつも自分のキャリアを自慢している。）

573 □ **refrain from ～** ～を控える；～をやめる

Would you ***refrain from*** smoking here?（ここではタバコを控えてくださいますか。）

≒ abstain from ～

574 □ **suspect A of B** AをBであるようだと疑う

The driver is ***suspected of*** running a red light.
（その運転手は信号無視の疑いがもたれている。）

575 □ **die from ～** 口語 ～（が原因）で死ぬ

In those days, many people ***died from*** lack of food.
（当時，多くの人が食糧不足で死んだ。）

cf 1. die of ～　～（病気など）で死ぬ
My father ***died of*** a heart attack.（私の父は心臓発作で亡くなった。）

cf 2. starve to death　飢え死にする
I am ***starving to death***!（お腹が減りすぎて死にそう！）

576 □ **all along** 口語 最初からずっと

See? I've been telling you so ***all along***!（ほら，ずっとそう言っていたよ！）

577 □ **by accident〔chance〕** たまたま；偶然

We met ***by accident***.（僕たちは偶然出会った。）

cf 1. as it happens　たまたま；折よく〔折悪く〕
As it happens, the book is here in my bag.
（たまたまですけど，その本ならこのカバンの中にあるんです。）

cf 2. be condemned to *do*　…することを余儀なくされる；…するよう運命づけられる
He ***was condemned to*** do community service.（彼は社会奉仕活動をするよう命じられた。）

134 □ **Who is it that ...?** 口語 …するのはいったい誰か。

Who was it that broke the window?（窓を壊したのはいったい誰だ。）

→ p.92 強調② b

48 Social Media: Advantages and Disadvantages 243 words

❶ We now live in the age of social media. Most people **accept** it **as** a part of everyday life. Social media is a great way to **get in touch with** people, and most services can be used **free of charge** because they are paid for with advertising. These days, many people **look to** social media as a means of entertainment, communication, and even emotional support.

❷ Students can use social media for school-related purposes in various ways. They can easily **ask a favor of** their classmates, such as asking them to **pick up** homework or other things when they **are absent from** school. Some schools even **let students** submit homework via chat *apps.

❸ On the other hand, parents cannot monitor their children's social media behavior all the time they are using it. Some students check their phones **as** often **as hundreds of times** a day. Conflict and peer pressure on social media can make it hard for students to **get along**, leading to fights or bullying. And there are bad people on social media who **are intent on** harming children in various ways.

❹ Parents may feel like they are **behind the times** when it comes to social media communications. However, parents and their children should **decide upon** rules, such as limits for use. Meanwhile, students should keep the promises they make with adults. They should **stay away from** harmful people and never share photos or information they wouldn't want to be seen **in public**.

（注）app「アプリ」

☑ Check!!

❶□ **means** 名 手段；財力
❷□ **submit** 他 を提出する
❸□ **monitor** 他 を監視する；から意見を聞く 名 監視装置
□ **conflict** 名 争い；対立 自 対立する；矛盾する
□ **peer** 名 仲間；貴族 自 じっと見る
□ **bullying** 名 いじめ
└**bully** 他 をいじめる 名 いじめる人

SNSのメリット・デメリット

音声

❶ 今，私たちはソーシャルメディアの時代に生きている。多くの人はそれを日常生活の一部として受け入れている。ソーシャルメディアは人とつながるための優れた手段であり，ほとんどのサービスが広告費で賄われているため無料で使うことができる。最近は，多くの人が娯楽，コミュニケーション，そして時に感情的な支えの手段としてソーシャルメディアを当てにしている。

❷ 生徒はソーシャルメディアを学校関連の目的で，さまざまな用途で活用することができる。クラスメートに頼みごとをすることも容易だ。例えば，学校を欠席した時に宿題などを受け取ってもらうよう頼むことができる。学校によっては，生徒がチャットアプリで宿題を提出できるようにしているところもある。

❸ 一方で親は，子供がソーシャルメディアを使っている間ずっとそこでの言動を監視しておくことはできない。生徒の中には，1日に何百回もスマホをチェックする者もいる。ソーシャルメディア上でのいさかいや同調圧力によって生徒たちは仲良くやっていくのが難しくなる場合もあり，それがケンカやいじめに発展することもある。そして，ソーシャルメディア上には，さまざまな方法で子供に害をなそうとたくらんでいる悪人も存在している。

❹ 親は，ソーシャルメディアでのコミュニケーションとなると，時代についていけないと感じているかもしれない。しかし，親と子は共に，使用制限などのルールを設定すべきだ。と同時に，生徒は大人と交わした約束をしっかり守るようにしなければならない。有害な人間には近づかないようにし，衆目にさらされたくないような写真や情報は決して共有しないようにすべきである。

578
☐ **accept A as B** AをBとして認める；受け入れる

At last, I have *accepted* it *as* my destiny.
（ついに，私はそれを運命として受け入れた。）

579
☐ **get in touch with ～** 口語 ～と連絡を取る

I finally *got in touch with* John.（ついにジョンと連絡が取れた。）

≒ get in contact with ～
cf. put A in touch with B　AがBと連絡を取れるようにする
He *put* me *in touch with* his friend.（彼は私が彼の友人と連絡を取れるようにしてくれた。）
≒ keep in touch with ～
cf. come into〔in〕contact with ～　～と接触する；～と連絡を取る
He *came into contact with* new cultures.（彼は新しい文化と触れ合った。）

580
☐ **free of charge** 無料で

That exhibit is open to the public *free of charge*.
（その展示は無料で一般に公開されている。）

≒ for nothing

581
☐ **look to ～ (for ...)** （…を求めるのに）～を頼みにする

I *look to* my parents *for* financial support.（私は両親の金銭的支援に頼っている。）

cf. look through ～　～に目を通す；～を調べる
I've already *looked through* the data.（データにはもう目を通しました。）

582
☐ **ask a favor of ～** ～にお願いする〔頼む〕

May I *ask a favor of* you?（あなたにお願いをしてもいい？）

≒ do ～ a favor ／ do a favor for ～

583
☐ **pick up ～** ～を取り上げる；～（預けてあるもの）を受け取る；～を（乗り物で）迎えに行く

I'll *pick* you *up* at the station.（車で駅まで迎えに行くよ。）

cf. pick out ～　～を選ぶ

584
☐ **be absent from ～** ～を欠席している

He's *been absent from* school for a while.（彼はしばらく学校を欠席している。）

≒ absent oneself from ～

585
☐ **get along (with ～)** （～と）うまくやっていく；暮らしていく

How can you *get along* by yourself?（どうやって1人で暮らしていけるのですか。）

cf. along with ～　～と一緒に；～に加えて
I went to Kyoto *along with* the group.（私はそのグループと一緒に京都へ行った。）

586
☐ **be intent on〔upon〕～**　～に没頭している；～をたくらんでいる

I'*m* now *intent on* improving my writing skills.
（現在，私はライティング能力を磨くことに専念している。）

≒ be absorbed in ～

587
☐ **behind the times**　時代遅れの

She is something of a designer, but her designs are now a little *behind the times*.
（彼女はちょっとしたデザイナーなのだが，彼女のデザインは今は少し時代遅れだ。）

⇔ ahead of the times

588
☐ **decide on〔upon〕～**　～を選ぶ；～を決定する

Have you *decided on* your baby's name yet?（もう赤ちゃんの名前は決めたの？）

589
☐ **stay away from ～**　～に近づかない；～を欠席する

I want you to *stay away from* my sick dog.（私の病気の犬に近づかないで。）

590
☐ **in public**　人前で；公然と

The singer rarely appears *in public* these days.
（その歌手は最近はほとんど公の場に姿を現さないね。）

⇔ in private

135
☐ **let O *do*** 口語　Oに…させる（使役動詞）

Please *let* me *drive* your car.（私に君の車を運転させてください。）

→ p.74 動詞③b

136
☐ **as ～ as ＋数詞**　（…と同じほど）も～

He visited the museum *as* often *as four times* a week.
（彼は1週間に4回もその美術館を訪れた。）

cf. as many ～　同数の～
I have five tests in *as many* days.
（5日間（テストの数と同じ日数）で5つのテストがあるんだ。）

Culture and Language

249 words

1 ❶ What is the relationship between culture and language? It's far too complex to describe **at length** here. But here's one example: While **one** culture has many words to describe something, **another** culture may have very few or none.

5 ❷ Color is one example. The Dani language, spoken in Papua New Guinea, uses just two colors: *mili*, which **stands for** dark and cool shades, and *mola*, which **consists in** warm and light colors. The Warlpiri people in Australia's Northern Territory don't even have a word for "color." However, they have many other descriptive words.

10 ❸ One **cannot** be **too** careful when making assumptions about the languages of unfamiliar cultures. **To begin with**, it is often said the Inuit people have **dozens of** words for snow. Is this true? **In a word**, no. They have words to describe snowfall that is **under way**, or snow that has already **gotten to** the ground. But these are not individual words, **so**
15 **to speak**. They are combinations of words, with variations added to a base word.

❹ At any rate, language is constantly evolving, particularly on the Internet. Many of the words used by young people online wouldn't **make sense** to anyone offline. For example, in 2010 the Internet slang
20 word "derp" was added to some major dictionaries, which **defined** it **as** "foolishness or stupidity." Dictionaries in all languages **need updating** with new cultural terms from time to time. But sometimes, **no sooner** is a word like "Tivo" added to the dictionary **than** it goes **out of fashion**.

☑ Check!!

❷☐ **shade** 名 色合い；陰
☐ **descriptive** 形 描写的な；説明的な
❸☐ **assumption** 名 思い込むこと；想定
└assume 他 と想定〔仮定・推測〕する
☐ **combination** 名 組み合わせ
└combine 他 を結び付ける 自 結び付く
☐ **variation** 名 変化；違い
☐ **add** 他 を加える
└addition 名 追加

文化と言語

音声

❶　文化と言語の間にはどのような関係性があるのだろうか。ここで詳細に説明するには，この問題はあまりに複雑すぎる。しかし1つ例を見てみよう。ある文化では何かを表すのにたくさんの語が存在するのに対し，別の文化ではそれを表す語がごくわずかしかなかったり，あるいはまったくなかったりする。

❷　色はその1例である。ダニ語はパプアニューギニアで話されているのだが，2つの色しか使わない。1つはmiliで，これは暗い，寒色の色を表す。もう1つはmolaで，これは暖かい，明るい色である。オーストラリアのノーザンテリトリーに居住するワルピリ族の人々はそもそも「色」に相当する語を持たない。しかし，その他の記述的な語はふんだんにあるのだ。

❸　なじみのない文化の言語について何か推測でものを言おうとする場合，慎重になりすぎるということはない。まず，イヌイットの人々は雪を表す言葉を数十持っているとよく言われるが，これは本当なのだろうか。一言で言えば，否である。彼らの言葉には，降りつつある雪や，すでに地面に着いた雪を表す語はある。だがそれらは，いわば，単独の語というわけではない。それらは複数の語を組み合わせたものであって，基礎となる語にバリエーションを加えてできたものなのである。

❹　いずれにせよ，言語とは常に変化するものであり，インターネット上では特にそうである。ネット上で若い人たちが使っている言葉の多くは，ネットを使わない人には意味を成さないものである。例えば，2010年には，derpというネットスラングが複数の主要な辞書に追加され，各辞書はその語を「バカバカしいこと，愚かしいこと」と定義した。あらゆる言語の辞書は折に触れて，新しい文化的用語に合わせて改訂される必要がある。だが時に，Tivoという語のように，辞書に加えられるやあっという間に古びてしまうこともある。

---

❹□ **evolve**　自 進化する
　　　　　　他 を発展〔展開〕させる
　├evolution　名 進化
　└evolutionary　形 進化の（結果の）

□ **slang**　名 俗語：スラング

□ **stupidity**　名 愚かさ：愚行
　└stupid　形 愚かな

591 ☐ **at length** 詳細に；ついに

He won the game *at length*.（ついに彼は試合に勝った。）

≒ in detail

592 ☐ **stand for ～** 口語 ～を表す；～を象徴する；～を支持する

What does NGO *stand for*?（「NGO」は何を表すのですか。）

≒ stand up for ～

593 ☐ **consist in ～** ～にある；～に存在する

Courage *consists in* overcoming fear.（勇気とは恐怖を乗り越えることである。）

≒ lie in ～
cf. consist of ～　～から成る

594 ☐ **dozens of ～** 何十もの～；多数の～

There were *dozens of* people running on the street.
（何十人もの人が通りを走っていた。）

595 ☐ **in a word** 一言で言えば；要するに

In a word, his life will not be long.（一言で言えば，彼の人生は長くないだろう。）

≒ in short　≒ in brief　≒ to be brief
cf. word for〔by〕word　一語一語；逐語的に
I memorize his speech *word for word*.（私は彼のスピーチを一字一句覚えている。）

596 ☐ **under way** 進行中で

The new building of the school is *under way*.（新校舎の建築が進んでいる。）

≒ in progress

597 ☐ **get to ～** 口語 ～に到着する

When will he *get to* Tokyo?（彼はいつ東京に着くのですか。）

≒ arrive at〔in〕～
cf. get at ～　～に達する；～突き止める
What in the world are you *getting at*?（あなたはいったい何が言いたいのですか。）

598 ☐ **so to speak〔say〕** 口語 いわば；言ってみれば

She was a real superhero, *so to speak*.
（彼女はいわば本物のスーパーヒーローだった。）→ p.68 不定詞⑩

≒ as it were

599 ☐ **make sense** 口語 意味を成す；道理にかなう

Your story doesn't *make* any *sense*!（あなたの話はまったく意味がわからないよ！）

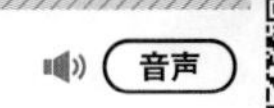

600
□ **define A as B** Aを Bと定義する

I *define* success *as* achieving personal goals.
（私は成功を個人の目標を達成することと定義する。）

601
□ **out of fashion** すたれた；流行遅れの

Wearing animal fur? I think it's *out of fashion*.
（動物の毛皮を着るのって，もう時代遅れだと思う。）

⇔ in fashion

137
□ **one ～, another ...** 1つは～，（もう）1つは…

There are three pens; *one* is mine and *another* is yours.
（ペンが3本ある。1本は私ので，別の1本は君のだ。） → p.90 名詞・代名詞③

138
□ **cannot *do* too ～** いくら～してもしすぎることはない

We *cannot* be *too* kind to the old.
（お年寄りにいくら親切にしてもしすぎることはない。） → p.87 否定⑥

139
□ **to begin〔start〕with** 口語 まず；第一に

To begin with, you should master English.
（まず，あなたは英語を習得するべきです。） → p.68 不定詞⑩

≒ first of all ≒ in the first place

140
□ **need〔want〕…ing** 口語 …される必要がある

This wet shirt *needs washing*.（この濡れたシャツは洗濯が必要だ。）
→ p.73 動名詞⑤

141
□ **no sooner ～ than ...** ～するとすぐ…する

No sooner had I sat down *than* the phone rang.
（席に着くとすぐに電話が鳴ったんだ。） → p.87 否定⑧

50 Attitudes Toward Human Rights

243 words

1 ❶ In ancient times, justice was often harsh. If you did not **keep your word**, you had to pray that others would **forgive** you **for** your wrongdoing. If you were not forgiven, you would have to **present yourself** before an officer or judge, who would **punish** you **for** your
5 actions and force you to **make amends for** your crime.

❷ One example of ancient judicial practice is called "trial by ordeal." A person accused of a crime had to **submit to** a very painful or dangerous experience. People believed that God would save those who **were worthy to** live. If the person **failed in** the test, they were considered guilty. In
10 some parts of West Africa, the accused had to put their hands in a pot of boiling oil to pick up an item. **What if** the person was innocent but still got burned?

❸ In Edo period Japan, justice was ruled by the *machi-bugyo*, who was **in effect** a town judge. The person's punishment would **rest upon**
15 his judgment. In the Meiji Period, the jury system was established, but it wasn't until Japan's Constitution was **brought into existence** in 1946 that basic human rights were established.

❹ Today, justice and human rights are still major issues throughout the world. **The innocent** do not always receive fair trials and may not
20 have a voice to **ask** others **for** help. It is high time that good people act **on behalf of** the innocent and establish fair trials everywhere.

☑ *Check!!*

❶☐ **justice** 名 正義，公正
☐ **pray** 他自（に）祈る
☐ **judge** 名 裁判官；審判

❷☐ **judicial** 形 司法の，裁判の
☐ **crime** 名 犯罪
☐ **painful** 形 痛みのある；苦しい

❶ 古代において，裁きというものはたいてい厳しいものだった。もしあなたが約束を守らなかったならば，自分の犯した罪に関して相手があなたを許してくれることを願わねばならなかった。もし許されなければ，あなたは役人か裁判官のもとに出頭しなければならなかった。そして彼らは，あなたの行いに応じてあなたに罰を与え，犯した罪を償うよう強いたのである。

❷ 古代に行われていた裁判の1つに，「神判」と呼ばれるものがある。それは，罪を犯したと訴えられている者が，大きな苦しみや危険を伴う目に遭うことを甘んじて受け入れなければならない，というものであった。神は，生きるに値する者なら救うであろう，と人々は信じていたのである。もし裁きを受けている人がしくじれば，その人は有罪とみなされた。西アフリカの一部の地域では，裁きを受ける者が，油がぐつぐつと煮立った鍋に手を入れ，その中の物を取ることを強いられた。もしその人が無実であるのにやけどを負ったとしたら，どうだろう？

❸ 江戸時代の日本では，裁判を執り行っていたのは，実質的に町の裁判官だった町奉行であった。裁きを受ける者の懲罰は，町奉行の判断に基づくものだった。明治時代には陪審制度が設立されたが，基本的人権が確立されたのは，1946年に日本国憲法が誕生してからであった。

❹ 今日，司法と人権はいまだに世界中で大きな課題のままである。無実の人が必ず公正な裁判を受けられるとは限らないし，他者に助けを求める声を持たないこともある。そろそろ，善良な人が無実の人の代理人として行動し，公正な裁判をあまねく確立すべき時だ。

□ **guilty** 形 有罪の；罪悪感がある
⇔**innocent** 形 無罪の

❸□ **establish** 他 を設立〔確立〕する

□ **constitution** 名 (C～で) 憲法；構成

602 □ **keep one's word〔promise〕** 約束を守る
Jack is one to ***keep his word.***（ジャックは約束を守る男だ。）
≒ be as good as one's word
cf. make an appointment (with ～)　(～と会う) 約束をする
I ***made an appointment with*** Tom.（私はトムと会う約束をした。）

603 □ **forgive A for B** B（過ちや罪など）に関してAを許す，大目に見る
I'm not ready to ***forgive*** you ***for*** lying.
（あなたが嘘をついたことを許す準備はできていない。）
≒ excuse A for B

604 □ **present oneself** 出頭する；出席する
The new president ***presented herself*** at headquarters.
（新社長が本社にお出ましになった。）

605 □ **punish A for B** Bを理由にAを罰する
I was ***punished for*** being late.（私は遅刻したことを理由に罰せられた。）
⇔ praise〔admire〕A for B

606 □ **make amends for ～** ～の償いをする；～の埋め合わせをする
How can I ***make amends for*** my error?
（私はどうすれば私の間違いを取り戻せるだろうか？）
cf. make room for ～　～のために場所を空ける
We should ***make room for*** others.（私たちは他の人たちのために場所を空けるべきだ。）

607 □ **submit to ～** ～に従う；～に屈服する
You must ***submit to*** the rule.（その規則に服従する必要がある。）
≒ succumb to ～

608 □ **be worthy to *do*** …するに値する〔ふさわしい〕
I believe you ***are the worthiest to*** lead us.
（あなたが私たちをリードするのに最もふさわしいと信じている。）

609 □ **fail in ～** ～に失敗する；～を怠る
I once ***failed in*** my business when young.
（若い頃，私は1度事業でしくじったことがあってな。）
cf. fail to *do*　…できない，…しない

610
□ **in effect**　実際は；事実上

In effect, flowers create honey.（事実上，花が蜂蜜を作り出す。）

cf. to the effect that ...　…という主旨で
He spoke *to the effect that* he would support us.
（彼は我々を支援するという趣旨のことを言った。）

611
□ **rest on〔upon〕～**　～に基づく；～に支えられている

The cultural habit *rests on* an ancient belief.
（その文化的風習はある古代の信仰に基づくものだ。）

612
□ **bring ～ into existence〔being〕**　～を生み出す；～（子）を産む

We're learning how democracy was *brought into being*.
（私たちは民主主義が生み出された経緯を学んでいる。）

613
□ **ask A for B**　口語　AにBを求める

Maybe you should *ask* Kelly *for* help.（ケリーに助けを求めてみたらよいかも。）

614
□ **on〔in〕behalf of ～**　～の代理として；～のために

I'll attend the meeting *on behalf of* Anna.
（私はアンナの代理として会議に出席するよ。）

≒ on〔in〕one's behalf
cf. be representative of ～　～を代表する
I *am representative of* my country.（私は自国を代表する者です。）

142
□ **What if ...?**　口語　…したらどうなるだろうか。

What if you don't pass your exams?（もし試験に合格できなかったらどうなる？）

→ p.91 省略②

cf. Why don't you ...?　…したらどうですか。
Why don't you take a rest?（休憩してはどうですか。）

143
□ **the ＋形容詞**　（形容詞）の人たち

They had to take care of *the sick*.
（彼らは病人たちの世話をしなければならなかった。）

Fuzzy Logic

265 words

1 ❶ Fuzzy logic was proposed **for the first time** at the University of California, Berkeley in the 1960s. Conventional computer logic generally **makes do with** just two answers, "true" or "false" (1 or 0). However, human logic does not adhere to such strict rules. Fuzzy logic 5 **comes closer to recreating** human logic **in that** it is based on a range of possibilities between "true" and "false."

❷ The professor who **came up with** the fuzzy logic concept, Lotfi Zadeh, explained it by using tall people as an example. Very tall people are tall, he explained, but **not all** tall people are very tall. There are 10 different degrees of value **with respect to** different heights. This **results in** the use of expressions in fuzzy logic such as "somewhat," "very," and "possibly."

❸ **In practice**, fuzzy logic can be applied to situations where more than two choices are possible. **For instance**, an air conditioner using 15 conventional logic can only be set at "hot" or "cold." However, an air conditioner with fuzzy logic can recognize different human comfort zones, so it knows **whether to** adjust its heating or cooling when the room reaches a certain temperature.

❹ Although the concept was **looked down upon** by some in the 20 U.S., fuzzy logic **took off** in Japan in the late 1980s. Hitachi **made use of** this approach when it built the Sendai subway system. The New York Times reported that the system could change the speed of its cars "more smoothly than a human driver could." Some of the ideas behind fuzzy logic are now **making a difference** in AI and other advanced 25 technologies.

☑ *Check!!*

❶ □ **logic** 名 論理(学)
　└logical 形 論理的な
□ **possibility** 名 可能性
　├possible 形 可能な；あり得る
　└possibly 副 ひょっとすると

❷ □ **concept** 名 概念；考え
□ **somewhat** 副 いくぶん；やや

❸ □ **conventional** 形 従来(型)の；(社会的)慣習の
　└convention 名 しきたり；会議
□ **adjust** 他 を調整する；に適応させる 自 適応する

ファジー理論

音声

❶　ファジー理論は1960年代にカリフォルニア大学バークレー校で初めて提唱された。従来のコンピューター論理では，一般的に，答えはたった2つ，すなわち，「真」か「偽」か（1か0か）で間に合う。しかし，人間の論理はそのような厳格なルールに従うものではない。ファジー理論は，「真」と「偽」の間にあるさまざまな可能性に基づいているという点で，人間の論理を再現することに近づくものである。

❷　ファジー理論という概念を思いついたロトフィ・ザデー教授は，背の高い人を例にとってこれを説明した。彼の説明はこうである。とても背の高い人は背が高い。だが，背の高い人が全員とても背が高いというわけではない。さまざまな高さに関して，さまざまな程度の値が存在する。このことにより，ファジー理論では，「多少」「とても」「たぶん」といった表現が使われるのである。

❸　実践的には，ファジー理論は3つ以上の選択が可能な状況に応用することができる。例えば，従来の論理を用いたエアコンなら「暖房」か「冷房」にしか設定することができない。ところがファジー理論を用いたエアコンなら，人間が快適と感じるさまざまな温度域を認識できるため，室内がある一定の温度に達した際，暖房機能を調整すべきか冷房機能を調整すべきかがわかるのである。

❹　米国では一部ファジー理論を軽視する向きもあったが，1980年代後半の日本で流行した。日立（製作所）は仙台市営地下鉄システムを構築する際にこのアプローチを利用した。ニューヨーク・タイムズ紙は，そのシステムが「人間の運転士よりスムーズに」電車の速度を調節できると報じた。今ではファジー理論の背景にある考え方の一部が，AIやその他の先進技術において重要なものとなっている。

615
☐ **for the first time** 初めて

The horse won first prize *for the first time*.（その馬は初めて1着をとった。）

cf. for the first time in ages 久しぶりに

I saw him *for the first time in ages*.（ずいぶん久しぶりに彼と会った。）

616
☐ **make do with ～** ～で間に合わせる；～で済ませる

We'll have to *make do with* what we've got.（今手元にあるもので間に合わせよう。）

617
☐ **come close to …ing** …しそうになる；もう少しで…するところだ

I *came close to being* hit by a car!（車にひかれるところだったよ！）

≒ come near (to) …ing

cf. at any moment〔minute〕 今にも

The building might break down *at any moment*.（そのビルは今にも崩れそうであった。）

618
☐ **come up with ～** 口語 ～を思いつく

Henry *came up with* a new idea for increasing sales.
（ヘンリーは売上を伸ばすための新しいアイディアを思いついた。）

≒ hit on〔upon〕～

619
☐ **with respect to ～** ～に関して

With respect to quality, we have much room to improve.
（品質に関しては，まだまだ改善の余地がある。）

≒ in respect of ～

620
☐ **result in ～** ～という結果になる

His carelessness *resulted in* the accident.（彼の不注意で事故が起きた。）

≒ bring about ～ ≒ lead to ～

cf. result from ～ ～から（結果として）生じる

621
☐ **in practice** 実際に（は）；実際上

In practice, life without love is miserable.（実際，愛のない人生は悲惨だ。）

622
☐ **for instance〔example〕** 例えば

Various wild animals live here. *For example*, foxes.
（ここにはさまざまな野生動物が住んでいます。例えば，キツネです。）

cf. take ～ for example ～を例にとる

Take a smartphone *for example*, it's crucial.
（スマートフォンを例に挙げると，それは必要不可欠である。）

623
☐ **look down upon〔on〕～**　～を軽蔑する

Just because he is poor, we should not ***look down on*** him.
（彼が貧しいからといって，軽蔑すべきでない。）

⇔ look up to ～

624
☐ **take off (～)**　離陸する；～を脱ぐ；人気が出る

What time does our plane ***take off***?（この飛行機は何時に飛び立つの？）

⇔ put on ～
cf 1. dress oneself　服を着る
He ***dressed himself*** in the latest fashion.（彼は最新の流行の服を着た。）
cf 2. take back ～　～を取り戻す；～を撤回する
OK, I'll ***take back*** what I said.（わかった，前言撤回するよ。）

625
☐ **make use of ～**　～を活かす

I'll ***make*** the best ***use of*** this opportunity.
（私はこの機会を最大限に活用するつもりだ。）

≒ take advantage of ～
cf 1. make the most of ～　～（有利な条件）を最大限に活かす
cf 2. make the best of ～　～（不利な条件）を最大限に活かす

626
☐ **make a difference** 口語　重要である

It ***makes*** no ***difference*** whether you will come or not.
（君が来るかどうかは重要ではない。）

cf 1. come before ～　～より優先する；～より重要である
Life ***comes before*** anything.（生命は何よりも重要だ。）
cf 2. count for much　非常に重要である；大変価値がある
This minor change doesn't ***count for much***.（この小さな変化はあまり重要ではない。）

144
☐ **in that ...**　…という点において；…だから

He is just like his father ***in that*** he drinks a lot.
（彼は酒をたくさん飲むという点で，父親とよく似ている。）

145
☐ **not all ～** 口語　すべての～が…であるわけではない

Not all applicants will be adopted.（すべての応募者が採用されるわけではない。）

→ p.85 否定①

146
☐ **whether to *do***　…すべきかどうか

I can't decide ***whether to*** go or not.（私は行くべきかどうか決めることができない。）

→ p.66 不定詞②

52 Know Your Country and Culture

268 words

1 ❶ If you **happened to** be in a situation in which you **were confronted with** the question, "What is Japan like?" how would you answer? Do **a couple of** things come to mind immediately, or do you need some time to **figure out** what to say? How well do you know your country, and is 5 what you know **up to date**?

❷ It is one thing to visit a foreign country on vacation, but starting a new life there is quite another. That is why many Japanese people learn the language spoken in the country they move to. However, they **are** often not **ready for** questions about their own country, because they 10 have not prepared for that. To their surprise, they may be unable to answer.

❸ Just as we are interested in learning about foreign countries and their people, the people in those countries want to know more about Japan too. **In return for** answering questions about their country, they 15 would like to know how Japan **differs from** their country. **In fact**, only when we understand our own country well can we be sensitive to these differences. **It is not until** we achieve this sensitivity **that** we are able to appreciate other cultures properly. Only then can we **focus on** becoming true global citizens.

20 ❹ Meanwhile, learn as many interesting facts about your own country as you can, in case you need to introduce Japan to foreigners. For example, Japan **is famous for** its world-class train systems, which many **think highly of**. You can impress foreigners if you are able to explain in English why the trains arrive precisely **on schedule**.

☑ *Check!!*

❸ □ **sensitive** 形 敏感な
- sense 名 感覚
- sensible 形 分別のある
- sensitivity 名 感受性，敏感さ

□ **properly** 副 適切に
- proper 形 適切な
- ⇔improper 形 不適切な

□ **citizen** 名 市民；国民

音声 

❶ もしあなたがたまたま「日本はどんな国ですか？」といった質問に直面するようなことがあれば，どう答えるだろうか。いくつかの答えがパッと思い浮かぶだろうか，それとも何を言おうかを考えるのに多少時間を要するだろうか。あなたは自分の国をどの程度知っており，またその知識は最新のものだろうか。

❷ 海外のある国を休暇で訪れるのと，そこで新生活を始めるというのはまったくの別物である。そのため，多くの日本人が引っ越し先の国で話される言語を学ぶ。しかし，自分自身の国に関する質問に対しては備えができていないことが多い。その準備をしてこなかったためだ。場合によっては答えられないこともあり，自分でも驚いてしまうのである。

❸ 私たちが外国やその国の人たちについて学ぶことに関心を抱くのとまったく同じように，その人たちもまた，日本についてもっと知りたいと思っている。彼らは自国に関する質問に答えるのと引き換えに，日本が自分の国とどう違うのか知りたがるだろう。事実，私たちは自国について十分に知ることで初めてこうした違いに敏感になることができる。この感受性を身につけて初めて，異文化を正しく理解できるのだ。そうしてやっと，真のグローバル市民になることに集中できるのである。

❹ それまでは，海外の人に日本について紹介しなければならなくなった場合に備えて，自分の国に関する興味深い事実をなるべく多く学んでおこう。例えば，日本は世界有数の鉄道システムを誇ることで有名であり，多くの人がそのことを高く評価している。なぜ電車がきっかり定刻通りに到着するのかを英語で説明できれば，海外の人を感心させることができるだろう。

❹□ **fact** 名 事実
⇔fiction 名 作り話
□ **impress** 他 に感銘〔印象〕を与える
├impression 名 印象
└impressive 形 印象〔感動〕的な

□ **precisely** 副 正確に
└precise 形 正確な

627
☐ **be confronted with〔by〕〜** 〜に直面している
I find myself ***confronted with*** an ethical dilemma.
（私はある倫理的なジレンマに直面しています。）

≒ be faced with〔by〕〜

628
☐ **a couple of 〜** 口語 2，3の；いくつかの
Tom moved here ***a couple of*** months ago.
（トムは数カ月前にこちらに引っ越してきた。）

629
☐ **figure out 〜** 〜を考え出す；〜を理解する
We must ***figure out*** how to solve this problem.
（私たちはこの問題の解決方法を考え出さなければならない。）

≒ make out 〜

630
☐ **up to date** 口語 最新の；現代的な
This list must be always kept ***up to date***.
（このリストは常に最新の状態に保たれる必要がある。）

⇔ out of date
cf. in fashion　流行の

631
☐ **be ready for 〜** 〜の準備ができている
I'***m ready for*** the exam.（私は試験の準備はできています。）

cf. get A ready (for B)　（Bのために）Aを準備する
I ***get*** everything ***ready for*** the trip.（旅行の準備はすべて整えました。）

632
☐ **in return for 〜** 〜のお返しに
Can I buy you coffee ***in return for*** your help?
（手伝ってくれたお礼にコーヒーをおごらせてよ。）

633
☐ **differ from 〜** 〜と異なる
Their plan ***differs from*** ours.（彼らの計画は私たちのものと異なっている。）

≒ be different from 〜

634
☐ **in fact〔reality〕** 実は；実際には
He lives a simple life, but ***in fact***, he's super-rich.
（彼は質素な暮らしをしているが，実は大金持ちだ。）

635
☐ **focus on 〜** 〜に集中する；〜に焦点を当てる
Those politicians are ***focusing on*** helping the poor.
（その政治家たちは，貧困層の支援に注力している。）

cf. focus A on B　AをBに集中させる

636
☐ **be famous for ～** ～で有名である

This district ***is famous for*** its apples.（この地方はリンゴで有名だ。）

≒ be known for ～
cf. be popular with〔among〕～ ～に人気がある；～に評判がよい
She ***is*** very ***popular with*** children.（彼女は子供たちにとても人気がある。）

637
☐ **think highly of ～** ～を高く評価する；～を重視する

They ***thought highly of*** his opinion.（彼らは彼の意見を高く評価した。）

⇔ think little〔nothing；poorly〕of ～ ≒ think much of ～ ≒ make much of ～
≒ have a high〔good〕opinion of ～ ≒ place〔lay；put〕emphasis on ～

638
☐ **on schedule** 予定通りに

Everything is going ***on schedule***.（すべては予定通り進んでいる。）

147
☐ **happen to *do*** 口語 たまたま〔偶然〕…する

I ***happened to*** meet him at the station.（私は駅で偶然彼に会った。）→ p.61 it④d

≒ It happens that ...

148
☐ **it is not until ～ that ...** ～して初めて…する

It was not until yesterday ***that*** I knew the truth.
（昨日になって初めて私はその真実を知った。） → p.86 否定

START 100 200 300 400 500 600 700 800 900 1000 1080～

53 Taking Risks

276 words

❶ Risk-taking refers to taking actions which produce results that cannot be fully predicted. The actions **do nothing but** increase the chance of danger. **In exchange for** the excitement, risk-takers may even lose their lives. People have died while skydiving because their parachutes failed to open. Most of us will **feel for** the victims, although others may not. Risk-takers possibly **insist on** high-risk behavior because they need more stimulation than others. Engaging in such dangerous activities as skydiving, satisfies that need.

❷ Experts have pointed out that **in principle** age, genetics and personality are some possible factors that influence risk-taking. Young people tend to think they can **get away with** risky behavior. However, recent studies that **looked into** this area produced findings that **are opposed to** the belief that risk-taking is an inborn tendency. Teenagers who **keep company with** friends that engage in risky activities are more likely to do so themselves.

❸ There is an American company in Russia that arranges *MiG fighter jet flights for customers. For these customers, it is one day in their lives which they will never forget. Imagine **seating yourself** in a fighter jet that flies at *supersonic speed. Not many people can **bring themselves to** experience flying at a speed of more than 1,600 kilometers per hour to a height of more than 21 kilometers. Someone who has experienced it said he **caught sight of** space!

❹ *Nothing ventured, nothing gained, is what risk-takers believe in, while people who **keep away from** risks say, "better a thousand times careful than once dead." Whether you **live a life** full of excitement or not is entirely up to you. Which category do you belong to?

(注) MiG fighter jet「ミグ戦闘機」 supersonic speed「超音速」 Nothing ventured, nothing gained.「冒険しなければ何も得られない」

☑ Check!!

❶□ **stimulation** 名 刺激
　└stimulate 他 を刺激する

❷□ **genetics** 名 遺伝的特徴；遺伝学

□ **personality** 名 人柄；人格
　└personal 形 個人的な

□ **factor** 名 要素；要因

□ **inborn** 形 先天的な

なぜ人はリスクを取るのか

音声

❶ リスクテイキングとは，完全には予測できない結果を生み出す行動をとることである。そうした行動は単に危険な機会を増すだけだ。リスクテイカーたちは，興奮と引き換えに命を落とすことさえありうる。スカイダイビング中にパラシュートが開かなくて亡くなっている人たちがいるのである。大半の人はその犠牲者に同情するだろうが，しない人もいるだろう。リスクテイカーたちがどうしてもリスクの高い行動をとろうとするのは，彼らが普通より多くの刺激を必要としているからかもしれない。スカイダイビングのような危険な活動に従事することは，その欲求を満たすのである。

❷ 専門家たちは，一般的に，年齢，遺伝的性質，性格が，リスクテイキングに影響する可能性のある因子であると指摘してきた。若者は危険な振る舞いをしても何とか乗り切れると考えがちだ。しかし，こうした領域について調べた近年の研究では，リスクテイキングが生得的なものだという考えとは反対の研究結果が出てきている。危険な行為に手を染めている友人とつるんでいるティーンエイジャーは，自分もその友人たちと同じように振る舞う可能性が高いのである。

❸ ロシアには，ミグ戦闘機に乗って飛べるサービスを顧客に提供する米国の企業がある。こうした顧客にとっては，それは人生において忘れることのない1日となる。想像してみてほしい，超音速で飛行する戦闘機の中に座るところを。地上から21キロメートル以上離れた上空へと時速1,600キロメートルを超える速度で飛ぶ体験をしようという気になる人はそんなにいないだろう。体験者の中には，宇宙が見えたと言う人もいる！

❹ 「冒険なくして得るものなし」というのがリスクテイカーたちの信じるところだ。一方，危険なことからは距離を置くタイプの人なら「死ぬよりは千度気をつけた方がまし」と言うだろう。わくわくドキドキに満ちた人生を送るか否かは完全にあなた次第だ。あなたはどちらのタイプだろうか。

❸□ **arrange** 他 を手配する
　└arrangement 名 手配；配列
❹□ **belong** 自 所属する

639 □ **do nothing but *do*** 単に…するだけである

They ***do nothing but*** cry.（彼らは泣いてばかりいる。）

640 □ **in exchange for〔of〕～** ～と引き換えに；～の代わりに

Carter taught her Japanese ***in exchange for*** English.
（カーターは英語を教わる代わりに彼女に日本語を教えた。）

641 □ **feel for ～** 口語 ～に同情する

Sometimes I ***feel for*** animals in a zoo.（時々私は動物園の動物に同情する。）

≒ sympathize with ～

642 □ **insist on〔upon〕～** ～を主張する；～を言い張る

Tommy ***insisted on*** going home.（トミーは家に帰ると言ってきかなかった。）

643 □ **in principle** 原則として，原則的には

Such an act is prohibited ***in principle***.（そのような行為は原則禁止されている。）

644 □ **get away with ～** 口語 ～を罰を受けずにやってのける；～を持ち逃げする

Look what you did. You can't ***get away with*** it.
（なんてことをしたんだ。ただでは済まされないぞ。）

645 □ **look into ～** 口語 ～を調べる

The police are ***looking into*** the case.（警察はその事件を調べている。）

≒ go into ～　≒ inquire into ～

cf 1. look over ～　～に目を通す；～を調べる

I ***looked over*** my notes before the test.（私はテスト前にノートを見直した。）

cf 2. draw out ～　～を引き出す；～を聞き出す

I couldn't ***draw out*** any information.（私は何の情報も引き出せませんでした。）

646 □ **be opposed to ～** ～に反対である

Our boss ***is opposed to*** the new plan.（私たちの上司はその新しい計画に反対だ。）

≒ object to ～　≒ be against ～

cf. be opposite to ～　～と反対側にある；～と正反対である

Their opinions ***are opposite to*** each other.（彼らの意見は正反対です。）

647 □ **keep company with ～** ～と交際する

The people you ***keep company with*** reflect on your character.
（付き合う人は自分の性格を反映するね。）

cf. in one's company　～と一緒にいる

I feel comfortable ***in his company***.（彼といると居心地がよい。）

648
☐ **seat oneself**　座る；着席する

He ***seated himself*** right near to me.（彼は私のすぐそばに座った。）

649
☐ **bring oneself to *do***　…する気になる

I couldn't ***bring myself to*** sell the old books.
（私はそれらの古い本を売る気になれなかったんだ。）

cf 1. take the initiative in …ing　率先して…する

The NGO ***took the initiative in helping*** children.
（そのNGOは率先して子供たちを支援した。）

cf 2. devote oneself to ～　～に専念する；～に身を捧げる

She ***devoted herself to*** cancer research.（彼女はがんの研究に専念した。）

650
☐ **catch sight of ～**　～を見かける；～を見つける

I ***caught sight of*** a hare in the woods.（私は森で野ウサギを見かけた。）

⇔ lose sight of ～

cf. do〔see〕the sights of ～　～（の名所）を見物する

I wanted to ***see the sights of*** Paris.（私はパリの名所を見物したかったの。）

651
☐ **keep away from ～** 口語　～から離れている；～に近づかない

Children should ***keep away from*** the pond.
（子供はその池に近づいてはいけないよ。）

≒ keep off (～)　≒ keep out of ～

cf. turn away (from ～)　（～から）顔をそむける，離れる

He ***turned away from*** his old friend.（彼は旧友から離れていった。）

149
☐ **live a life**　生活をする（同族目的語）

He ***lived a*** comfortable ***life*** after retiring.（彼は退職後，快適な生活を送った。）

→ p.75 動詞⑥

cf. for the life of 人　（否定文で）どうしても

For the life of me, I cannot recall its name!（どうしてもそれの名前が思い出せない！）

54 The Camel Librarian

250 words

1 ❶ **If ever** there was a place that needed library books, it's the province of Balochistan in Pakistan. Library books **are to** the local students **what** the Internet **is to** students in developed countries—a window to the outside world. There are no libraries in the villages **but for** small ones at 5 schools, and many schools were closed during the COVID-19 pandemic.

❷ Aside from libraries, many poor villages do **not** have transportation systems **either**. Roads are narrow and bumpy **at best**, and some are not cut out for cars or even bikes to pass. **With** this **in mind**, a government minister and school principal came up with a clever idea: carrying books 10 to villages on the back of a camel.

❸ Roshan the camel visits four villages every Friday. Roshan's owner walks with the camel and shows him **where to** go. The camel **walks loaded** with as many as 500 books. **Upon arrival**, students line up to borrow books they **will be reading** later and return ones they have 15 already read.

❹ **Hardly** had the program begun **before** its success became apparent. One 10-year-old boy named Jawad **gets down to** reading the books he borrows as soon as he gets them. He wants to be a schoolteacher, he says. The directors will continue the program **as long as** they have 20 funding for it, and they are asking for donations to buy more books. **In the meantime**, the children who look forward to Roshan's visit each Friday think the program **couldn't be better**.

☑ *Check!!*

❶□ **province** 名 州；地方
❷□ **transportation** 名 輸送；交通機関
　└transport 他 を運ぶ
□ **minister** 名 大臣
□ **principal** 名 校長；長 形 主要な
❹□ **director** 名（図書館などの）館長；監督；所長

ラクダの図書館

音声

❶　図書館の本を必要としている場所があるとするなら，それはパキスタンのバルキスタン州である。図書館の本は現地の生徒にとって，先進諸国の生徒にとってのインターネットのようなもの ── 外界への窓なのである。村には，学校にある小さなものを除けば図書館はなく，しかも多くの学校はコロナ禍の間は閉鎖されていた。

❷　図書館だけでなく，多くの貧しい村々は交通システムも持たない。道はあっても，狭いでこぼこ道で，その一部は車，自転車の通行にも向いていない。これを考慮して，政府の大臣と学校の校長を兼任するある人が素晴らしいアイディアを思いついた。ラクダの背中に本を載せて村まで運ぶというアイディアである。

❸　ラクダのローシャンは毎週金曜日に4つの村を訪れる。ローシャンの飼い主が彼と共に歩き，行く先を示してやる。このラクダは500冊もの本を積んで歩く。ラクダの到着と同時に，生徒たちは列をなし，この後読む本を借り，もう読み終えた本を返却する。

❹　プログラムは始まってすぐにその成功ぶりが明らかになった。ジャワドという10歳の少年は，借りた本を手に取るとすぐさま読書に取り掛かる。学校の先生になりたい，と彼は言う。運営者は，資金が続く限りこのプログラムを継続するつもりで，本をもっと購入するために募金を呼びかけている。一方，毎週金曜日にローシャンがやってくるのを首を長くして待っている子供たちは，このプログラムが最高だと思っている。

□ **continue**　他 を続ける　自 続く
□ **funding**　名 資金；基金
□ **donation**　名 寄付
　└donate　他 を寄付する

652
☐ **at best** よくても；せいぜい

Her performance as a singer is ordinary, ***at best***.
（彼女の歌唱力は，よくて平凡といったところだ。）

cf. try one's best 最善を尽くす
Try your best to realize your dream.（夢を実現するために最善を尽くしなさい。）

653
☐ **with ～ in mind** ～を考慮して

This park was created ***with*** children ***in mind***.
（この公園は，子供たちのことを考えて造られた。）

654
☐ **get down to ～** 口語 ～をし始める；～に本腰を入れて取り掛かる

Now, shall we ***get down to*** it?（さて，本気で取り掛かるとしますか。）

655
☐ **in the meantime** その間に；とかくするうちに

In the meantime, you can use my PC.（とりあえず，私のPCを使ってください。）

656
☐ **couldn't be better** （気分・調子が）最高だ

"Hi, what's up?" "***Couldn't be better***."（「おお，元気？」「最高だよ。」）

150
☐ **if ever** 口語 （たとえ）あるとしても…；もし…だとしたら

I seldom, ***if ever***, go on a trip with them.
（私は，彼らと旅行に行くことは，あるとしてもめったにない。） → p.91 省略④

151
☐ **A is to B what C is to D** ＡとＢの関係はＣとＤの関係に等しい

Reading ***is to*** the mind ***what*** food ***is to*** the body.
（読書と精神の関係は食物と身体の関係に等しい。） → p.62 関係代名詞④

152
☐ **but for ～** ～を除いて（～以外は）；～がなければ〔～がなかったら〕

But for your help, I couldn't succeed.
（君の助けがないなら，成功は覚つかないだろう。） → p.88 仮定法①b

≒ If it were not〔had not been〕for ～

153
☐ **not ... either** ～も（また）…ない

Tom ca***n't*** drive a car, ***either***.（トムも車の運転ができません。） → p.86 否定①

154 □ **where to *do*** 口語　どこで〔に〕…すべきか

Tell me ***where to*** work.（どこで働くべきか教えてください。）　→ p.66 不定詞②

155 □ **動詞＋過去分詞**　～されて…する（主格補語としての過去分詞）

He ***sat surrounded*** by his grandchildren.（彼は孫たちに囲まれて座っていた。）

→ p.69 分詞2③

156 □ **upon〔on〕＋名詞**　…すると（すぐ）

I'll hand in my report ***on request***.（要求があり次第，レポートを提出します。）

157 □ **will be …ing** 口語　…しているだろう（未来進行形）

I ***will be traveling*** in Kobe tomorrow.（明日私は神戸を旅しているでしょう。）

→ p.58 時制⑤

158 □ **hardly ～ when〔before〕...**　～するとすぐ…する

Hardly had she fallen asleep ***when*** her phone rang.
（彼女が寝落ちしたとたんに電話が鳴った。）　→ p.87 否定⑧

159 □ **as〔so〕long as ...**　…する限り；…でさえあれば

As long as I live, I will never forget your kindness.
（生きている限り，ご親切を決して忘れません。）　→ p.79 接続詞⑧

55 Teaching Young People About Money

252 words

1 ❶ Managing money is not often taught in high schools. Teachers **are too busy teaching** students about history, science, and other core subjects. When children become adults, they are often unsure about things like insurance, taxes, and investing, **for want of** proper guidance 5 in these fields. As a result, many adults **are apt to** fall into debt, and some even **go bankrupt**. One online survey by a bank found that 71% of adults were thinking, "**If only** I'd learned about money in high school!"

❷ **In the face of** these issues, the Japanese government came up with guidelines for high school home economics classes in Japan. One of 10 these is financial education. In addition to sewing and cooking, home economics classes will **consist of** lessons on money management, finance, and investing.

❸ The general topics of the lessons will be **as follows**. Students will learn how to **make ends meet** financially throughout their lifetimes and 15 how to **make allowances for** risks such as accidents and unemployment. They will learn how to **apply for** loans and credit cards. They will also be taught about investing. The government **hopes for** greater investment of money by adults, since many are **only too** likely to keep it in savings accounts.

20 ❹ Surveys show that many Americans are **in trouble** because they cannot manage their money. Very few high school students receive financial literacy education, especially those in low-income households. Only six states require such courses today. However, 25 states are **aiming at** starting financial education in the next few years.

☑ Check!!

❶ □ **manage** 他 を管理する；を何とかやり遂げる

□ **insurance** 名 保険；保険金
└insure 他 に保険をかける

□ **invest** 他 を投資する
└investment 名 投資

□ **debt** 名 借金；恩義

❸ □ **unemployment** 名 失業
⇔employment 名 雇用

音声

❶　お金の管理について高校で教わることはあまりない。先生たちは生徒に歴史や理科やその他の主要教科を教えるので手一杯だ。子供たちが大人になると，保険や税金，投資などについて不安を抱えることも多い。そうした分野に関する適切な指導が不足しているためだ。その結果，多くの大人が借金を抱える傾向にあり，破産する人までいる。ある銀行のオンライン調査によると，成人の71%が「高校でお金のことを学んでおけばよかった！」と思っているという。

❷　こうした問題に直面し，日本政府は，日本の高校家庭科の指導要領を考え出した。そのうちの１つが金融教育だ。家庭科の授業には，裁縫や調理に加え，お金の管理，金融，そして投資の授業が含まれることになる。

❸　そこで扱われるテーマはおおむね次のようなものだ。生徒たちは，生涯にわたって金銭的にどうやり繰りすべきか，そして不慮の事故や失業といったリスクをどのように見込んでおくべきかについて学ぶ。ローンやクレジットカードの申請方法も学ぶ。また，投資についても教わる。政府は，大人による投資が増えることを望んでいるが，これは，多くの人が預金口座にお金を入れっぱなしにしておく傾向があまりに大きいためだ。

❹　多くのアメリカ人がお金の管理ができないために困窮していることが調査によりわかっている。金融リテラシー教育を受ける高校生はほとんどおらず，低所得世帯の生徒は特にその傾向が顕著である。現在，こうした課程を義務付けている州は6つしかない。しかし，25の州が今後数年のうちに金融教育を始めることを目指している。

□ **account**　名 銀行口座；説明
　自 説明する；占める

❹□ **literacy**　名（特定の分野の）知識；能力；識字能力

□ **household**　名 世帯；家族
　形 家庭の；家族の

□ **require**　他 を要求する；を必要とする
　└requirement　名 要求（物）

657
☐ **for want〔lack〕of ～** ～の不足のため；～がないので
They stopped the project ***for want of*** money.
（お金がなかったため，彼らはプロジェクトを中止した。）

658
☐ **be apt to *do*** …しがちだ，…する傾向にある
You ***are apt to*** be careless when tired.（疲れている時は注意が散漫になりがちだ。）

≒ be liable to *do* ≒ be prone to *do*

659
☐ **go bankrupt** 破産する
I'll ***go bankrupt*** if you keep asking me for money!
（このまま僕にお金を要求し続けたら，僕は破産するよ！）

660
☐ **in the face of ～** ～に直面して；～にもかかわらず
He managed to succeed ***in the face of*** great difficulties.
（彼は大きな困難に直面しながらも何とか成功した。）

cf 1. be faced with〔by〕～ ～に直面している
cf 2. face to face 面と向かって
I want to talk ***face to face***.（直接会って話したいです。）

661
☐ **consist of ～** ～から成る
The committee ***consists of*** seven members.
（委員会は7人のメンバーから成り立っている。）

≒ be composed of ～ ≒ be made up of ～ ≒ be made of ～
cf. consist in ～ ～にある，～に存在する

662
☐ **as follows** 次の通り（で）
The main events today are ***as follows***.（今日のメインイベントは次の通りです。）

663
☐ **make (both) ends meet** 収支を合わせる；やり繰りする
She is good at ***making both ends meet***.（彼女はやり繰りが上手だ。）

664
☐ **make allowances for ～** ～を考慮して大目にみる；～を見込む
You must ***make allowances for*** his youth.（彼の若さを考慮に入れる必要がある。）

665
☐ **apply for ～** ～に申し込む；～に応募する
He ***applied for*** the job.（彼はその仕事に応募した。）

cf. apply A to B AをBに適用する

666
□ **hope〔wish〕for ～**　～を望む

We are ***hoping for*** good weather on Sunday.
（日曜日は天候に恵まれることを期待しているよ。）

cf. wait for ～　～を待つ
I've ***waited for*** this moment for years.（私は何年もこの瞬間を待っていたのだ。）

667
□ **only too ～**　とても…；残念ながら…

She knew this ***only too*** well.（彼女はこのことを本当によくわかっていた。）

cf. all too ～　残念ながら…すぎる

668
□ **in trouble** 口語　困った；窮地に陥った

A true friend should help you when you're ***in trouble***.
（本当の友達なら困っている時に助けてくれるはずだよ。）

669
□ **aim at ～**　～を目指す；～をねらう

He is ***aiming at*** the directorship.（彼は重役の座をねらっている。）

160
□ **be busy …ing〔with ～〕** 口語　…するのに〔～に〕忙しい

Teachers ***are busy preparing*** for the new term.（先生方は新学期の準備で忙しい。）

cf. kill time　時間〔暇〕をつぶす
Please ***kill time*** until he comes.（彼が来るまで時間をつぶしてください。）
≒ be occupied with〔in〕～

161
□ **If only ...**　…でありさえすればよい〔よかった〕のに

If only I had a little more time.（もう少し時間がありさえすればよかったのに。）

→ p.88 仮定法③

≒ S wish ...

56 Mass Hysteria

259 words

1 ❶ The term "*mass hysteria" is used in general to refer to the state of a group of people that is **out of control** due to rapidly-spreading panic and fear. Often, the threat doesn't really exist or has gone by the time the hysteria has spread. Fear is **in the air** as the actions by the affected
5 people influence others in the group.

❷ An example of mass hysteria is the 1990 *stampede in *Mecca which killed more than 1,400 pilgrims. Because the day **coincided with** a religious festival, many pilgrims were visiting the holy site **of** Mecca. First, seven people fell off a bridge, which made people panic and
10 stampede. **If it had not been for** this accident, the subsequent tragedy would not have happened. People **blamed** the police officers **on duty for** failing to control the panicking crowd. Many who **passed away** were elderly.

❸ Mass hysteria has sometimes taken a different form in recent years
15 due to the widespread use of social media. For example, during *the Covid-19 pandemic, many people **went out of their way to** buy toilet paper and other stuff to **live on** in case they couldn't go out. When they **ran across** someone panic-buying, they did the same. People tend to end up **going with** what everyone else is doing.

20 ❹ Whatever happens, we should **try to** stay calm during an emergency and assess the situation properly before taking action. Try to avoid unnecessary panic. Also, do not **forget to** check if what you see on social media is **in accordance with** more reliable news sources.

(注) mass hysteria「集団ヒステリー」 stampede「(動物・人の集団が驚きや興奮で)一斉に逃げること」 Mecca「イスラム教の聖地」 the Covid-19 pandemic「新型コロナウイルスの世界的流行」

☑ Check!!

❶
- □ **panic** 名 パニック；恐怖；ろうばい
- □ **exist** 自 存在する
  - └existence 名 存在

❷
- □ **pilgrim** 名 巡礼者；霊場参拝者
- □ **holy** 形 神聖な
- □ **site** 名 敷地；用地
- □ **tragedy** 名 悲劇
  - └tragic 形 悲劇の

❶ 「集団ヒステリー」という用語は一般的に，急速に広がるパニックと恐怖によって制御不能に陥った集団の状態を指すのに使われる。多くの場合，脅威は実際には存在しないか，ヒステリーが広がる頃には過ぎ去っている。影響を受けた人々の行動が集団内の他の人々に影響を及ぼすため，恐怖が広まるのである。

❷ 集団ヒステリーの例としては，1,400人以上の巡礼者が死亡した1990年のメッカの大暴走がある。その日は宗教的な祭りと重なり，多くの巡礼者が聖地メッカを訪れていた。まず，7人が橋から転落し，そのことが人々をパニックに陥らせ暴走させた。この事故がなければ，その後の悲劇は起こらなかっただろう。人々は，パニックに陥った群衆をコントロールできなかったとして，当直の警察官たちを非難した。亡くなった人の多くは高齢者だった。

❸ 近年はソーシャルメディアの普及により，集団ヒステリーが別の形をとることもある。例えば，新型コロナウイルスのパンデミックの際には，多くの人々が外出できなくなった場合に備えて，わざわざトイレットペーパーやその他の生活するための物を買いに行った。パニック買いをしている人に出くわすと，同じことをした。人は結局，みんながやっていることに合わせてしまう傾向がある。

❹ 何が起ころうとも，緊急時には冷静でいることを心がけ，状況をきちんと把握してから行動を起こすよう努めるべきだ。不必要なパニックは避けるように。また，ソーシャルメディアに掲載されている情報が，より信頼できるニュースソースと合致しているかどうかをチェックすることもお忘れなく。

❸ □ **widespread** 形 普及した；（翼など）広げた
□ **social media** 名 ソーシャルメディア
└**media** 名（the ～で）マスメディア
□ **stuff** 名 物（事）；材料 他 を〔に〕詰める

❹ □ **emergency** 名 緊急；非常（事態）
□ **assess** 他 を判断する
□ **reliable** 形 信頼できる
└**rely** 自 頼る

670
☐ **out of (one's) control** 制御できなくて
Things got *out of control*.（事態は収拾がつかなくなってしまった。）
⇔ under control ≒ out of hand

671
☐ **in the air** （噂などが）広まって；空中に
There's a rumor *in the air* that they are moving.
（彼らが引っ越すって噂が広まっているよ。）
cf. on the air 放送中で

672
☐ **coincide with 〜** 〜と同時に起こる；〜と一致する
The man's appearance *coincides with* the witness's description.
（その男の外見は，目撃者の描写と一致している。）

673
☐ **blame A for B** BをAのせいにする；BのことでAを非難する
No one should be *blamed for* the accident.
（その事件に関しては誰も責められるべきではない。）
cf. be hard on 〜 〜につらく当たる
Don't *be* so *hard on* me.（そんなにつらく当たらないでほしい。）

674
☐ **on duty** 勤務中で；当直で
Our boss showed up suddenly when we were *on duty*, and took us by surprise.
（所長は私たちの職務中に突然現れ，私たちを驚かせた。）
⇔ off duty

675
☐ **pass away** 口語 亡くなる
His father *passed away* last night.（彼のお父さんが昨晩亡くなりました。）
≒ go out
cf. pass on 〜 (to ...) 〜（伝統など）を（…に）伝える
I'm ready to *pass on* my skills.（培ってきた技術を伝える準備はできている。）

676
☐ **go out of one's way to *do*** わざわざ…する
Thank you for *going out of your way to* help me.
（わざわざお手伝いいただきありがとうございました。）
≒ take the trouble to *do*

677
☐ **live on〔upon〕〜** 口語 〜で生計を立てる；〜に頼って生活する
From now on, I'll *live on* what I earn.（これからは自分の稼ぎで生活していきます。）
cf. live from hand to mouth その日暮らしをする
They *lived from hand to mouth*.（彼らはその日暮らしをしていた。）

678
☐ **run into〔across〕～** 口語 ～に偶然出会う

I *ran into* my teacher at the supermarket.（スーパーで先生に偶然出会った。）

≒ come across〔upon〕～
cf. meet with ～　（約束して）～と会う
I'd like to *meet with* you soon.（近々あなたにお会いしたいのですが。）

679
☐ **go with ～** 口語 ～と同調する；～と調和する

That shirt doesn't *go with* these pants.
（そのシャツはそのズボンと合っていないよ。）

cf. go together　よく調和する；気が合う
The pants and shoes don't *go together*.（ズボンと靴が合ってないよ。）

680
☐ **try to *do*** 口語 …しようとする；…しようと試みる

I *tried to* persuade my dad, but it didn't work.
（父を説得しようとしたが，うまくいかなかった。）

cf. try …ing　試しに…してみる

681
☐ **in accordance with ～** ～に従って〔合致して〕；～通りに

In accordance with the rule, he paid the man 100 dollars.
（規則に従って，彼はその男に100ドル払った。）

cf 1. in harmony with ～　～と仲良く〔調和して〕
Live *in harmony with* nature.（自然と調和して生きよう。）
cf 2. according to ～　～によると

162
☐ **～ of ...** …という～（同格のof）

There is no hope *of* his recovering from his illness.
（彼が病気から回復するという見込みはない。）　→ p.78 接続詞②b

163
☐ **If it were not〔had not been〕for ～** もし～がないなら〔なかったら〕

If it were not for water, nothing could live.
（もし水がなければ，何物も生きることができないだろう。）　→ p.88 仮定法①②

≒ but for ～　≒ Were it not〔had it not been〕for ～

164
☐ **forget to *do*** 口語 …することを忘れる

Don't *forget to* lock the door.（ドアのカギをかけ忘れないように。）
→ p.73 動名詞④c

cf. forget …ing　…したことを忘れる

Facts About Hibernation

232 words

1 ❶ The chances are that you think of hibernation as animals sleeping through winter. But most hibernating animals are not sleeping, **strictly speaking**. Instead, the animals become inactive **for the purpose of** saving energy. Some stay inactive for many months, but others get up **at** 5 **intervals** of a few days or weeks. They may go in search of food, or they may just warm themselves a little and **keep on resting**.

❷ During hibernation, the animal's body temperature and *metabolism drop. In one animal, the dwarf lemur, the heart rate goes down to six beats per minute, **as opposed to** 300 while active. **In preparation for** 10 hibernation, many animals eat a lot. Some species of mice nearly double their body size so they can **go without** food for many months.

❸ Reasons for hibernation vary. In addition to conserving energy for the cold months, some animals *hibernate because of environmental changes. A mammal in Australia called the echidna goes into 15 hibernation after wildfires regardless of the season, if the insects they **feed on** are not available. This is so that they do not run out of food.

❹ Some animals do amazing things while they hibernate. This is true of black bears, which have babies during their hibernation period. Their heart rates increase before they **are about to give birth to** their young, 20 but then return to the previous hibernation level after the cubs are born.

(注) metabolism「(新陳)代謝(作用)」 hibernate「冬眠する」

☑ Check!!

❷☐ **double** 他 を2倍にする
自 2倍になる
形 2倍の 名 2倍

❸☐ **conserve** 他 (資源など)を節約する;を保護する
└conservation 名 保護

☐ **mammal** 名 哺乳類;哺乳動物

❹☐ **amaze** 他 を驚かせる
└amazement 名 驚き

☐ **previous** 形 (時間・順序が)前の;先の

眠りっぱなしではない？　冬眠とは何か

❶　冬眠と聞けば，おそらくあなたは動物たちが冬の間を寝て過ごすことだと思うだろう。だが冬眠する動物のほとんどは，厳密に言えば眠っていない。動物たちは眠っているのではなく，エネルギーを温存するために不活発になるのである。不活発な状態で数カ月過ごす動物もいれば，数日や数週という間隔で起きる動物もいる。ある者は食べ物を探しに行き，ある者は単に体を少し温め，また休息を続ける。

❷　冬眠の間，動物の体温と代謝は低下する。コビトキツネザルという動物は，活動期には心拍数が1分あたり300回であるのに対し，冬眠期には1分あたり6回にまで落ちる。冬眠に備えて多くの動物はたくさん食べる。ネズミの種の一部は，何カ月もの間食べ物がなくても済むように体の大きさが倍近くなる。

❸　冬眠する理由はさまざまである。寒い時季のためにエネルギーを節約することのほか，環境の変化が原因で冬眠する動物もいる。オーストラリアに生息するハリモグラという哺乳動物は，山火事が起こり，餌となる昆虫が見つからない場合，季節とは関係なく冬眠状態に入る。食べ物がなくなることがないようにしているのだ。

❹　冬眠中にびっくりするようなことをしている動物もいる。これに当てはまるのがブラックベアーで，この熊は冬眠期に出産するのである。まさに子を産もうとする時には心拍数が上昇するが，子熊が生まれると心拍数は元の冬眠中のレベルに戻る。

682
☐ **for the purpose of ～**　～の目的で
We started this charity *for the purpose of* nature conservation.
（私たちは自然保護を目的としてこの慈善事業を始めた。）
≒ with a view to …ing

683
☐ **at intervals**　間隔をおいて；時折
It was raining hard, with thunder *at intervals*.（時折雷を伴う大雨が降っていた。）

684
☐ **keep on …ing** 口語　…し続ける
My parents *kept on talking*.（私の両親は話し続けた。）
≒ go on …ing〔with ～〕

685
☐ **as opposed to ～** 口語　～とは対照的に
Your opinion seems fact-based, *as opposed to* his.
（君の意見は，彼のものとは対照的に，事実に基づいているようだ。）

686
☐ **in preparation for ～**　～に備えて；～の準備で
We were busy *in preparation for* the party.
（私たちはパーティーの準備で忙しかった。）

687
☐ **go without ～** 口語　～なしで済ませる；我慢する
I can never *go without* coffee while working.
（仕事中はコーヒーなしではやっていけない。）

688
☐ **feed on ～**　～を餌にする；～を常食にする
What do the birds *feed on* during winter?（冬の間，その鳥は何を食べるのですか。）

689
☐ **be about to *do***　（まさに）…しようとしている
The film *was about to* start when Jerry arrived.
（ジェリーが到着した時，まさに映画が始まろうとしていた。）
≒ be on the point〔verge〕of …ing

690
☐ **give birth to ～**　～を生む〔産む〕；～の原因となる
My great-grandmother *gave birth to* ten children.
（私の曾祖母は子供を10人産んだ。）
cf 1. come into being〔existence〕　生まれる，出現する
cf 2. by birth〔nature〕　生まれつき；生まれは
Ivy is British *by birth*.（アイヴィーは生まれながらのイギリス人です。）

165
□ **strictly speaking** 厳密に言うと

Strictly speaking, he is not healthy.（厳密に言うと，彼は健康ではない。）

→ p.72 分詞3⑦

cf. be strict with ～ ～に厳しい

The teacher ***is strict with*** students.（その先生は生徒に厳しい。）

Colors and Psychology

189 words

1 ❶ People such as painters, decorators, and other artists choose from **what they call** "warm" and "cool" colors when deciding **what to** use in their projects.

❷ People often **take to** a color that gives them a certain feeling. Green
5 **helps** many people **to** feel relaxed, while red can give people energy and vigor. But if you were to change the color of your room red, you would probably feel uncomfortable. **How about** considering your environment for a moment?

❸ The effects of color have been studied extensively. In one famous
10 experiment, some men who **were being kept** in a *correctional institution were confined to a small room painted pink. Psychologists **compared** the behavior of the men in the pink cells **with** those kept in non-pink cells. They found that the pink color made the violent men **settle down** more quickly. They **named** the color Baker-Miller pink
15 **after** the institution's directors.

❹ The specific effects of color on psychology are not **beyond doubt**. Colors can influence us, but these effects **are subject to** personal and cultural factors. Nevertheless, we **have only to** open our eyes to feel the effects that colors have on us.

（注）correctional institution「矯正施設」

☑ Check!!

❶☐ **project** 名 計画；事業 他 を計画する
❷☐ **vigor** 名 活力；生命力
❸☐ **extensively** 副 広範囲に（わたって）
　└extensive 形 広範囲の
☐ **cell** 名 独房
❹☐ **nevertheless** 副 それにもかかわらず；それでもなお
≒ nonetheless

❶ 画家，室内装飾家，その他のアーティストたちが，手掛けているプロジェクトで何（色）を使うべきかを決める際，彼らはいわゆる「暖」色と「寒」色の中から選ぶ。

❷ 人は，ある特定の感覚を与えてくれる色を好むことが多い。緑は多くの人をリラックスしやすくし，赤はエネルギーや活力を与えることができる。しかし，もし自分の部屋を赤くしたら，おそらく心地よくないだろう。少し自分の身の回りのことを考えてみてはどうだろう。

❸ 色が与える影響については幅広い研究がなされている。ある有名な実験では，矯正施設に入れられていた複数の男性をピンク色の小部屋に収容した。心理学者たちは，ピンク色の独房にいる者と，ピンクでない色の独房にいる者の行動を比較した。心理学者たちは，ピンク色が暴力的な被収容者をより速やかに落ち着かせることを発見した。心理学者たちは，その施設の責任者たちにちなみ，その色をベイカーミラーピンクと名づけた。

❹ 色が人の心理に与える具体的な効果については，疑問の余地がないというわけではない。色には私たちに影響を与える力があるが，そうした効果は個々人の，または文化的な要因によって左右される。それでも，私たちは色が私たちに与える効果を感じるには，目を開けさえすればよいのだ。

691 □ **what we 〔they〕 call** 口語 いわゆる

He is ***what we call*** a walking dictionary.（彼はいわゆる生き字引だ。）

≒ what is called ～

692 □ **take to ～** 口語 ～が気に入る；（習慣的に）～を始める；～にふける

He happened to ***take to*** the work.（彼はたまたまその仕事が気に入った。）

≒ have a liking 〔fancy〕 for ～　≒ take a liking 〔fancy〕 to 〔for〕 ～

693 □ **compare A with 〔to〕 B** AをBと比較する；AをBにたとえる

The writer ***compared*** writing a novel ***to*** baking a cake.
（その作家は小説の執筆をケーキ作りにたとえた。）

cf. (as) compared to 〔with〕 ～　～と比べると

694 □ **settle down** 口語 落ち着く；静まる

I ***settled down*** to read the book.（私は落ち着いてその本を読んだ。）

cf 1. settle down to ～　～に注意を向け始める；～に身を入れる
David finally ***settled down to*** his assignments.
（デイビッドはようやく自分の宿題に取り組み始めた。）

cf 2. behave oneself　行儀よくする
When you are at school, you must ***behave yourself***.
（学校にいる時は，行儀よくしなければなりません。）

695 □ **name A (B) after C** CにちなんでAを(Bと)名づける

This street was ***named after*** our national hero.
（この通りは我が国の国民的英雄にちなんで名づけられた。）

696 □ **beyond doubt** 疑いの余地なく；明らかに

Chris is ***beyond doubt*** the best sax player in our club.
（クリスは間違いなくうちの部で最高のサックス奏者だ。）

cf. beyond one's knowledge　～の知識を超えて；～の理解を超えて
Sorry, that's ***beyond my knowledge***.（すみません，それについてはわかりかねます。）

697 □ **be subject to ～** ～の影響を受けやすい；～に従わなければならない

They ***were subject to*** their leader.
（彼らは彼らの指導者に服従しなければならなかった。）

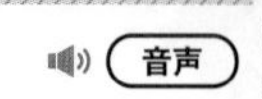

166
what to *do* 口語　何を…すべきか

I don't know ***what to*** do next.（次に何をすべきかわかりません。） → p.66 不定詞②

167
help O (to) *do* 口語　Oが…するのを助ける

She ***helped*** an old lady ***cross*** the road.（彼女は老婦人が道路を渡るのを助けた。）

cf. back up ～　～を支持する

Don't worry. I'll ***back*** you ***up***.（心配しないで。私があなたを支えますから。）

168
How about ～? 口語　～はどうか。

How about putting the bed closer to the window***?***
（ベッドをもっと窓の近くに置くのはどうかな？）

169
be being ＋過去分詞 口語　…されている（進行形の受動態）

That building ***is being built*** now.（あのビルは現在建設中です。） → p.59 態

170
have only to *do*　…しさえすればよい

You ***have only to*** tell the truth.（君は真実を語りさえすればよい。）

≒ all S have to do is (to) ...

59 Writing by Hand and Memory

243 words

1 ❶ Imagine you had to **take notes on** something **of importance** for school. Would you write your notes **by hand**? Or would you use a computer or tablet? In almost any classroom today, you can see students **with computers on their desks**. But **convenient as technology is**, paper
5 may be more effective when you have to **look back upon** your notes later.

❷ In one university experiment, two groups took notes about the details of a conversation. **One** wrote notes by hand, and **the other** typed notes on a laptop. **Above all**, the students who used paper completed
10 their tasks 25% faster. They also retained the details better when they **reflected upon** them an hour later. "Paper contains more *one-of-a-kind information for stronger memory recall," said the professor conducting the study. **In other words**, it's more effective to use paper notebooks for information you need to learn or memorize, such as
15 vocabulary words.

❸ Another experiment in Norway **attached** sensors **to** the heads of adults and children to measure brain activity while writing and typing. It showed that a part of the brain involved in language processing was activated when writing or drawing by hand.

20 ❹ **Objectively speaking**, people should decide what is best for them. But to **sum up** the research, a student would probably **be better off** writing notes by hand, especially for language learning and other memorization tasks. You never want to think, "**If I had written** it down, I **would have remembered** it!"

（注）one-of-a-kind「唯一無二の」

☑ *Check!!*

❷☐ **retain** ㊍を保持する；を記憶しておく
❸☐ **measure** ㊍を測る
㊔（通例～sで）手段；対策
☐ **involve** ㊍を巻き込む；を関係させる
☐ **activate** ㊍（機械など）を動かす；を活発にする

暗記するなら手書きがおすすめ

❶　学校で何か重要事項をノートに取らなければならないとしよう。あなたは手書きでノートを取るだろうか。それともコンピューターやタブレットを使うだろうか。今やほぼどの教室でも，生徒が机にコンピューターを置いている光景が見られる。しかし，テクノロジーは便利だが，あとで自分のノートを見返すとなると，紙の方が効果的かもしれない。

❷　ある大学の研究では，2つのグループに分かれ，それぞれある会話の詳細をノートに取った。一方は手書きでノートを取り，もう一方はノートパソコンで入力した。第一に，紙を使った生徒はタスクを完了させるのが25％速かったということだ。また，1時間後に会話の内容を振り返った際，詳細をよりよく記憶してもいた。「紙は，強い記憶喚起につながる唯一無二の情報をより多く含む」と，研究を実施した教授は述べている。言い換えれば，語彙習得のような，学習したり記憶したりする必要のある情報には紙のノートを使う方が効果的だということだ。

❸　ノルウェーで行われた別の実験では，大人と子供の頭部にセンサーを装着し，手書きとタイピングを行う際の脳の活動をそれぞれ測定した。この実験で示されたのは，手で文字を書いたり絵を描いたりすると，言語処理に関わる脳の部位が活性化するということだった。

❹　客観的に言えば，何が自分にとって最善かは自分で決めるべきだ。しかし，これらの研究をまとめると，学生は手書きでメモを取る方がよいようだ。言語学習やその他の暗記を必要とするタスクではとりわけそうだ。「(手で) 書き留めておけば，覚えていただろうに！」と後悔したくはないだろうから。

59 Writing by Hand and Memory

698 □ **take notes on ～**　～をメモする

You should ***take notes on*** important matters.（あなたは重要事項をメモすべきだ。）

699 □ **of importance**　重要な

The tea ceremony was ***of*** great ***importance*** to them.
（茶道は彼らにとって大いに重要なものであった。）

700 □ **by hand** 口語　（機械でなく）人の手で；手書きで

You don't have to write the report ***by hand***.（レポートは手書きする必要はない。）

cf. by air　飛行機で；空路で
The furniture was imported ***by air***.（その家具は空路で輸入された。）

701 □ **look back upon〔on；to〕～**　～を振り返る；～を回顧する

Now is the time to ***look back on*** our history.
（今こそ私たちの歴史について振り返るべき時だ。）

cf. reflect on〔upon〕～　～についてよく考える；～を振り返る

702 □ **above all (else)**　何よりもまず；とりわけ

Above all else, we ought to secure children's safety.
（何よりもまず，子供たちの安全を確保すべきだ。）

≒ among other things　**≒ most of all**
cf. or else　さもなければ；そうでないと
You must hurry, ***or else*** you will be late.（急ぎなさい。そうしないと遅れますよ。）

703 □ **reflect upon〔on〕～**　～についてよく考える；～を振り返る

I often ***reflect on*** my life.（私はよく自分の人生を振り返ってみるんです。）

cf. look back upon〔on；to〕～　～を振り返る；～を回顧する

704 □ **in other words** 口語　言い換えれば；すなわち

He lost his job; ***in other words***, he was fired.
（彼は職を失った。すなわち，解雇されたのだ。）

≒ that is (to say)
cf. a man of few words　口数の少ない人
My father is ***a man of few words***.（私の父は物静かな人です。）

705 □ **attach A to B**　AをBに取り付ける〔付与する〕

Ms. Brown ***attached*** the timetable ***to*** the wall.
（ブラウン先生は時間割を壁に貼り付けた。）

cf. be attached to ～　～に愛着〔愛情〕を持っている
The old lady ***is attached to*** her house.（その老婦人は自分の家に愛着を持っている。）

706 ☐ **objectively speaking** 客観的に言えば

Objectively speaking, that may be rude.
(客観的に言えば，それは失礼かもしれない。)

707 ☐ **sum up ～** ～を要約する

Let's ***sum up*** the opinions we have discussed.
(話し合った意見を要約しましょう。)

≒ in short ≒ to make a long story short
cf. to sum up 要約すると；要するに

708 ☐ **be better off (…ing)** 口語 より良い状態である；…した方がよい

With that job, I'd ***be*** much ***better off***.
(その仕事があれば，私はずっと幸せになるだろう。)

cf. well off 裕福な
You should realize that you are ***well off***. (君は自分が裕福であると悟るべきだ。)
⇔ be badly off

171 ☐ **with ＋ O ＋前置詞句** …して（Oを…の状態で）

He walked ***with his hands in his pockets***. (彼はポケットに手を入れて歩いた。)

→ p.71 分詞3⑥

172 ☐ **形容詞＋ as S is** …けれども

Old as he is, he is active. (彼は年を取っているけれども活動的である。)

→ p.85 譲歩2③

173 ☐ **one ～, the other ...** 一方は～，もう一方〔残り〕は…

There are two pens; ***one*** is mine and ***the other*** is yours.
(ペンが2本ある。1本は私ので，もう1本は君のだ。)

→ p.90 名詞・代名詞③a

cf. some ～ or other 何らかの～
He always has ***some*** excuse ***or other***. (彼はいつもああだこうだと言い訳をしている。)

174 ☐ **If S had 過去分詞, S would have 過去分詞** もし～だったら，…だっただろうに（仮定法過去完了）

If I ***had known*** her address, I ***would have written*** to her.
(もし彼女の住所を知っていたら，手紙を書いたのに。)

→ p.88 仮定法②

60 Westernization of the Japanese Diet

249 words

1 ❶ Japan is known for its healthy *washoku* diet, which consists of rice, vegetables, fish, and other simple ingredients. Being an island nation, Japan **is blessed with** an abundance of fresh seafood. Cooking and preparation methods **put an emphasis on** seasonal vegetables and a
5 balance of ingredients. And the traditional diet uses less oil, so it is lower in fat and calories in comparison with the diets of other countries.

❷ Before World War II, the Japanese diet was largely traditional *washoku*. From the 1950s, as lifestyles changed, people **became keen on** Westernized eating styles. Eating meat and bread **instead of** fish and
10 rice became **in fashion**. The intake of protein and fat increased sharply. **It is no wonder that** *lifestyle-related diseases also started to rise around this time. **A number of** studies have been done on the health benefits of the Japanese diet. One such study by the National Cancer Center tracked people's health over many years. It found that **in the long run**,
15 people who **stick to** the traditional Japanese diet have a lower risk of cancer and other diseases than those who eat more beef and pork.

❸ Of course, even in Japan, the *washoku* diet is not always easy. People may not **have access to** fresh foods **due to** their location. Also, busy people may **have no choice but to** eat processed foods that
20 are higher in fat and salt. And some young people simply **frown at** traditional foods for personal reasons. How do you feel about *washoku*?

（注）lifestyle-related disease「生活習慣病」

☑ Check!!

❶
- □ **ingredient** 名 材料；構成要素
- □ **abundance** 名 豊富さ；大量
- □ **emphasis** 名 強調；重視（複数形は emphases）
  - emphasize 他 を強調〔重視〕する

❷
- □ **intake** 名 摂取（量）；吸入（量）
- □ **fat** 名 脂肪 形 太った
- □ **track** 他 を（追跡）調査する；を追う 名 走路

西洋化する日本の食事

音声

❶ 日本は,「和食」という健康的な食事で知られている。和食は,米,野菜,魚その他の素朴な材料から成り立っている。日本は島国のため,豊かで新鮮な海の幸に恵まれている。調理や下ごしらえでは,旬の野菜を使うことと食材のバランスを取ることに重点が置かれている。そして,伝統的な和食は油の使用料が少ないため,他国の食事と比べて脂肪やカロリーが少ない。

❷ 第二次世界大戦以前,日本人の食事はもっぱら伝統的な和食であった。1950年代以降,ライフスタイルが変化するのに伴い,人々は西洋化した食事スタイルに魅了されるようになった。魚や米の代わりに肉やパンを食べることが流行りだした。たんぱく質と脂肪の摂取量が急激に増加した。この頃から同時に生活習慣病が増え出したのも不思議ではない。日本食の健康効果については多くの研究がなされてきた。国立がん研究センターが行ったその種の調査では,長年にわたって人々の健康状態を追跡した。その結果,長期的に見て,伝統的な日本食を守っている人は,牛肉や豚肉をより多く食べる人よりも,がんやその他の疾患にかかるリスクが低いことが明らかになった。

❸ もちろん,日本にいても,和食は必ずしも気軽にとれるものではない。場所によっては新鮮な食材を入手できないこともあるだろうし,忙しい人は,脂肪や塩分が多く含まれる加工食品を食べざるを得ないこともあるだろう。そして,単純に個人的な好みから伝統的な食事に不快感を示す若者もいる。あなたは和食についてどう思うだろうか?

709 ☐ **be blessed with ～** ～に恵まれている

The country ***is blessed with*** natural resources.（その国は自然資源に恵まれている。）

≒ be endowed with ～

710 ☐ **put (an) emphasis on ～** ～に重点を置く

She ***put emphasis on*** the matter.（彼女はその問題を強調した。）

711 ☐ **be〔become〕keen on ～** 口語 ～に熱中している

He ***is keen on*** playing baseball.（彼は野球に熱中している。）

≒ be absorbed in ～　≒ be bent on ～〔…ing〕

712 ☐ **instead of ～** 口語 ～の代わりに

I'll drink orange juice ***instead of*** beer.
（ビールの代わりにオレンジジュースを飲みます 。）

713 ☐ **in fashion** 口語 流行の

This style of dress is ***in fashion***.（この型の服が流行しています。）

⇔ out of fashion
cf. up to date　最新の

714 ☐ **(it is) no wonder (that) ...** …というのも不思議ではない；…なのも当然だ

The window's wide open! ***No wonder*** it's freezing cold.
（窓が全開じゃないか！　寒いのも当然だよ。）

715 ☐ **a number of ～** たくさんの～；いくつかの～

A number of students were involved in the incident.
（その事件には学生数名が関与していた。）

cf. a large〔great〕number of ～　非常に多くの～
A large number of cars are around the park.（公園の周りにはたくさんの車がある。）

716 ☐ **in the long run** 長い目で見れば；結局は

It pays ***in the long run*** to buy this bag.
（このカバンを買うことは，長い目で見れば得だよ。）

≒ in the end　≒ after all

717 □ **stick to ～** 口語　～(主義・決定など)に固執する；～にくっつく

Once you start something, just ***stick to*** it.
(何かを1度始めたら，とにかくそれをやり抜くことです。)

cf. belong to ～　～に属する
Which club do you ***belong to***? (あなたはどのクラブに所属しているのですか。)

718 □ **have access to ～**　～を入手できる；～にアクセスできる

Only a few people ***have access to*** this database.
(このデータベースにアクセスできるのは数名だけです。)

719 □ **due to ～**　～のために；～のせいで

Due to the storm, the flight was cancelled.
(嵐のせいで飛行機の便がキャンセルになった。)

≒ because of ～　≒ owing to ～　≒ on account of ～

720 □ **have no choice but to *do***　…するより仕方がない

He ***had no choice but to*** accept defeat. (彼は敗北を認めるしかなかった。)

≒ there is nothing for it but to *do*　≒ cannot〔can't〕help …ing
cf. by〔for〕choice　進んで；選ぶとすれば
He entered St. Andrew's School ***by choice***. (彼は進んでセント・アンドルーズ校に入学した。)

721 □ **frown at ～**　～に向かってまゆをひそめる；～にしかめ面をする

I had no idea why she ***frowned at*** me.
(彼女が私にしかめっ面をした理由がわからなかった。)

61 Did I Say It or Not?

35 words

❶ **At first sight**, these look like alien footprints.
一見すると，宇宙人の足跡のように見えるね。

❷ But aliens wouldn't come here!
だけどここに宇宙人は来ないだろうよ！

You said you saw them before!
あなた前に見たって言ったじゃない！

❸ Nonsense! I'd be **the last** person **to** say that!
ばかばかしい！ 僕はそんなことをいう人間じゃないさ！

❹ (Or maybe I just **forgot saying** it ....)
（それとも，言ったことを忘れたのかな…。）

722
☐ **at first sight** 一見したところでは；一目で

I could recognize him ***at first sight***. (私は一目見ただけで彼とわかった。)

≒ at a glance

175
☐ **the last (〜) to *do*** 決して…しない〜；…しそうにない〜

He is ***the last*** person ***to*** tell a lie. (彼は決して嘘をつかない人だ。)

176
☐ **forget …ing** 口語 …したことを忘れる

I'll never ***forget having*** a wonderful time with you.
(あなたと素晴らしい時間を過ごしたことを，私は決して忘れないよ。)

→ p.73 動名詞④ c

Note

【off/ outを使った表現】

☐ come *off*
「(ついていたものが) とれる；成功する」
☐ cut *off* 〜
「〜を切り離す；(話などを) さえぎる」
☐ go *off*「去る；爆発する」
☐ leave *off* 〜「終わる；〜をやめる」
☐ make *off*「急いで去る，逃げ去る」

☐ come *out*
「現れる；明らかになる；出版される」
☐ cut *out* 〜「〜を切り開く」
☐ give *out* (〜)
「(物や力が) 尽きる；〜を配る」
☐ inside *out*「裏返しに」
☐ single *out* 〜「〜を (１つだけ) 選び出す」

☑ *Check!!*

❶☐ alien 名 宇宙人
形 異星からの；外国 (人) の
└alien culture 名 異国の文化
☐ footprint 名 足跡

❸☐ nonsense 間 ばかばかしい (驚きを示す)
名 ばかげた考え〔発言；意見〕；愚かな行為

START 100 200 300 400 500 600 700 800 900 1000 1080〜

Overfishing and Aquaculture

270 words

1 ❶ The world's oceans are being *overfished, and fish cannot produce enough young to **make up for** the losses. According to the United Nations Food and Agriculture Organization, 28% of fish stocks worldwide are on the verge of extinction. Many scientists predict that 5 the kinds of fish we eat regularly will **all but** disappear from the North Atlantic region **in** the next 30 years. Statistics like these should **bring** the seriousness of this problem **home to** people.

❷ The overfishing problem is all the more dangerous because of global population growth. There will be many more people who want or 10 need to eat fish if current growth continues. This is **not to speak of** the increasing wealth in many regions, which will also increase demand.

❸ *Aquaculture, or fish farming, is a good solution **to some extent**, but it is not always helpful. **What with** the crowded conditions in farms **and** the pollution they create, it causes problems for both the environment 15 and the fish. Farmers often **resort to** giving fish *hormones to increase production, which is bad for the people who eat them as well as the fish.

❹ **In view of** these problems, blue water fish farms may be a better solution. These offshore farms let farmers **bring up** fish stocks in cleaner waters **out of the way** of traffic near to the shore. If more farmers can 20 **put** this method of farming **into practice** in a safe and sustainable way, it may be a solution. Meanwhile, consumers will need to support sustainable fish production **at all costs**. If we want to keep eating fish, doing nothing is **out of the question**.

(注) overfish「(魚)を乱獲する」 aquaculture「水産養殖」 hormone「ホルモン(剤)」

☑ Check!!

❶☐ **stock** 名 資源；蓄え；在庫
☐ **statistics** 名 統計(学)
❷☐ **wealth** 名 富；財産
└wealthy 形 裕福な
☐ **demand** 名 需要；要求 他 を要求する；を必要とする
⇔supply 他 を供給する 名 供給
❹☐ **offshore** 形 沖(合)の 副 沖(合)で

沖合養殖が持続可能な漁業のカギ？

❶　世界中の海洋で魚の乱獲が行われており，魚たちは損失分を補うのに必要な稚魚を産み出せなくなっている。国連食糧農業機関によれば，世界の魚資源の28％が絶滅に近づきつつある。多くの科学者が，私たちが普段食べている魚の種がほとんど，今後30年で北大西洋海域から姿を消すと予測している。こうした統計データを知れば，人々はこの問題の深刻さを痛感するはずだ。

❷　乱獲問題は，世界人口の増加のためによりいっそう危険なものとなっている。現在の増加率がそのまま続けば，魚を食べたい，または食べる必要があるという人の数ははるかに多くなる。これにより，言うまでもなく，多くの地域で富が増大し，それによって需要も大きくなる。

❸　水産養殖，あるいは魚の養殖は，ある程度効果的な解決策となるが，必ず役立つというわけではない。養殖場で魚が密集する状況や養殖場が生み出す汚染などにより，養殖は環境にとっても魚にとっても問題となっている。養殖業者は，生産量を増やすためにホルモン剤を魚に投与するという手段に訴えることもあるが，それは魚だけでなく，魚を食べる人間にとっても好ましいものではない。

❹　こうした問題を考慮すると，沖合養殖場がより優れた解決策と言えるかもしれない。こうした沖合の養殖場により，漁業者たちは，船などが行き交う沿岸部から離れた，よりきれいな水域で魚資源を増やせるようになる。安全かつ持続可能な方法でこの漁法を実践する漁業者が増えれば，これが解決策となるかもしれない。他方，消費者は何としてでも持続可能な魚の生産を支えていく必要がある。もし私たちがこれからも魚を食べることを望むなら，何もせずにいるのはもってのほかである。

□ **sustainable**　形 持続〔維持〕可能な
　└sustain　他 を持続〔維持〕する；を支える

723
☐ **make up for ～** ～を補う；～の埋め合わせをする
He *made up for* his lack of knowledge by studying hard.
（彼は猛勉強によって知識の不足を補った。）
≒ compensate for ～

724
☐ **all but ～** ほとんど～；～以外全部
He has *all but* arrived at the station.（彼はほとんど駅に着いていた。）
≒ in nine cases out of ten

725
☐ **bring A home to B** BにAを痛感させる
Her story *brought* the importance of family *home to* me.
（彼女の話は，私に家族の大切さを思い出させてくれた。）

726
☐ **to some〔a certain〕extent** ある程度
This story is true *to some extent*.（この話はある程度本当だ。）
≒ to some〔a (certain)〕degree

727
☐ **resort to ～** ～に訴える；～に頼る
We should solve this issue without *resorting to* violence.
（暴力に頼ることなく，この問題を解決すべきです。）
cf. react to ～　～に反応する
The ears *react to* sound.（耳は音に反応する。）

728
☐ **in view of ～** ～を考慮して
It is not surprising *in view of* recent events.
（最近の出来事を考えると，それは驚くことではない。）
≒ in (the) light of ～
cf 1. with〔have〕～ in view　～を視野に入れて〔心に抱いている〕
He *has* an ambition to be a politician *in view*.（彼は政治家になるという野心を抱いている。）
cf 2. point of view　観点〔視点〕；見地
From my *point of view*, modesty is a virtue.（私から見ると，謙遜は美徳だ。）

729
☐ **bring up ～** 口語 ～を育てる；～を話題に持ち出す
I was *brought up* in Chicago.（私はシカゴで育ちました。）

730
☐ **out of the way** 道を外れて；邪魔にならないところに
Can you move the box *out of the way*?
（箱を邪魔にならないところに動かしてくれる？）

731
☐ **put ～ into〔in〕practice** ～を実行に移す
It's time to *put* the plan *into practice*.（その計画を実行に移す時が来た。）

732
□ **at all costs** どんな代償を払っても

I'm determined to complete my mission ***at all costs***.
（どんな代償を払っても，私は自分の使命を遂行する決意だ。）

≒ in any event ≒ at all events ≒ at any cost ≒ at any price

733
□ **out of the question** 問題外〔論外〕の；まったく不可能な

His offer is ***out of the question***.（彼の申し出は問題外だ。）

177
□ **in ～** ～後に；～のうちに；～の間に（期間）

I'll be back ***in*** a few minutes.（2，3分で戻ります。） ↩ p.17 前置詞・副詞

≒ in the course of ～

178
□ **not to speak of ～** ～は言うまでもなく

She can speak Arabic, ***not to speak of*** English.
（彼女は英語はもちろんのこと，アラビア語も話せる。） → p.68 不定詞⑩

179
□ **what with A and (what with) B** AやらBやらで

Joseph didn't have time, ***what with*** this ***and*** that.
（あれやこれやで，ジョセフは時間がなかった。）

Left-Brain/Right-Brain

249 words

1 ❶ There is a general belief that "right-brained" people are more creative, while "left-brained" people are more logical. People are **all too** eager to **ascribe** analytical behaviors **to** the left side of the brain, and **identify** creativity **with** a stronger right side. But do scientists think that 5 these assumptions **hold true**? Is one side of the brain more dominant **to the point of** changing a person's personality?

❷ Recent research does not support this idea. It is true that different brain regions do **correspond with** specialization for certain tasks. For example, certain parts of the right brain **take charge of** movement in 10 the left arm and leg, and *vice versa. But there is limited evidence, **if any**, that links personality types with even a specific part of the brain, **let alone** an entire half. One 2013 study by a major university shows that activity is **by and large** similar on both sides.

❸ Those who still cling to the "left-brain/right-brain" theory **may well** 15 wish to look at other recent research, **most of which** shows that the two sides of the brain work together. For example, when the brain is **at work** processing language, the left brain figures out the *syntax, while the right brain **fills in** the emotional content.

❹ **It is** not known exactly **where** the "left-brain/right-brain" myth 20 came from. It likely originates from 1960s research on *stroke and *epilepsy patients. Science is always advancing, and as research continues, hopefully we can bring the myth to a close **once and for all**.

（注）vice versa「逆もまた同様，逆に」 syntax「構文」 stroke「脳卒中」 epilepsy「てんかん」

☑ Check!!

❶□ **analytical** 形 分析的な；分析を使う
□ **dominant** 形 支配的な；優勢な
└dominate 他自（を）支配する

❷□ **specialization** 名 専門化
├specialize 他 を専門化する
　　　　　　自 専攻する
└specialty 名 専門
□ **evidence** 名 証拠

「左脳・右脳」神話の真実

音声

❶　「右脳型」の人はより創造的で，「左脳型」の人はより論理的だ，というように一般的には信じられている。人々はとかく，分析的な行動は脳の左側のはたらきによるものだとし，創造性をより強力な右脳と関連づけて考えたがる。だが，科学者たちはこうした推測が妥当だと考えているのだろうか。脳の片側が，その反対側と比べて，ある人の性格を変えるほどまで支配的だということがあるだろうか。

❷　近年の研究はこの説を支持していない。実際，異なる脳の領域が，何らかのタスクの特化に一致しているということはある。例えば，右脳のある部分は左腕や左足の運動を担っており，その逆もしかりである。だが，性格のタイプを脳の特定の部位にさえ結び付けるような証拠，ましてや脳の半分全体と結び付けるような証拠は，たとえあったとしても，ごくわずかしかない。ある有名大学の2013年の研究では，脳の活動は左右どちらもおおむね似ていることが示されている。

❸　それでもまだ「左脳・右脳」理論にこだわる人は，最近の別の研究に目を向けたがるのももっともだ。しかし，それらの研究の大半が示しているのは，脳の両側は協力し合っているということだ。例えば，脳が言語処理を行っている際，左脳は文の構造を理解し，右脳は感情に関わる内容を補完する。

❹　「左脳・右脳」神話がどこから来たのかはよくわかっていない。1960年代に行われた脳卒中とてんかん患者に関する研究から来たものであるようだ。科学は常に進歩しており，今後の研究により，うまくいけば，この神話に完全に幕を下ろす日も来るかもしれない。

□ **link**　他 をつなぐ；を関連付ける
　名 関連；結び付けるもの

❸□ **content**　名 内容；満足　形 満足して
　他 を満足させる

❹□ **myth**　名 神話

734 □ **all too ～** あまりにも～（すぎる）

The fun ended ***all too*** soon.（楽しいひと時はあっという間に終わってしまった。）

735 □ **ascribe A to B** Aの原因〔所属〕はBだと考える

Jack ***ascribes*** his success ***to*** luck.
（ジャックは自分の成功を幸運に帰すると考えている。）

≒ **attribute A to B**

736 □ **identify A with B** AとBを同一視する，関連づけて考える

Customers ***identify*** a company ***with*** its employees.
（客は会社と従業員を同一視する。）

737 □ **hold true〔good〕** 当てはまる；適用できる

The same thing ***holds good*** for Japan.（それと同じことが日本にも当てはまる。）

≒ **be true of ～**　≒ **apply to ～**

738 □ **to the point of ～** ～（程度・段階などが）まで

He felt sad ***to the point of*** crying.（彼は泣くほど悲しかった。）

cf. to the point　要領を得て
Your reply is always brief and ***to the point***.（いつも簡潔で，要領を得た返答だね。）

739 □ **correspond with ～** ～と一致する；～と文通する

I would like to ***correspond with*** her through e-mail.
（彼女とEメールでやりとりしたいのだけれど。）

≒ **correspond to ～**　≒ **conform to〔with〕～**
cf. respond to ～　～に答える；～に反応する
He didn't ***respond to*** our question.（彼は私たちの質問に答えなかった。）

740 □ **take charge of ～** ～を管理〔担当〕する；～を預かる

Mr. Smith ***took charge of*** my class while I was ill.
（私が病気の間，スミス先生が私のクラスを担当してくれた。）

741 □ **let alone ～** ～は言うまでもなく；ましてや～

He cannot turn on a computer, ***let alone*** send e-mail.（彼はEメールを送るのは言うまでもなく，コンピューターの電源を入れることもできない。）

742 □ **by and large** 口語 概して；一般に

By and large Japanese are hardworking people.（概して日本人は働き者である。）

≒ on the whole

743 □ **at work** 口語 仕事中で；活動中で

He is *at work* now.（彼は今仕事中です。）

744 □ **fill in ～** 口語 （必要事項を）～に書き込む；～を埋める

Start by *filling in* your name here.（まずはここに名前を書いてください。）

≒ fill out ～

745 □ **once (and) for all** これを最後に；きっぱりと

You must break that bad habit *once and for all*.
（その悪い習慣をきっぱりと断ち切らなければならない。）

180 □ **if any** たとえあるにせよ；もしあれば

There is little, *if any*, difference between the two.
（両者の間には，たとえあるにせよ，違いはごくわずかだ。）

→ p.92 省略④

181 □ **may well *do*** …するのも当然だ

He *may well* be proud of his son.（彼が息子を自慢するのも無理はない。）

→ p.76 助動詞⑥

≒ It is natural to *do*　≒ have (a) good reason〔every reason〕to *do*

cf. it stands to reason that ...　…というのは理屈に合う〔かなう〕

It stands to reason that she should be punished for her crime.
（彼女が自らの罪で罰せられるのは当然だ。）

182 □ **most〔one；all；some〕of wh-** ～のほとんど〔1つ；すべて；いくつか〕

I have many books, *some of which* I haven't read.
（私はたくさん本を持っているが，そのうちの何冊かは読んでいない。）

→ p.62 関係代名詞③

183 □ **it is ～ wh- ...** …かは～だ（疑問詞を導く形式主語のit）

It is not known *who* he is.（彼が何者であるかは知られていない。）

→ p.60 it③

How Animals Play

227 words

1 ❶ In 1986, Robert Fulghum published a book titled *All I Really Need to Know I Learned in Kindergarten*. In it, Fulghum writes that the important lessons for life that **are worth knowing** are learned **early on** when we play as children. **In short**, these lessons are simple things like
5 "share everything," "play fair," and "don't take things that aren't yours." The book became a surprise million-seller and was **translated into one** language **after another**, including Japanese.

❷ Animals **are different from** humans in many ways. They have needs that **are unique to** their circumstances, such as finding food and
10 avoiding predators. However, animals **are** often **engaged in** playing with **one another**, especially when they are young. And while they probably have a good time playing, they may be doing more than just **enjoying themselves**.

❸ You may have seen kittens play by fighting or wrestling with others.
15 Some researchers say this play prepares them for predators and other surprises later in life. Kangaroos and wolves play to develop social relationships **in order to** survive as adults. Some birds also chase after branches and pinecones to develop their hunting skills.

❹ Play can **do** both humans and animals **good** in many ways. It
20 teaches social relationships and boundaries. **Taking part in** play activities can help young creatures develop skills that are essential to their wellbeing and survival **later on** in life.

☑ *Check!!*

❶☐ **publish** 他 を出版する
　☐ **title** 他 に表題をつける 名 表題
❷☐ **circumstance** 名（通例～sで）事情，状況
❸☐ **chase** 自 他（を）追いかける
❹☐ **boundary** 名 境界：限界
　☐ **wellbeing** 名 健康：幸福：福利

音声

❶ 1986年，ロバート・フルガムは『人生に必要な知恵はすべて幼稚園の砂場で学んだ』という本を出版した。彼はその中で，人生にとって重要な，知る価値がある教訓は，子供として遊んでいる早い時期に習得される，と書いている。簡単に言えば，その教訓とは，「どんなものも分かち合う」「公平に遊ぶ」「人のものを取らない」といったシンプルなものだ。この本は予想を超えるミリオンセラーとなり，日本語を含め，次から次へと外国語に訳された。

❷ 動物はさまざまな点で人間とは異なる。動物には，それぞれの環境に特有のニーズがある。食べ物を探したり，捕食者を避けたりといったことである。しかし，動物たちは──とりわけ幼少期には──しばしば互いと遊びに興じる。そして恐らく遊ぶのを楽しんでいるのと同時に，動物たちは単に楽しむ以上のことをしている可能性がある。

❸ 子猫がじゃれ合いや取っ組み合いをして遊ぶのを見たことがあるかもしれない。一部の研究者たちの見解によれば，こうした遊びによって子猫たちは将来出くわすかもしれない捕食者や予期せぬ出来事の備えを行っているという。カンガルーやオオカミが遊ぶのは，大人になった時に生き残るために社会性を身につけるためだ。一部の鳥も，狩りの腕前を磨くために木の枝や松ぼっくりを追いかける。

❹ 遊びは，人と動物の両方にとって，さまざまな面で有益なものとなりうる。遊びによって社会性や限度を学ぶことができる。遊びに参加することは，若い生き物がのちの暮らしにおける幸福と生存に欠かせないスキルを身につける助けとなるのだ。

746 □ **early on** 口語 早い段階で；初期に

The soccer player struggled *early on* in his career.
（そのサッカー選手はキャリア初期において苦労した。）

747 □ **in short** 要するに

In short, we got out of trouble.
（簡単に言えば，私たちはピンチを脱したということです。）

≒ to sum up ≒ in a word ≒ in brief

748 □ **translate A into B** AをBに翻訳する

Her autobiography was *translated into* 25 languages.
（彼女の自伝は25の言語に翻訳された。）

cf. put A into B AをBで表す
It's hard to *put* your feelings *into* words.（感情を言葉にするのは難しい。）

749 □ **one (A) after another** （Aが）次から次へと

My whole life was *one* disaster *after another*.
（わしの人生はまさに，一難去ってまた一難，というものじゃった。）

cf 1. day after day 来る日も来る日も
It kept raining *day after day*.（来る日も来る日も雨が降り続いた。）
cf 2. time after time 何度も
He came here *time after time*.（彼は何度もここに来た。）
≒ one after the other

750 □ **be different from ～** ～と違っている

I *am different from* all of the other students.
（私は他のすべての生徒とは違います。）

≒ differ from ～

751 □ **be unique to ～** ～に特有である；～に固有である

The Kiwi *is unique to* New Zealand.（キウイはニュージーランドに固有だ。）

752 □ **be engaged in ～** ～に興じる；～に従事している

They *are engaged in* saving street children.
（彼らはストリートチルドレンの救済に従事しています。）

cf. be engaged to ～ ～と婚約している
I'*m engaged to* a lawyer.（私は弁護士と婚約しています。）

753 □ **one another** お互い（に）

We have known *one another* for some years.
（私たちは数年来お互いに知っている〔数年来の知り合いだ〕。）

≒ each other

754
□ **enjoy oneself** 楽しく過ごす

We *enjoyed ourselves* at the party.（私たちはパーティーで楽しく過ごしました。）

755
□ **in order to *do*** …するために

I didn't answer back *in order to* avoid an argument.
（私は口論を避けるために反論しなかった。）

≒ **so as to *do***
cf. order A from B AをBに注文する；AをBから取り寄せる
You can *order* anything *from* the list.
（リストからお好きなものを何でもご注文いただけます。）

756
□ **do ～ good 〔do good to ～〕** ～にとってよい；～のためになる

Take more exercise. It'll *do* you *good*.
（もっと運動しなさい。そうすると体によいから。）

⇔ **do ～ harm〔damage〕／ do harm〔damage〕to ～**

757
□ **take part in ～** ～に参加する

When did he *take part in* the committee?（彼はいつ委員会に加わったのですか。）

≒ **participate in ～**

758
□ **later on** 口語 あとで；あとになって

Call her now, or you'll regret it *later on*.
（今すぐ彼女に電話をしてよ。でないとあとで後悔するよ。）

184
□ **be worth …ing** 口語 …する価値がある

This museum *is worth visiting* many times.
（この美術館は何度も訪れる価値がある。）

≒ **it is worth while …ing〔to *do*〕**

65 Pros and Cons of Online Learning

233 words

1 ❶ **More and more** students are taking lessons online. From languages and dance to high-level university classes, learning is **taking place** on the Internet. Some students take online lessons in addition to classes taken **in person**, while others **substitute** online classes **for** face-to-face 5 lessons. But is online learning **as good as** learning in the classroom?

❷ There are challenges with online lessons. Delays caused by Internet connection problems can **get on a student's nerves** during a lesson. Differences in the quality of computer equipment such as speakers and microphones can make it difficult for people to **make themselves** 10 **understood** when speaking. What is more, sometimes students **have trouble communicating** through a computer screen for personal reasons.

❸ There are also many benefits. Both students and teachers can use their time more efficiently. Students can also **take advantage of** learning 15 opportunities in other regions—even other countries. Students can **turn in** their homework via e-mail or text and teachers can **help** students **with** problems online. And teachers whose skills are **in demand** can **take on** more students without having to leave their homes or rent larger classrooms.

20 ❹ **Judging from** the fast adoption of online learning during the COVID-19 pandemic, it seems likely that online learning will be offered **in place of** classroom lessons in many settings. **In any case**, those who have hesitated should **make the most of** the trend and **give** online lessons **a try**.

☑ *Check!!*

❷
- □ **delay** 名 遅れ 他 を遅らせる
- □ **quality** 名 質；特性 形 良質の
- □ **equipment** 名 設備；機器；装備

❸
- □ **efficiently** 副 効率よく
  - └efficient 形 効率的な；有能な
- □ **text** 名 テキストメッセージ，（携帯端末の）メール；文章；本文；原本

オンライン学習のメリットとデメリット

1 2 3 4 5 6 7 8 9 10 11 12 13 14 15 16 17 18 19 20 21 22 23 24 25 26 27 28 29 30 31 32 33 34 35 36 37 38 39 40 41 42 43 44 45 46 47 48 49 50 51 52 53 54 55 56 57 58 59 60 61 62 63 64 65 66 67 68 69 70 71 72 73 74

❶　オンライン授業を受ける生徒がますます増えている。語学やダンスから高度な大学の講義に至るまで，ネット上で学習が行われているのだ。対面授業に加えてオンライン授業も受けているという生徒もいれば，対面授業の代わりにオンライン授業を受けている生徒もいる。しかし，オンライン授業は教室での授業と同等と言えるのだろうか。

❷　オンライン授業にはいくつか難点がある。インターネットの接続障害による遅れは，授業を受けている生徒をイライラさせるかもしれない。スピーカーやマイクなどのコンピューター機器の品質の差によって，話をする際に自分の言いたいことを伝えるのが難しくなる可能性もある。また時には，個人的な理由でコンピューターの画面越しのコミュニケーションが苦手な生徒もいる。

❸　利点もたくさんある。生徒も教師も時間をより効率的に使うことができる。生徒は，他の地域の学習機会，さらには海外の学習機会を利用することもできる。生徒はEメールやテキストメッセージで宿題を提出することができ，教師はオンラインで生徒の問題を助けることができる。そして，凄腕の人気講師は，自宅を出ることもなく，より広い教室を借りることもなく，より多くの生徒を引き受けることができる。

❹　コロナ禍でオンライン学習が急いで導入されたことから判断するに，オンライン学習は今後もさまざまな場面で，教室での授業の代わりに行われることになるだろう。いずれにせよ，これまでためらっていた人は昨今の潮流を最大限に活かし，オンライン授業を試してみるべきだろう。

---

❹□ **adoption** 名 採用；養子縁組
　└adopt 他 を採用する；を養子にする
□ **hesitate** 自 ためらう

759 □ **take place** 起こる；生じる

Our Sports Day will *take place* on October 13th.
（運動会は10月13日に行われます。）

≒ come about

760 □ **in person** 直接；自分で

I want to talk to him *in person*.（彼と直接話がしたい。）

761 □ **substitute A for B** Bの代わりにAを使う

Can I *substitute* rice flour *for* regular flour?
（普通の小麦粉の代わりに米粉を使うことができますか。）

762 □ **as good as ～** 口語 ほとんど～も同然

Once the car's repaired, it'll be *as good as* new.
（その車は修理すれば新車同様になるよ。）

763 □ **get on one's nerves** ～のかん〔神経〕に障る

His behavior *gets on my nerves*.（彼のふるまいは私のかんに障る。）

cf. be on edge いら立っている；気が立っている
He *was on the edge* of a breakdown.（彼は精神的な崩壊の瀬戸際にいた。）

764 □ **make oneself understood** 自身（の考え）を理解してもらう

I couldn't *make myself understood* in English.
（私は英語で自分の考えを理解してもらうことができなかった。）

cf. make oneself at home くつろぐ
Sit down and *make yourself at home*.（座って，くつろいでくださいよ。）

765 □ **have trouble (in) …ing** 口語 ～するのに苦労する

I *have trouble finding* a new job.（新しい仕事を見つけるのに苦労している。）

≒ have difficulty (in) …ing

766 □ **take advantage of ～** ～を利用する

He *took advantage of* his popularity to become a leader.
（彼は指導者になるのに自分の人気を利用した。）

≒ make use of ～ ≒ avail oneself of ～
cf. to one's advantage ～に有利に；～に都合よく
The rule change will work *to our advantage*.
（そのルール変更は我々に有利に働くだろう。）

767 □ **turn 〔hand〕 in ～** ～を提出する

Have you *handed in* your homework yet?（宿題はもう出したの？）

cf. hand over ～ (to …) ～を（…に）手渡す，譲り渡す
They *handed over* the land *to* their son.（彼らはその土地を息子に譲渡した。）

768 ☐ **help ～ with ...** ～の…を手伝う

This syrup will ***help*** you ***with*** your sore throat.
（このシロップはあなたの喉の痛みを和らげるのに役立つから。）

769 ☐ **in demand** 需要のある

Skilled workers are increasingly ***in demand*** in the industry.
（その業界では，熟練労働者の需要がますます高まっている。）

cf. in short supply 不足して
Oil was ***in short supply***.（石油は不足していた。）

770 ☐ **take on ～** ～を引き受ける；～を帯びる

I'll ***take on*** the work if they will not do it.
（彼らがやらないのなら，私がその仕事を引き受けるよ。）

771 ☐ **in place of ～** ～の代わりに

Can someone attend the meeting ***in place of*** Ken?
（誰かケンの代わりに会議に参加できますか？）

≒ **in one's place**

772 ☐ **in any case** どんな場合でも；いずれにせよ

In any case, you must not open this door.
（いかなる場合でも，このドアを開けてはならない。）

≒ **at any rate** ≒ **in any event** ≒ **at all events**
cf. in case of ～ ～する場合に備えて；～の場合には
In case of fire, he insured his house.（火事に備えて，彼は家に保険をかけた。）

773 ☐ **make the most of ～** ～（有利な条件）を最大限に利用する

I'll ***make the most of*** this great opportunity.
（この素晴らしい機会を最大限に生かすつもりです。）

774 ☐ **give ～ a try** 口語 ～を試してみる；挑戦してみる

It seems challenging, but I'll ***give*** it ***a try***!
（それは困難に思えるが，私は試してみるよ！）

185 ☐ **比較級 and 比較級** 口語 ますます～

More and more people are studying Japanese.
（日本語を勉強する人がますます多くなっている。）

→ p.82 比較②d

186 ☐ **judging from〔by〕～** ～から判断すると

Judging from what they say, everything seems fine.
（彼らの話から判断すると，すべて問題なさそうだ。）

→ p.72 分詞3⑦

The History of Chopsticks

250 words

1 ❶ The history of chopsticks in Japan **goes back to** around the 7th century. They were mainly used to pick up hot foods while cooking. They are believed to have been used from around 3,000 years ago in China, and were introduced to Japan sometime thereafter, **which**
5 **brought about** Japan's chopstick culture. During the Nara period (710-794), chopsticks **were made of** *uncoated bamboo or wood.

❷ As eating utensils, chopsticks **used to** be tools reserved for the upper classes. By the Heian period (from 794), they became much more common among the general public. The production of *lacquered
10 chopsticks started around the Edo Period, when restaurant culture developed. Eventually, simple wooden chopsticks that people could **dispose of** after their meal were developed. Now these are usually **given away** by restaurants **for free**.

❸ Chopstick culture is **as** popular **as ever** today. About 30% of
15 the world uses chopsticks. People from regions without a history of chopstick use may be unfamiliar with some customs, **not having** experienced the culture themselves. For example, they may **hold** the chopsticks **by the** middle or near the tips, instead of one third from the top of the chopsticks.

20 ❹ Visitors to Japan also **may have** never **seen** the custom of "my chopsticks," the practice of people preparing their own chopsticks **in advance** when eating out, to cut down on waste.

❺ Regardless of the differences, visitors to Japan may be anxious to use chopsticks. Be sure to show that you **sympathize with** them if they
25 have any questions or troubles!

（注）uncoated「塗料（など）が塗られていない」 lacquer「～に漆を塗る」

☑ *Check!!*

❶□ **thereafter** 副 その後：それ以来
❷□ **utensil** 名 用具：（特に）家庭用品
□ **reserve** 他 を取っておく：を予約する
└reservation 名 予約
❸□ **tip** 名 先端：チップ

箸の歴史

音声 

❶　日本における箸の歴史は7世紀頃にまでさかのぼる。箸は主に，調理中に熱いものをつまむのに用いられた。箸は約3000年前から中国で使われてきたと考えられ，その後，どこかの時点で日本に持ち込まれ，日本に箸の文化をもたらした。奈良時代（710～794年）の間，箸は無塗装の竹や木でできていた。

❷　箸は食器として，かつてはもっぱら上流階級のものだったが，平安時代（794年以降）までには，庶民の間でもずっと一般的なものとなっていた。漆塗りの箸が作られるようになったのは，飲食店文化が発展した江戸時代だった。最終的には，食後に処分することができる質素な木製の箸が普及した。今ではそれが飲食店で無償で提供されるようになっている。

❸　箸文化は今も変わらず人気である。世界の約30％が箸を使用している。歴史的に箸を使ってこなかった地域の人々は，箸文化を自分たちでは体験したことがないために，いくつかの習慣にはなじみがないかもしれない。そういう人たちは例えば，上から3分の1のところではなく，箸の真ん中や箸先のあたりで持ってしまうかもしれない。

❹　また，日本を訪れる人は「マイ箸」という習慣を1度も目にしたことがないかもしれない。これは外食の際に，ごみを減らすため，あらかじめ自前の箸を用意しておくことである。

❺　文化の違いにかかわらず，訪日客は箸を使ってみたがることもあるだろう。もし何かわからないことや困ったことがありそうなら，必ずその人に寄り添う気持ちを示そう！

775
☐ **go back to ～** ～へ戻る；～にさかのぼる
The origin of the custom *goes back to* the 15th century.
（その慣習の起源は15世紀にさかのぼる。）

776
☐ **bring about ～** ～をもたらす；～を引き起こす
His laziness *brought about* his failure.（怠惰であるために彼は失敗した。）

≒ lead to ～　≒ result in ～　≒ give rise to ～
cf. bring in ～　～（利益など）をもたらす
It's a side job that *brings in* 50,000 yen.（5万円稼げる副業です。）

777
☐ **be made of ～** ～（材料）でできている
What *is* a human body *made of*?（人体は何でできているのだろうか。）

≒ consist of ～　≒ be composed of ～　≒ be made up of ～

778
☐ **dispose of ～** ～を処理する
They *disposed of* the problem before anyone found out.
（誰にも気づかれないうちに，彼らはその問題を処理した。）

779
☐ **give away ～** ～を（ただで）やる；～（秘密など）をばらす
Don't *give away* the ending of the movie!
（その映画のエンディングはばらさないで！）

780
☐ **for free** 無料で；ただで
Children under 10 can participate *for free*.
（10歳未満の子供は無料で参加できます。）

781
☐ **in advance** 前もって
When you visit him, please call him *in advance*.
（彼を訪問する時は，前もって電話してください。）

cf. in prospect　予想されて

782
☐ **sympathize with ～** 口語 ～に同情する
All of us *sympathized with* the girl.（私たちはみんなその少女に同情した。）

≒ feel for ～

187
☐ **～, which ...** ～そしてそれは…（関係代名詞の非制限用法）
He said that he would come, *which* was a lie.
（彼は来ると言ったが，それは嘘だった。）

188 □ **used to *do*** 口語 いつも…したものだ；以前は…だった

We *used to* go to church every Sunday.
（私たちはいつも日曜日には教会に行ったものだ。） → p.76 助動詞④

189 □ **as ～ as ever** 相変わらず～

She is *as* honest *as ever.*（彼女は相変わらず正直だ。） → p.81 比較①c

cf. as ～ as any　何〔誰〕にも劣らず～

190 □ **not …ing** 口語 …しない〔しなかった〕ので（否定形分詞構文）

Not knowing what to say, I didn't say anything.
（何を言えばよいかわからなかったので，何も言わなかった。） → p.71 分詞3④

191 □ **hold A by the B** AのBをつかむ

He *held* me *by the* arm.（彼は私の腕をつかんだ。） ↩ p.13 前置詞・副詞

cf. take〔catch, get〕hold of ～　～をつかむ；～を把握する
　She *took hold of* his arm.（彼女は彼の腕をつかんだ。）
≒ catch A（人）by the B（身体の一部）

192 □ **may have ＋過去分詞** 口語 …したかもしれない

She *may have known* the fact.（彼女は事実を知っていたかもしれない。）
→ p.75 助動詞①a

67 First Impression

261 words

1 ❶ First impressions **count for** much because they are formed in **no more than** a few seconds. When you meet someone for the first time, that person's first impression of you **will** probably **have formed** before you finish introducing yourself. On the other hand, first
5 impressions formed **in haste** may come **at the cost of** a lost opportunity to know someone better. The brain does not **care about** getting more information about this new person you met after the first few minutes.

❷ Studies in psychology **specializing in** this area have proven the importance of first impressions. The *primacy effect is one such
10 phenomenon. Two persons, A and B, were described to a group of people using exactly the same *adjectives. However, A was described with positive adjectives placed first, while B was described with the negative ones first. When asked to **make a choice** between the two, everyone felt that A was a better person than B because **it seemed that** A
15 and B were described differently.

❸ **It is** therefore important **for** applicants **to** be punctual for interviews so that they can make a good first impression. A study showed that 93% of interviewers viewed applicants turning up late for job interviews as **unsuitable for** their company. The views persisted even after the
20 interviewers **went on to** interact with the applicants who performed well.

❹ All of us would like to be accepted **on the spot** when we go for an interview. So, you should prepare for it **with care in order that** you **will** be able to make a good first impression.

(注) primacy effect「初頭効果(初めに提示された情報に影響される心理的な傾向を言う)」
adjective「形容詞」

☑Check!!

❶□ **second** 名 秒
□ **probably** 副 おそらく
❷□ **prove** 他 を証明する
自 であるとわかる
└proof 名 証拠;証明
□ **positive** 形 肯定的な;積極的な;明確な
⇔negative 形 否定的な;消極的な
□ **place** 他 を置く 名 場所
❸□ **therefore** 副 したがって;それゆえ

第一印象

🔊 音声 

❶ 第一印象は大いに重要だ。というのも，それはほんの数秒で形成されるからである。あなたが誰かに初めて会った時，相手から見たあなたの第一印象はおそらく，あなたが自己紹介を終える前にすでに形成されてしまっているだろう。その一方，第一印象が早急に形成されることの代償として，ある人のことをもっとよく知る機会が失われているかもしれない。脳は，最初の数分が経過したのちは，この初対面の人物に関してさらなる情報を得ることに関心を示さないのだ。

❷ この分野を専門に扱う心理学の研究により，第一印象の重要性は証明済みだ。「初頭効果」はまさにそのことを示す一現象である。2人の人物A，Bについて，あるグループの人たちに対し，まったく同じ形容詞を使って描写した。だが，Aの方は先に肯定的な形容詞で描写され，Bは反対に，先に否定的な形容詞で描写された。この2人のうちどちらを選ぶかと問われると，グループの全員がAの方がBより好ましい人物であると感じた。AとBに関する描写が違うように思えたからである。

❸ そのため，志願者が面接の時間をしっかり守るというのは，好ましい第一印象を与えるうえで肝要である。ある調査によれば，面接に遅刻した志願者を，面接官の93％は自社にふさわしくないとみなしたという。その印象は，面接官が面接でうまくやったその志願者と次のやりとりに移った後でも，そのまま残っていた。

❹ 誰だって面接に臨む際はその場で即採用となることを望んでいる。ならば，好ましい第一印象を与えられるよう入念にその準備を行うべきだ。

□ **applicant** 名 応募者；志願者
□ **interviewer** 名 面接官
　└**interview** 名 面接
　　　　　　他 と面接〔会見〕する
□ **interact with ～**→ 英文73
□ **unsuitable** 形 ふさわしくない；不適切な
　⇔**suitable** 形 ふさわしい；適切な

783
☐ **count for ～** ～の価値がある；～ほどの重要性を持つ

In the media industry, speed ***counts for*** a lot.
（メディア業界ではスピードが非常に重要だ。）

784
☐ **no more than ～** （数・量などが）たった～；ほんの～

The interview took ***no more than*** five minutes.
（面接はほんの5分もかからなかった。）

cf. A is not ～ any more than B is ... Bが…でないのと同様にAは～ない

785
☐ **in haste** 急いで

The letter was clearly written ***in haste***.
（その手紙は明らかに急いで書かれたものだった。）

≒ in a hurry

786
☐ **at the cost〔price〕of ～** ～を犠牲にして

Julian saved her ***at the cost of*** his own life.
（ジュリアンは自らの命を犠牲にして彼女を救った。）

≒ at the expense of ～

787
☐ **care about ～** 口語 ～に関心がある；～を気にかける

I major in child psychology, which I deeply ***care about***.
（私は児童心理学を専攻しており，大いに関心があるのです。）

788
☐ **specialize in ～** ～を専門に扱う；～を専攻する

We ***specialize in*** the import of Asian spices.
（我が社はアジアの香辛料の輸入を専門に扱っています。）

≒ major in ～

789
☐ **make a choice** 選択する

He had to ***make a choice*** between the two.
（彼はその2つの中から選択しなければならなかった。）

cf. make a noise〔noises〕 （騒）音を立てる；騒ぎ立てる
Please don't ***make a noise*** here.（ここでは騒がないでほしいの。）

790
☐ **(un)suitable for ～** ～に適した（適さない）

The movie is ***suitable for*** children.（その映画は子供に適している。）

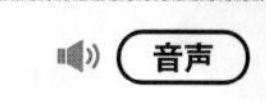

791 □ **go on to *do*** 口語　次に…する；続けて…する

The instructor ***went on to*** demonstrate how to do it.
（講師は続いてそれをどうやるのか実際にやってみせた。）

792 □ **on the spot**　その場で；即座に

He broke into the bank, but he was arrested ***on the spot***.
（彼は銀行に押し入ったが，その場で逮捕された。）

793 □ **with care**　注意して；気をつけて

Please handle this vase ***with care***.（この花瓶は取り扱いにご注意ください。）

193 □ **will have ＋過去分詞** 口語　…してしまっているだろう（未来完了形）

They ***will have completed*** the building by next June.
（来年の6月までにはそのビルは完成してしまっているだろう。）→ p.58 時制⑥

194 □ **it seems that ...**　…のように見える〔思える〕

It seems that he is ill.（彼は病気のようだ。）→ p.61 it④c

≒ it appears (to ～) that ...

195 □ **it is ～ for O to *do***　Oが…するのは～

It is easy ***for*** him ***to*** read this book.（彼がこの本を読むのは簡単だ。）
→ p.59 it①b

196 □ **in order that S may〔can；will〕...**　…するために

He studied hard ***in order that*** he might pass the exam.
（彼は試験に合格するために一生懸命勉強した。）→ p.66 不定詞④

68 Learning in High School and University
239 words

1 ❶ A university or college has three main roles. The first is to acquire advanced education **for the sake of** understanding and using specialized knowledge. The second is to acquire basic knowledge in fields of specialty. The third is to learn research methods and acquire skills **in**
5 **pursuit of** problem-solving.

❷ There are many challenges **in store for** new university students. Going from high school to college provides students with many learning opportunities. It also requires responsibility because you have to determine what you want to study and how to put it into practice. High
10 school students study mostly the same subjects, but university students break off into different schools or departments to pursue specialized fields.

❸ Professors at universities are both educators and researchers, so they train students to go deeper into their fields of interest. And instead
15 of sticking to a textbook, university students have to identify problems and search for solutions. For example, high school students have to **know** historical facts **by heart**, but university learning is more about reading between the lines and **inquiring into** the reasons these things happened.

20 ❹ At university, you will **major in** a particular field. You should think about **entering into** a field that you can go on to work in as an adult. And most of all, **be ready to** read, write, and work harder than you have ever worked before. If you don't **keep pace with** your studies, you will **fall behind**.

☑ *Check!!*

❶☐ **acquire** 他 を習得する；を手に入れる
≒ gain 他 を手に入れる
❷☐ **determine** 他 を決定する；を決心する
❸☐ **inquire** 自他（を）尋ねる

大学で何を学ぶか

音声

❶　ユニバーシティー（総合大学）やカレッジには，主に3つの役割がある。第一に，専門的な知識を理解し，運用するために高度な教育を受けること。第二に，専門的な分野の基礎知識を得ること。第三に，問題解決を目的として，研究方法を学び，スキルを獲得することである。

❷　大学の新入生には数々の困難が待ち受けている。高校から大学への進学は，学生に多くの学習機会を与える。それは同時に，自分は何を学びたいのか，そしてそれをどう実践に移すかを自ら決定しなければならないため，責任が求められるということでもある。高校では皆が大体同じ科目を学ぶが，大学では，専門分野を極めるため，それぞれ異なる学部や学科へと分かれていく。

❸　大学教授は教育者であるのと同時に研究者でもある。そのため彼らは，学生が興味をもつ分野をより深く探求していけるように指導する。そして大学生は，教科書に書かれていることにとどまらず，問題を見つけ出し，解決策を探らなくてはならない。例えば，高校生に求められるのが歴史的事実を暗記することだとすれば，大学での学びは，その背景にあることを読み取り，そうした歴史的事象が起きた原因を調べることに重点が置かれる。

❹　大学では，ある特定の分野を専攻することになる。大人になってからも続けて取り組める分野に足を踏み入れることを検討すべきだ。そして何より，読み，書き，かつてないほど猛勉強するという心構えを持とう。学業についていかなければ，後れをとってしまうだろう。

794 □ **for the sake of ～** ～のために

He worked hard ***for the sake of*** his country. (彼は祖国のために一生懸命働いた。)

≒ for the benefit of ～

795 □ **in pursuit of ～** ～を探し求めて；～を得ようとして

The philosopher spent his life ***in pursuit of*** truth.
(その哲学者は真理の追求に生涯を費やした。)

cf. in search of ～　～を探して，～を求めて

796 □ **in store for ～** ～を待ち受けて；～に備えて

A great future is ***in store for*** us.
(素晴らしい未来が私たちを待ち受けている。)

797 □ **know ～ by heart** ～をそらで覚えている；～を暗記している

I ***knew*** the poem ***by heart***. (私はその詩を暗記していた。)

cf. learn ～ by heart　～を暗記〔暗唱〕する
He ***learned*** all the lyrics of the song ***by heart***. (彼はその歌詞をすべて暗記した。)

798 □ **inquire into ～** ～を調べる

The police ***inquired into*** the case. (警察はその事件の調査をした。)

799 □ **major in ～** ～を専攻する

I ***majored in*** psychology. (私は心理学を専攻しました。)

≒ specialize in ～

800 □ **enter into〔on〕～** ～(新しい仕事など)を始める；～に取り掛かる

We have ***entered into*** a partnership with ABC Company.
(当社はABC社と提携関係を結びました。)

801 □ **be ready to *do*** …する用意ができている；…する覚悟がある

Are you ***ready to*** face the reality? (真実と向き合う覚悟はできた？)

cf. be willing to *do*　…するのをいとわない

802
☐ **keep pace with ～** ～に遅れをとらないようにする；～についていく

He's struggling to ***keep pace with*** the other students.
（彼は周りの生徒たちについていくのに苦労している。）

≒ keep up with ～ ≒ keep abreast with〔of〕～

803
☐ **fall behind (～)** （～に）後れをとる

We are ***falling behind*** in the clean-energy race.
（我々はクリーンエネルギーをめぐる競争で後れをとっている。）

What is Poverty?

264 words

1 ❶ To many people in places like Japan, poverty may seem like a problem that only people in **a handful of** countries have to **cope with**. But **by no means** should we assume that this is the truth. **As a matter of fact**, poverty is also **on the rise** in developed countries, according to
5 the *ILO. **To make matters worse**, the COVID-19 pandemic will likely increase the number of poor people worldwide.

❷ Poverty means not having enough money to **supply** oneself **with** the necessities of life, such as food, water, *health care, and education. In particular, education is a need that people do not always **take into**
10 **account** when thinking about poverty. But a proper education is as important as food and water. That's because people will be much better off and can **manage to** overcome poverty if they learn skills such as farming, manufacturing, and business.

❸ There are many causes of poverty. One is when a country or
15 economy **is lacking in** stability. Another is climate, since very dry or wet weather can **rob** farmers **of** the ability to grow food. In some countries, a few very rich people control most of the wealth, and they **are unwilling to share** this wealth **with** the poor.

❹ Equality is not guaranteed even in advanced countries. The richest
20 10% of Americans, for example, earn almost 30% of the country's overall income. And this **is consistent with** the situation in many other advanced countries. We cannot **turn a deaf ear to** the problem of poverty just because we live in a country that is said to be wealthy.

（注）ILO「国際労働機関」 health care「健康管理」

☑ Check!!

❶☐ **poverty** 名 貧困
 └poor 形 貧しい
❷☐ **necessity** 名 必需品；必要（性）
 ☐ **overcome** 他 に打ち勝つ；を克服する
 ☐ **manufacture** 他 を製造する 名 製造
❸☐ **stability** 名 安定（性）
 └stable 形 安定した
❹☐ **guarantee** 他 を保証する 名 保証（書）

先進国でも増加する貧困問題

音声

❶ 日本のような場所に暮らす多くの人にとって，貧困はほんのひと握りの国に住む人々だけが対処しなければならない問題のように思えるかもしれない。だが，間違っても本当にそうと思い込んではならない。ILO（国際労働機関）によれば，実際には，貧困は先進諸国でも増加している。さらに困ったことに，新型コロナウイルス感染症の大流行により，世界で貧困に苦しむ人の数はさらに増えそうだ。

❷ 貧困とは，生活に必須のもの，例えば食べ物や水，医療，教育などを自分で調達する十分なお金がないことを意味する。中でも教育は，必要なものであるのだが，貧困について考える際，必ずしも考慮されるわけではない。しかし，適切な教育は食べ物や水に劣らず重要である。なぜなら，もし人々が農業や工業，ビジネスといった技能を身につければ，彼らの暮らしぶりはずっと豊かになり，どうにか貧困を脱することができるからだ。

❸ 貧困にはさまざまな原因がある。1つは，国や経済が安定性を欠いている場合に生じる。気候も要因の1つで，雨量が著しく少なかったり多かったりすると，農家が作物を育てることができなくなる場合がある。また一部には，ごく少数の富裕層が富の大半を握り，この富を貧困層と分かち合おうとしていないという国もある。

❹ 先進諸国とて，平等は保証されていない。例えばアメリカでは，富裕層の上位10%が国全体の所得の30%近くを手にしている。そしてこれは，他の多くの先進国の状況にも当てはまる。私たちは，豊かとされる国に住んでいるからといって，貧困問題を無視することはできないのである。

☐ **overall** 形 全体〔全部〕にわたる
副 全体に〔で〕

☐ **consistent** 形 一貫性のある；矛盾のない

804
☐ **a handful of ～** ひと握りの～；少数の～
There were only ***a handful of*** students in the hall.
（ホールにはほんの数人の生徒しかいなかった。）

805
☐ **cope with ～** ～に対処する
That car mechanic can ***cope with*** any problem concerning cars.
（その自動車工は車に関するいかなる問題にも対処することができる。）

≒ deal with ～

806
☐ **by no means** 決して～ない
She is ***by no means*** a liar.（彼女は決して嘘つきではない。）

≒ not ... by any means ≒ far from ～ ≒ anything but ～

807
☐ **as a matter of fact** 口語 実際のところ
As a matter of fact, I have read that book.
（実は，私はその本を読んだことがあるのです。）

≒ in fact〔reality〕
cf. as a matter of course もちろん，当然のこととして

808
☐ **on the rise** 上昇中で；増加中で
The number of new cases is ***on the rise***.（新規患者数は増加している。）

809
☐ **supply A with B〔B for〔to〕A〕** AにBを供給する
The canal ***supplies*** local people ***with*** drinking water.
（その水路は地元住民に飲み水を供給している。）

≒ provide A with B

810
☐ **take ～ into account〔consideration〕** ～を考慮に入れる
Should we ***take*** that factor ***into consideration***, too?
（その要素も考慮に入れるべきだろうか。）

≒ take account of ～
cf. be considerate of〔to〕～ ～に対して思いやりがある
That ***was*** very ***considerate of*** you.（ご親切にどうもありがとうございました。）

811
☐ **be lacking〔wanting〕in ～** ～が〔に〕欠けている
What he said ***was lacking in*** a moral sense as a teacher.
（彼の発言は教師としての道徳観に欠けるものだった。）

812
☐ **rob A of B** Aから B を強奪する

Was the guy who ***robbed*** you ***of*** your watch found?
(君の時計を奪ったやつは見つかったかい？)

813
☐ **be unwilling to *do*** …することに気が進まない；…したがらない

I'***m*** not ***unwilling to*** help you. I just have no time.
(君を手伝うのに気が進まないんじゃない。単に時間がないんだ。)

≒ be reluctant to *do*

814
☐ **share A with B** AをBと共有する，分かち合う

I don't want to ***share*** this ***with*** you. (私はこれをあなたと共有したくないです。)

815
☐ **be consistent with ～** ～と一致する

That'***s*** not ***consistent with*** what you said before.
(それはあなたが以前言ったことと一致していない。)

816
☐ **turn a deaf ear to ～** ～に耳を貸さない

Mary ***turned a deaf ear to*** the rumors. (メアリーはその噂に耳を貸さなかった。)

197
☐ **to make matters worse** さらに悪いことには

To make matters worse, it started to snow again.
(さらに悪いことに，また雪が降り始めたんだ。)

→ p.68 不定詞⑩

198
☐ **manage to *do*** 口語 何とか〔どうにか〕…する

He wasn't smart, but he ***managed to*** graduate from college.
(彼は賢くはなかったが，何とか大学を卒業した。)

70 The Global Language – English

266 words

1 ❶ English is one of the most commonly used languages in the world. **As of** 2020, English speakers **make up** more than one-fifth of the world population. English owes its global distribution to the British Empire. British rulers often made the people in the colonial countries speak 5 English instead of their native language. **That is why** English is spoken by so many people today.

❷ English can be considered the global language, as is shown by these examples. The number of scientific research papers written in English is **on the increase**. English is the language on which programming is 10 based, so you **are bound to be** required to learn English if you want to do coding. Some of the world's largest IT companies are based in English-speaking countries. Also, if you are engaged in business with a foreign company, chances are English would be used **on occasion**.

❸ Popular culture like Hollywood movies, **not to mention** pop music, 15 are often associated with English. However, some countries like China are rejecting English, **for fear of** too much influence from Western culture. Worried that their values are **in danger of** being replaced by those from the West, they see the use of English as **having a** negative **impact on** their society.

20 ❹ Nonetheless, known as "the language of opportunity," English is one of the most useful languages to learn. It is always better to be able to understand original English texts since meanings tend to **get lost** in translation. The odd grammar rules and exceptions are complicated **enough to** give you a good challenge, so **be proud of** yourself for 25 learning English!

☑ Check!!

❶
- □ **distribution** 名 配布；分布
  - └distribute 他 を配布する；を分配する
- □ **empire** 名 帝国
- □ **ruler** 名 支配者；統治者
  - └rule 他 を支配する；を倒置する 名 規則；支配
- □ **colonial** 形 植民(地)の；植民地風の；入植者の
  - └colony 名 植民地；植民

世界語としての英語

音声

❶ 英語は世界で最もよく使われている言語の1つである。2020年時点で，英語話者は世界人口の5分の1以上を占めている。英語が世界に広まったのは，大英帝国のためである。英国の支配者たちは，植民地国の人々に母語ではなく英語を話すよう強いることが多かった。今日，これほど多くの人によって英語が話されているのはそのためである。

❷ 英語は世界語とみなすことができるが，それは次のような例に表れている。英語で執筆される科学研究の論文の数は増え続けている。プログラミングでベースとなっている言語は英語であり，コーディングを学ぼうと思えば英語学習の必要性は避けられない。世界最大級のIT企業の一部は英語圏の国に拠点を置いている。また，海外企業とのビジネスに携わる人なら，おそらく折に触れて英語が使われることもあるだろう。

❸ ポップミュージックは言うまでもなく，ハリウッド映画のようなポップカルチャーは，英語と結び付いていることが多い。その一方，例えば中国のような一部の国では，西洋文化から過度に影響を受けないように，英語を受け付けようとしていない。そうした国々では，自国の価値観が西洋諸国の価値観に取って代わられる恐れがあると危惧し，英語を使うことは自国の社会に悪影響を及ぼすとみなしているのである。

❹ それでも，「好機をもたらす言語」として知られる通り，英語は学んでおけば最も役立つ言語の1つである。翻訳では意味が失われる傾向があるため，常に英語の原文が理解できるに越したことはない。変則的な文法規則や例外は頭を抱えたくなるほどややこしい。だから，英語を学んでいることを誇りに思おう！

---

❷□ **scientific** 形 科学の
　└science 名 科学
□ **programming** 名（コンピューターの）プログラミング（作成）；（テレビ・ラジオの）番組編成
　└program 名 計画；番組；（コンピューターの）プログラム

❸□ **replace** 他 に取って代わる；を取り替える

❹□ **translation** 名 翻訳
　└translate 他 を翻訳する
□ **complicated** 形 複雑な

817 □ **as of ～** ～の時点で；～現在で

As of 2022, the world population reached 8 billion.
（2022年時点で，世界人口は80億人に達した。）

818 □ **make up ～** ～を構成する；～（割合）を占める；～をでっち上げる

Do you know how many islands *make up* Japan?
（日本がいくつの島から成るか知っていますか。）

819 □ **on the increase** 増加して

The number of cars in this town is *on the increase*.
（この町の車の数は増加している。）

⇔ on the decrease

820 □ **be bound to *do*** 必ず…する；…する責任がある

You worked really hard. You *are bound to* succeed.
（君は本当に頑張ったね。絶対にうまくいくよ。）

cf. be bound for ～ （乗り物・人が）～へ向かっている

821 □ **on occasion(s)** 時々

My brother told small lies *on occasion*.（兄は時々小さなうそをついた。）

≒ (every) now and then〔again〕 ≒ at times

822 □ **for fear of ～** ～を恐れて；～のないように

They didn't report the incident *for fear of* being fired.
（彼らはクビにされるのを恐れて，その事故について報告しなかった。）

cf. out of fear 恐怖心から
They got into a panic *out of fear*.（彼らは恐怖心からパニックに陥った。）

823 □ **in danger of ～** ～の危険にさらされて；～の恐れがあって

We were then *in danger of* collapse.（私たちは当時，倒産の危機にありました。）

824 □ **have an impact〔effect；influence〕on ～** 口語 ～に影響を及ぼす

That book *had a* significant *effect on* her life.
（その本は彼女の人生に大きな影響を与えた。）

825
☐ **get lost** 消える；（道に）迷う；途方に暮れる

He must have ***got lost*** in the forest.（彼は森で迷ったに違いない。）

≒ lose one's way

826
☐ **be proud of ～** ～を誇りにする

I have nothing to ***be proud of***.（私には誇るべきものが何もない。）

≒ pride oneself on ～　≒ take pride in ～　⇔ be ashamed of ～

cf 1. be jealous of ～　～を妬む；～をうらやむ

Nora ***is*** always ***jealous of*** others.（ノラはいつも他者に嫉妬している。）

cf 2. be envious of ～　～をうらやむ

I ***am*** always ***envious of*** the rich.（私はいつもお金持ちがうらやましい。）

199
☐ **That〔This〕is why ...** 口語 そういう〔こういう〕わけで…

He wanted to learn Aikido. ***That's why*** he came to Japan.
（彼は合気道を学びたかった。そういうわけで彼は日本に来た。）→ p.65 関係副詞②b

200
☐ **not to mention ～** ～は言うまでもなく

He can speak French, ***not to mention*** English.
（彼は英語は言うまでもなく，フランス語も話せる。）→ p.68 不定詞⑩

≒ to say nothing of ～

201
☐ **～ enough to *do*** …するのに十分～；…できるくらい～

He is old ***enough to*** go to school.（彼は学校へ行くのに十分な年齢だ。）

→ p.67 不定詞⑤

cf. can afford to *do*　…する（経済的）余裕がある

I ***cannot afford to*** buy a new car.（私には新しい車を買う余裕はない。）

71 People Who Have Larger Brains and Eyes 272 words

1 ❶ When a team of researchers from the University of Oxford examined 55 skulls dating back to the 1800s, they concluded that people who live at higher latitudes are in general more likely to have bigger eyes and brains. The skulls were from as many as 12 different populations, 5 from Micronesia near the equator to Scandinavia near the Arctic region.

❷ **At the moment**, scientists cannot establish a firm link between larger eyes and larger brains **as yet**. However, when they **ran over** their findings, they **were convinced that** the reason these people had larger brains was not because they were smarter. They simply required 10 more brain space to process more visual information taken in by the eyes. **What limited sunlight** received by areas near *the Arctic Circle **is** not **equal to** that received by those around the equator. Those living near the Arctic region **were forced to** cope with short days during the long winters, and their bodies have adapted to the environment. The 15 frequently cloudy skies **added to** the lack of light they see.

❸ Evolution sounds like a very long process, but **it turns out that** the evolutionary processes causing the brain to become larger took place not so long ago. Research that **kept track of** where humans made their homes **found out** that humans have only lived at high latitudes in Asia 20 and Europe in the last few tens of thousands of years.

❹ If you happen to know someone who was born and raised in a country near the North Pole, **call** the friend **up** to meet, and secretly examine if their eyes are larger than those of a Japanese person.

（注）the Arctic Circle「北極圏」

☑ Check!!

❶□ **skull** 名 頭蓋骨；頭
□ **latitude** 名 緯度
□ **equator** 名（the ～で）赤道

❷□ **firm** 形 しっかりした 副 しっかりと 名 会社
□ **visual** 形 視覚〔視力〕の；目で見える

❶ オックスフォード大学の研究チームが1800年代にさかのぼる55個の頭蓋骨を調査した際，研究チームは，高緯度に住む人ほど，一般的に，目と脳が大きくなる傾向にあると結論づけた。頭蓋骨は12もの異なる人口集団から集められたもので，その地域は赤道付近のミクロネシアから北極付近のスカンジナビアまでさまざまだった。

❷ 現時点で科学者たちは，より大きな目と大きな脳の間に確たる関連性があることをまだ証明できていない。しかし，調査結果を検討したところ，この人たちがより大きな脳を持つ理由は，彼らがより賢いからというわけではないと確信した。彼らは単に，目から取り込まれる視覚情報をより多く処理するために，脳により多くの領域を必要としたのである。北極圏付近の地域で得られるわずかばかりのすべての日光の量と，赤道周辺の地域で得られる日光の量は同じではない。北極地に暮らす人は長い冬の間，日照時間の短さに対処することを強いられ，彼らの体は適応してきた。曇りがちな天候も，彼らが目にする日光の不足を増長した。

❸ 進化と聞くと大層長いプロセスのように思えるが，脳を大きくするに至った進化の過程が起こったのは，さほど遠くない過去のことだとわかっている。人間がどこに居住地を構えていたかをたどる研究では，人間がアジアとヨーロッパの高緯度地域に住むようになったのは，この数万年のことでしかないことが明らかになった。

❹ もしあなたの知り合いに北極に近い国で生まれ育った人がいるなら，その友人に電話して会う約束をし，その目が日本人の目より大きいかどうかこっそり確かめてみるとよいだろう。

827
☐ **at the moment** 現在；今のところ

He's in a stable condition *at the moment*.（今のところ，彼の容体は安定している。）

828
☐ **as yet** 今のところ；現時点では

There is *as yet* no vaccine against this disease.
（この病気のワクチンは現時点では存在しない。）

cf. as usual いつものように

He sat reading a book *as usual*.（彼はいつものように座って本を読んでいた。）

829
☐ **run over ～** 口語 ～（可能性）を考えてみる；（車などが）～をひく

I was almost *run over* by that truck.
（もう少しであのトラックにひかれるところだった。）

830
☐ **be convinced that ...〔of ～〕** …であると〔～を〕確信している

I'*m convinced of* the importance of higher education.
（私は高等教育が重要だという確信を持っている。）

cf. convince A of B AにBを確信〔納得〕させる

831
☐ **be equal to ～** ～に等しい；～をこなすことができる

He *is equal to* doing that hard job.（彼はその難しい仕事をこなすことができる。）

832
☐ **be forced to *do*** …することを強いられる

They *were forced to* leave their country due to the war.
（戦争によって彼らは祖国を離れなければならなかった。）

≒ **be compelled to *do*** ≒ **be obliged to *do***

833
☐ **add to ～** ～を増やす

Having a fun time with my dog *adds to* my happiness.
（犬と楽しく過ごすといつも私の幸福感は増します。）

cf. add A to B AにBを加える

834
☐ **it turns out that ...** …だということが判明する

It turns out that hot dogs are healthy.
（ホットドッグは健康的だということが判明した。）

cf. turn out (to be) ～ ～だと判明する；～だとわかる

His claim *turned out to be* false.（彼の主張は誤りだということがわかった。）

835
☐ **keep track of ～** ～の動向・経緯を追う；～の記録をつける

This device will help with ***keeping track of*** your fitness.
（このデバイスはあなたの健康状態を管理するのに役立ちますよ。）

836
☐ **find out (about) ～** ～についてわかる；～に関して真相を知る

I happened to ***find out about*** her past.
（たまたま彼女の過去について知ってしまった。）

837
☐ **call up ～** ～に電話をかける

Let's ***call*** her ***up*** and ask where she is.
（彼女に電話して，今どこにいるのか聞こうよ。）

cf. ring off 電話を切る
I quickly ***ring off*** unwanted calls.（私は迷惑電話はすぐに切ることにしている。）

202
☐ **what ＋名詞 ...** 口語 …するすべての～

I'll lend you ***what books*** I have.（あるだけの本をあなたに貸しましょう。）

→ p.63 関係代名詞④

Older May Not Be Better

274 words

1 ❶ Some violins made by Antonio Stradivari **more than 300 years** ago are worth millions of US dollars today. Many violinists **are in love with** the unique sound qualities of his violins, also known as Strads. **So far**, nobody has challenged the excellent quality of Strads. However, is the 5 Strad truly so special, or have we attached its fame to its high value and historical importance? A group of researchers decided to find out **for themselves**.

❷ In 2010, the researchers gathered 21 violinists in Indianapolis to compare, while they were blindfolded, three new violins and three old 10 ones from the 18th century, including two Strads. The most preferred violin was a new one, while the least preferred was a Strad—It did not **live up to** its reputation. **Needless to say**, the experiment invited a great deal of criticism and the fans of Strads were **put off** by the results. The reputation of the Strad was **at stake**.

15 ❸ Just in case the conditions of the experiment affected the results, the researchers repeated the experiment two years later. They **went about** it with many improvements. However, **when compared to** the previous experiment, the results were similar. These violinists also did not **think much of** the old violins. They were unable to **tell** them **apart from** the 20 new.

❹ Based on these results, **it is not too much to say that** violinists **might as well** just **set aside** their preconceived beliefs and buy a high-quality modern violin **as** spend millions of dollars on a Strad. Despite the experiments showing that most violinists actually prefer a new violin 25 over a Strad, as yet many Strad fans remain unconvinced.

☑ *Check!!*

❶ □ **fame** 名 名声
  └famous 形 有名な

❷ □ **reputation** 名 評判；名声
  □ **criticism** 名 批判；批評

❸ □ **improvement** 名 改善；進歩
  └improve 他 を改善する
  自 よくなる

❹ □ **preconceived** 形 あらかじめ考えた；予想した
  □ **unconvinced** 形 確信〔納得〕できない

ストラディバリウスは本当に名器？

❶ アントニオ・ストラディバリによって300年より前に作られたバイオリンの一部は，今では米ドルで数百万の価値をもつ。多くのバイオリニストが，「ストラド」とも呼ばれる，彼の手によるバイオリンの唯一無二の音色をこよなく愛している。これまで，ストラドの卓越した品質に疑義を唱える者はなかった。しかし，ストラドは本当にそれほど特別なのだろうか。それともその名声は，その価値の高さと歴史的重要性に不随するものでしかないのだろうか。ある研究グループは，自分たちで解明することにした。

❷ 2010年，研究グループはインディアナポリスで21人のバイオリニストを集め，目隠しをした状態で，新しいバイオリン3本と18世紀に作られた古いバイオリン3本（ストラド2本を含む）の比較を行った。最も好まれたバイオリンは新しいもので，最も好まれなかったのがストラドだった。その名声に見合う結果とはならなかったのである。言うまでもなく，この実験は多くの批判を招き，ストラドのファンはその結果に気分を害した。ストラドの威信が懸かっていたのだ。

❸ 万一実験条件が結果に影響したという場合に備え，研究グループは2年後に再度実験を行った。多く改良を加えたうえで実験に取り掛かった。しかし，前回の実験と比べた時，結果は似たようなものだった。今回の実験に参加したバイオリニストたちも古いバイオリンを高く評価しなかった。古いものと新しいものを区別することもできなかった。

❹ これらの結果を踏まえれば，バイオリニストは，何百万ドルという大枚をはたいてストラドを買うより，先入観を脇に置いて質の高い現代のバイオリンを買う方が得策，と言ってもよさそうだ。実験では大半のバイオリニストが実際にはストラドより新しいバイオリンを好むということが示されたにもかかわらず，多くのストラド愛好家は今でも納得のいかないままである。

838
☐ **more than ＋数量** ～より多い
The photographer has lived in Alaska for ***more than a decade***.
（その写真家は10年より長くアラスカに暮らしている。）

839
☐ **be in love with ～** ～に恋している
Romeo and Juliet ***are in love with*** each other.
（ロミオとジュリエットは互いに愛し合っている。）

840
☐ **so far** 今（まで）のところ
Everything has gone well ***so far***.（今のところすべて順調だ。）

cf. by now もう今頃は
They must have gone to bed ***by now***.（彼らはもう寝ちゃったろうな。）

841
☐ **for oneself** 独力で
The child built the model airplane ***for himself***.
（その子供は自分１人でその模型飛行機を作った。）

≒ (all) by oneself

842
☐ **live up to ～** ～（期待など）に添う
I might not ***live up to*** your expectations.（私は君の期待に添えないでしょう。）

⇔ fall short (of ～)
cf. come up to ～ ～（期待など）に応える；～に達する
It doesn't ***come up to*** our standards.（それは我々が求める水準に達していない。）

843
☐ **put off ～** 口語 ～を嫌にさせる；～を延期する
The school excursion was ***put off*** until next Monday.
（修学旅行は来週月曜日に延期された。）

844
☐ **at stake** 危機に瀕して
What's ***at stake*** here is people's lives.（これには人の命が懸かっているんだぞ。）

845
☐ **go about ～** ～（仕事・問題など）に取り組む
Despite the hardship, Chris ***went about*** his business as usual.
（困難な時にあっても，クリスは普段通り自分の仕事をやった。）

846
☐ **(as) compared to 〔with〕～** ～と比べると
Compared to yesterday, it's much warmer today.
（昨日と比べれば，今日はずっと暖かい。）

≒ in comparison with 〔to〕～

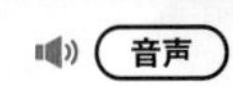

847 □ **think much of ～** 口語 ～を高く評価する；～を重んじる

The critics didn't ***think much of*** his novel.
（批評家は彼の小説をあまり評価しなかった。）

≒ think highly of ～　≒ make much of ～　⇔ think little〔nothing ; poorly〕of ～
cf. think better of ～　～を考え直してやめる
It seems she ***thought better of*** the idea.（彼女はその件について考え直したようだ。）

848 □ **tell A apart (from B)** （Bと）Aを区別する

Can you ***tell*** those twins ***apart***?（あなたにはその双子を区別できますか。）

849 □ **set〔put ; lay〕aside ～** ～を無視する；～を取っておく

My parents have ***set aside*** some money for me.
（両親は私のためにいくらかお金を貯めてくれています。）

cf. put ～ away　～を片付ける
Boys, it's time to ***put away*** the toys.（さあ，おもちゃを片付ける時間だぞ。）

203 □ **needless to say** 言うまでもなく

Needless to say, Japanese is one of the most difficult languages.
（言うまでもなく，日本語は最も難しい言語の1つだ。）　→ p.68 不定詞⑩

≒ it goes without saying that ...

204 □ **when〔while〕...** 口語 …時〔間〕（副詞節におけるS＋beの省略）

While in London, I stayed at my friend's house.
（ロンドンにいる間，私は友人の家に滞在した。）　→ p.91 省略①

205 □ **it is not too much to say (that) ...** …と言っても過言ではない

It is not too much to say that he is a genius.
（彼は天才であると言っても過言ではない。）　→ p.59 it①a

206 □ **might as well ～ as ...** …するくらいなら～する方がましだ

I ***might as well*** walk ***as*** wait for that train.
（その電車を待つくらいなら歩く方がましだ。）　→ p.77 助動詞⑧

Therapy Using Animals and Robots

253 words

1 ❶ People can **fall in love with** all kinds of animals. But animals do more than just **cheer** people **up**. They can also help people who are **going through** physical or mental troubles. Patients feel healing and relaxation by touching and **interacting with** dogs, cats, horses, and 5 other animals that assist *caregivers **in providing** therapy. Studies show that these experiences have a positive impact on patients' physical and emotional health.

❷ **In brief**, there are three main forms of animal-assisted help. One is Animal Assisted Therapy (AAT), in which medical professionals **furnish** 10 patients **with** animals for *therapeutic needs. Another is Animal Assisted Education (AAE), in which animals help students improve academic and social skills. And the third is Animal Assisted Activities (AAA), which **provide for** opportunities that enhance quality of life.

❸ When people **are afraid of** animals or animals cannot be used, 15 some caregivers are using robots. Some realistic pet-like robots are now being used as companions for the elderly and sick. These are especially helpful for patients with *dementia. People can also gain mobility **by means of** robots. One Japanese care center is developing a robot that can **give** caregivers **a hand** carrying patients who cannot **stand up** on 20 their own.

❹ Some people feel **ill at ease** about the idea of spending time with robots as they would with pets. But thanks to advancements in AI and other technologies, robot pets are becoming **so** realistic **that** some people may mistake them for live animals. **In any event**, helping patients is the 25 most important thing.

（注）caregiver「介護者」 therapeutic「セラピー治療の，心を癒す」 dementia「認知症」

☑ Check!!

❶□ **patient** 名 患者 形 忍耐強い
□ **healing** 名 癒し 形 癒しの
└heal 他 を治す；を癒す

□ **assist** 他 を助ける
└assistance 名 援助

医療現場で活躍する動物・ロボット

❶　人はどんな種類の動物だって好きになってしまうものだ。だが動物には，人を元気づける以上の力がある。動物は，身体的・精神的困難を経験している人を助ける力も持っているのだ。治療を行うにあたって介護者を補助する犬や猫，馬などの動物に触れ，交流することを通じて，患者は癒やしや安らぎを得る。こうした経験が患者の心身の健康に好影響をもたらすことは研究によって示されている。

❷　簡単に言うと，動物による介助には主に3つの形態がある。1つは「動物介在療法（AAT）」といい，心を癒す必要性から医療専門家が患者に動物を与えるというもの。もう1つは「動物介在教育（AAE）」というもので，動物が生徒の学業やソーシャルスキルの向上を後押しするというもの。3つ目は「動物介在活動（AAA）」というもので，生活の質を高める機会を提供するものである。

❸　患者が動物を怖がる，あるいは動物が使用できない場合，介護者によってはロボットを使うこともある。現在，ペットそっくりのリアルなロボットが，高齢者や病気の人のパートナーとして使われている。こうしたロボットは，とりわけ認知症の患者には役立つ存在となっている。また，人はロボットによって運動能力を得ることもできる。ある日本の養護施設では，自力では立ち上がることのできない患者を移動させる際に介護者を補助するロボットを開発している。

❹　ペットと過ごすのと同じようにロボットと共に過ごすという考えに，居心地の悪さを感じる人もいる。しかしAIやその他のテクノロジーの発展のおかげで，ペットロボットは極めてリアルなものになっており，生きた動物と見紛う人もいるかもしれないほどだ。いずれにせよ，患者の助けになることが何より大切である。

❷□ **enhance**　他 を高める
❸□ **realistic**　形 本物そっくりの；現実的な
□ **companion**　名 仲間；友達

850
□ **fall in love with ～** ～に恋をする
I *fell in love with* Miki at the first sight of her.
(私は一目見ただけでミキに恋をした。)

851
□ **cheer up ～** ～を元気づける；～を励ます
I tried to *cheer* him *up*. (私は彼を元気づけようとした。)

852
□ **go through ～** 口語 ～を経験する；～を通過する
We have already *gone through* many things.
(私たちはすでに多くのことを経験してきた。)

≒ pass through ～
cf 1. go through with ～　～をやり遂げる
Sophia finally *went through with* her plan. (ソフィアはついに計画をやり遂げた。)
cf 2. see through ～　～を見通す；～を見抜く
How can you *see through* my thoughts? (どうして私の考えていることを見透かせるの？)

853
□ **interact with ～** ～と交流〔対話〕する；～(物質などが) と相互作用する
To *interact with* someone is to talk with or do something with them.
(誰かと交流するということは，その人と話したり，何かをしたりすることです。)

854
□ **in brief** 要するに
In brief, our play was a great success! (要するに，僕たちの劇は大成功だった！)

≒ in a word　≒ in short

855
□ **furnish A with B** AにB (必要な物) を与える，供給する
The room is *furnished with* a PC and Internet connection.
(その部屋にはパソコンとインターネット接続が備わっている。)

856
□ **provide for〔against〕～** ～に与える；～に備える
You will need savings to *provide for* your old age.
(老後に備えるためには貯蓄が必要だ。)

cf. provide A with B　AにBを供給する〔提供する〕

857
□ **be afraid of ～** ～を恐れている
They *are afraid of* that country's nuclear missiles.
(彼らはその国の核ミサイルを恐れている。)

cf. be afraid to *do*　恐ろしくて…できない
≒ be scared of ～

858
□ **by means of ～** ～（の手段）によって

This factory operates ***by means of*** automation.
（この工場はオートメーションによって操業している。）

859
□ **give（人）a hand** 口語 ～（人）に手を貸す；～（人）の手助けをする

Could you ***give*** me ***a hand***?（手伝っていただけますか。）

≒ **lend ～ a hand**
cf. hand in hand 手を取り合って
I saw my parents walking ***hand in hand***.（私は両親が手をつないで歩いているのを見た。）

860
□ **stand up** 口語 立ち上がる；立っている

Meg, please ***stand up*** so everyone can see you.
（メグ，皆に見えるように立ってください。）

861
□ **ill at ease** 居心地が悪い；落ち着かない

He becomes ***ill at ease*** in the new surroundings.
（彼は新しい環境の中だと落ち着かなくなる。）

⇔ **at ease**
cf 1. at peace (with ～) 平和に；～と仲良くして
They seem ***at peace with*** each other.（彼らは仲良くやっているように見える。）
cf 2. speak ill of ～ ～の悪口を言う
I've never heard him ***speak ill of*** others.
（私は彼が他人の悪口を言うのを聞いたことがない。）

862
□ **in any event** いずれにせよ；とにかく

That plan would have failed ***in any event***.
（その計画はどのみち失敗していただろう。）

≒ **at any rate** ≒ **in any case** ≒ **at all costs** ≒ **at any cost** ≒ **at any price**

207
□ **in …ing** 口語 …する時に

Be careful ***in crossing*** the street.（その通りを渡る時には注意しなさい。）

↩ p.17 前置詞・副詞

208
□ **so ～ that ...** 大変～なので…；…であるほど～

I got up ***so*** early ***that*** I could catch the first train.
（私は大変早く起きたので始発列車に乗ることができた。）

→ p.78 接続詞③

74 Water Shortages

248 words

1 ❶ Water is something people in Japan **count on** having every day. The full extent of the world's water crisis has not yet **dawned on** most people. But we cannot **beat around the bush**: It is already a major problem. The UN says that four billion people experience severe water shortages for at
5 least one month each year. As long as current trends continue, half of the world's population could be living in areas facing water scarcity by 2025.

❷ The global population needs water to survive, and we won't **make it** if something is not done about water shortages. **Contrary to** what some may wish, we cannot expect the problem to get better **independent of**
10 human action. We must do something **at once**.

❸ One solution is conservation. In Australia, the driest continent after Antarctica, many regions are constantly short of water. To **compensate for** these shortages, the government is **appealing to** its citizens **for** water conservation efforts. Water restrictions apply to many
15 parts of the population. For example, people are not allowed to water their lawns or wash their cars **on** certain days.

❹ Another solution is technology. Many areas that face water scarcity have little electricity, **much less** *infrastructure; and what water supply equipment they have is often **out of order**. Developed nations need to
20 **stand by** less developed regions and supply them with pumps, filters, and other devices that **are suited to** their environment. And *desalination technology, which can make drinkable water from salt water, must be improved.

（注）infrastructure「（社会の）基盤，インフラ」 desalination「脱塩」

☑ Check!!

❶☐ **shortage** 名 不足
☐ **scarcity** 名 不足
├scarce 形 乏しい
└scarcely 副 ほとんど…ない

❸☐ **conservation** 名 保護，保存
☐ **continent** 名 大陸
☐ **restriction** 名 制限
└restrict 他 を制限する

❹☐ **suited** 形 適した
他 に合う；に似合う

世界を脅かす水不足

❶　日本人は毎日水が得られることを当然だと思っている。世界の水資源危機の実態は，まだほとんどの人には理解されるに至っていない。だが，遠回しに言うのはやめよう。水の危機はすでに深刻な問題だ。国連によると，40億人が毎年少なくとも1カ月にわたって深刻な水不足に陥っているという。今の状況が続く限り，2025年には世界の人口の半数が暮らす地域で水不足が生じている可能性がある。

❷　世界人口は生きるのに水を必要としており，水不足に対して何らかの手を打たなければ，私たちは十分な水をまかなえないだろう。一部の人が抱いているかもしれない願望に反して，人間の行動とは無関係に問題の改善は見込めない。人類はただちに行動を起こさなければならない。

❸　解決策の1つは節水だ。南極大陸に次いで乾燥した大陸であるオーストラリアでは，多くの地域で慢性的に水不足が生じている。水不足を解消するため，政府は市民に節水するよう呼びかけている。水の使用制限はオーストラリア国民の大部分に適用されている。1例として，特定の日には芝生の水やりや洗車ができないことになっている。

❹　もう1つの解決策はテクノロジーだ。水不足に直面する地域の多くは，電気もあまり通っておらず，インフラはなおさら整っていない。彼らがもっている水の供給設備はみな，故障していることが多い。先進諸国は発展途上地域に寄り添い，それぞれの環境に適した揚水ポンプや濾過器，そして他の装置を供給する必要がある。そして，塩水から飲用水を生成することができる淡水化技術の進歩も必須である。

863
☐ **count on 〔upon〕 ～** ～を当てにする；～に（当然のように）頼る

You can *count on* me anytime.（いつでも私を頼ってくれてよいですよ。）

≒ depend on 〔upon〕 ～　≒ rely on 〔upon〕 ～ (for ...)

864
☐ **dawn on ～** ～にとって次第にわかるようになる

It *dawned on* me how lucky I was.
（私はようやく自分がどれだけ幸運だったか理解し始めた。）

865
☐ **beat around 〔about〕 the bush** 遠回しに言う

Stop *beating around the bush* and get to the point.
（遠回しに言わず，本題に入ってください。）

866
☐ **make it** 口語 うまくいく；間に合う

You finally *made it*! Congratulations!（ついにやったね！ おめでとう！）

867
☐ **contrary to ～** ～に反して

His opinion is *contrary to* mine.（彼の意見は私の意見に反している。）

cf. on the contrary　それどころか

868
☐ **independent of ～** ～に頼らない；～から独立した

How long has America been *independent of* England?
（アメリカはイギリスから独立してどれくらいになりますか。）

⇔ dependent on 〔upon〕 ～

869
☐ **at once** すぐに

Please tell him to call me *at once*.（すぐに私に電話するよう彼に言ってください。）

≒ in no time　≒ in a minute 〔second〕

870
☐ **compensate for ～** ～を埋め合わせる；～（損失など）を補償する

The insurance company *compensated for* the damage.
（保険会社がその損失の補償を行った。）

≒ make up for ～

871
☐ **appeal to A for B** BのためにAに訴える

She *appealed to* her friends *for* help.（彼女は友人たちに助けを求めた。）

872
☐ **much〔still〕less ～**　(否定文に続いて) まして～ない

I can't even write hiragana, ***much less*** kanji.
(私はひらがなさえ書けないのです。漢字はなおさらです。)

cf. much〔still〕more ～　(肯定文に続いて) まして～, ～はなおさら

873
☐ **out of order**　故障して；順序がくるって

Oh no, my phone is ***out of order*** again. (やばい，また携帯電話が故障した。)

⇔ in order

874
☐ **stand by ～**　～の味方をする

My wife ***stood by*** me during my trial. (妻は裁判中も私の味方をしてくれた。)

≒ side with ～　≒ take sides with ～

875
☐ **be suited to ～**　～に適した

This house ***is suited to*** a big family. (この家は大家族に適している。)

209
☐ **on ～**　～に (特定の日の朝・晩などに用いる)

He plays tennis ***on*** Sunday afternoon. (彼は日曜日の午後にはテニスをする。)

↩ p.12 前置詞・副詞

cf. on …ing　…するとすぐに

INDEX

❶ 赤の文字は熟語，**青の文字**は構文の見出しに掲載されたものです。

❷ 細字は「≒」または「⇔」掲載のもの，*イタリック文字*は cf. 掲載のものです。

❸ 数字はページを表しています。同時に，赤の文字は熟語，**青の文字**は構文，細字と*イタリック文字*はそれぞれ「≒」と「⇔」，cf. の掲載ページです。

A

B

C

D

E

F

G

H

I

M

N

P

Q

R

U

V

W

Y

その他

速読英熟語 [改訂版]

初版第1刷発行 ………2000年 3月20日
改訂版第1刷発行 ……2024年 3月 1日
改訂版第9刷発行 ……2024年12月 1日

企画…………………………温井史朗
著者…………………………岡田賢三
発行人………………………藤井孝昭
発行…………………………Z会
〒411-0033 静岡県三島市文教町1-9-11
【販売部門：書籍の乱丁・落丁・返品・交換・注文】
TEL 055-976-9095
【書籍の内容に関するお問い合わせ】
https://www.zkai.co.jp/books/contact/
【ホームページ】
https://www.zkai.co.jp/books/
装丁…………………………山口秀昭（Studio Flavor）
本文デザイン………………BLANC design inc.
印刷・製本…………………TOPPANクロレ株式会社
執筆協力……………………Kevin Glenz, Pang Hwee Jing, 田中国光, 三国正人
イラスト……………………SANDER STUDIO
英文校閲……………………Denise Fukuda
編集協力……………………株式会社 シー・レップス
音声録音・編集……………爽美録音株式会社

ISBN978-4-86531-587-5 C7082

速読英熟語

Idioms & Phrases × Rapid Reading

[改訂版]

英文解説 ＋ Check & Master

※この別冊は強く引っぱると取り外せます。

英文解説

1～74の英文（イラスト付きの回16，31，46，61を除く）の語句，文法・構文，内容を解説した。英文を読みながらわからない箇所が出てきたら適宜参照しよう。わからない箇所をごまかさず，確実に理解することで英文・熟語・構文の知識がより定着するだろう。

英文解説の凡例

＝：同一のものを結ぶ／関係代名詞・関係副詞
→：矢印の先のものに係る
□：相関語句／接続詞
S：主語　V：動詞　O：目的語　C：補語
（　）：省略　［　］：句や節　{：並列
文法：文法・構文の解説　語句：語句の解説
内容：英文内容の解説

英文解説

1 How to Avoid Being Late 遅刻しないようにするには

l.1

▶分詞構文
But [once in a while], you stay up late at night,
losing yourself in a TV show or video game.

文法 losing yourself in a TV show or video gameの部分は分詞構文で，主節の内容と分詞構文の内容が同時に起こっている‘付帯状況’を表している。→ 分詞3①a

l.3

▶省略
You want to be on time,
but you just can't (be on time).

文法 can'tのあとには，繰り返しを避けるため，前の節のbe on timeが省略されている。「したいけれどもできない」という内容をつかみたい。

語句 on time「時間通りに」。in time（間に合って）と意味は近く，ここではin timeで置き換えても問題ないが，例えば電車が定刻通りに発着することはon timeで表す。

l.9 内容 these should be a last resort「これは最後の手段とすべきだ」。resortは「頼みの綱；手段」という意味の可算名詞。theseは前節のsleeping pills（睡眠薬）を指しており，眠る時できるだけ睡眠薬には頼るべきではない，ということ。

l.12 語句 breakfast treats「とっておきの朝食」：treatは「ごちそう」という意味の可算名詞。

l.13 語句 look forward to *doing*「…することを楽しみにする」。このtoは前置詞なので，動詞の原形ではなく動名詞が続く。

l.16 文法 What if SV ...?「…したらどうなるだろうか。」：主に好ましくないことに対する不安を表すことが多い。「…してはどうか。」という提案の意味になることもある。→ 省略②

l.19 文法 Just keep trying, and ....「とにかく挑戦し続けなさい，そうすれば…。」。命令文のあとにandと節が続く形。orと節が続いた場合，「さもなくば…。」と命令文の内容に従わなかった場合の結果が続く。

2 How to Make Friends 友達作りのコツ

l.3

▶並列関係をつかもう

[Sometimes] people feel (that) they
- could not possibly start a relationship with anyone [and]
- would rather be alone than try to make new friends.

文法 述語動詞feelの目的語であるthat節の中で，共通の主語theyに対して could not ... とwould rather ... の両方がandで並列されてつながっている。→ 助動詞⑩

l.5

▶並列関係をつかもう

[But] the chances are that
most of the people [around you]
- feel the same shyness [and]
- are waiting for someone else to act on their wish to communicate with someone new.

文法 文全体の補語であるthat節の中で，共通の主語most of the people around youに対してfeel ... とare waiting ... の両方がandで並列されてつながっている。

l.14

▶並列関係をつかもう

If not, you can
- say something nice about the person, [or]
  - ask what they like [and]
  - see what you have in common with them.

文法 主節は，you canに対してsay ... とor以下がorで並列されてつながっている。or以下では，ask ... とsee ... がandで並列されてyou canにつながっている。意味のかたまりは，orの前後で分かれている。また，theyやthemはここではthe personを指すが，性別不詳の三人称単数を，単数形の代名詞でなくtheyで受ける用法である。

内容 If notは，直前の文のif節と逆の内容を表しており，If you're not in the same school or club「もしあなたが学校やクラブ活動で一緒ではなくても」ということである。

l.21 内容 A deep breath should put you at ease.「深呼吸をすれば気持ちも落ち着くはずだ。」: shouldは'現在の可能性・推量'を表す。

3 Gap Term ギャップターム

*l.*3 語句 in bloom「(花が)咲いている」。bloomは「開花期」という意味の名詞。in full bloomで「満開の」という意味になる。

*l.*6 内容 gap term「ギャップターム」。学生が高等学校を卒業してから大学に入学するまでの空白期間のことを指す。イギリスなどでは，1年を超えるなど，実際の空白期間以上にこの猶予期間を与えて，学生にさまざまな経験を積ませる慣習が定着していることから，gap yearとも呼ばれる。通常日本の高校生は3月に高校を卒業するので，4月に学年暦が始まる大学に進学すればギャップタームが生じることはないが，近年海外の学年暦に合わせるなどの理由で増えてきている秋入学の大学に進学する場合，その学生が数カ月のギャップタームをどのように過ごすかが問題となってくる。ボランティア活動などの有意義な活動への参加を促すために，審査の上ギャップターム時の活動を入学後の単位として認める大学も存在している。

*l.*13 内容 Others are content with the current school year schedule.「現行の学年暦に満足している者もいる。」: *l.*8のSome think it's a good idea.(それ(=ギャップターム)がよい考えだと思う者もいる。)のsomeに呼応してothersが用いられているので，ここでは対比的に「ギャップタームがよい考えだと思わない者もいる」という内容を表している。→ 名詞・代名詞③

*l.*16 語句 develop「～(=感情・性質・傾向など)をもつようになる〔身につける〕」。developは多義語で，他動詞の場合「～を発達させる；～を開発する；～(=病気)になる；～(=問題など)を起こす；～(=議論など)を展開する；～(=写真・フィルム)を現像する」などの意味もある。

*l.*19 語句 go for it「頑張る」。命令文の形で，何かの目標がある相手を応援したり励ましたりする時に使われることが多い表現。このitは話し手と聞き手の間で共通認識がある漠然とした状況や事情を表す「環境のit」と考えられる。ここでは「ギャップタームを活用して何かを達成できるように頑張る」という内容を表している。

4 The Origins and Spread of Coffee コーヒーの起源と普及

*l.*10

▶分詞構文

They threw the berries into a fire,
thinking (that) they were evil.
分詞構文

文法 thinking they were evilの部分は分詞構文で，主節の内容の‘理由’を表していると考えられる。Theyは前文のreligious workers（聖職者たち）を指す。→ 分詞3①d

*l.*17 語句 account for ～「～を占める」。円グラフなどで示された統計データを説明する時によく使われる語句。account for ～には他に「（物・事が）～の原因となる；～（の理由）を説明する」といった意味がある。*cf.* Her injury accounts for her slump this season.（彼女の今シーズンの不調はケガのせいだ。）

5 The Knowledge of London ナレッジ・オブ・ロンドン

*l.*3 内容 It is too difficult for about 70% of the test takers to pass.「それは難しすぎて約70%の受験者が受からない。」：Itはタクシードライバーの志望者が受験しなければならないthe Knowledge of Londonという試験を指している。too ～ for O to *do*（～すぎてOが…できない）の構文に注意。passの目的語は主語のItであり，合格率約30%の難しい試験であるということを言っている。→ 不定詞⑥

*l.*5

▶現在分詞句の後置修飾

The person [taking the test]
S
must know [in detail]
V
some 25,000 streets
O [covering about 32,000 kilometers].

文法 主語と目的語をそれぞれ後ろから現在分詞句が修飾している。
→ 分詞1①

語句 ここのcoverは「（道路の長さが）～にわたる」という意味の他動詞。

l.9

▶thatの省略

This is so (that) they can offer excellent service
[when they give a ride to someone who is in a hurry].

文法 is と they can ... という動詞表現が接続詞なく続いているように見えるが，so のあとに that を補うと，so that ...（…するために）という‘目的’を表す名詞節が is の補語となっていることがわかる。この場合の that は省略されることがある。→ 接続詞⑤

l.15

▶現在分詞句の後置修飾

a statue of mice [eating a piece of cheese]

文法 現在分詞句の後置修飾で，「『チーズのかけらを食べているネズミたち』の像」ということ。→ 分詞 1 ①

l.21 語句 do away with ～「～を廃止する」。abolish とほぼ同じ意味。

6 Digital or Paper Books? 電子書籍か，紙の書籍か？

l.1

▶並列関係をつかもう

About 42% of U.S. adults (S) said (V)
[in a recent survey]
that they now read either digital books only,
or digital books as well as paper books (O).

文法 目的語の that 節の中では，either A or B（A か B のどちらか）の相関接続詞が，A は digital books only，B は digital books as well as paper books として用いられている。また，その B では as well as で digital books と paper books が並列されている。全体で，「米国の成人の約 42% が電子書籍だけ，あるいは紙の書籍だけでなく電子書籍も読んでいる。」という内容になっている。→ 接続詞⑩ 否定⑤

l.14 文法 They do not take up space like paper books do. の do は代動詞で，take up space の代わりになっている。→ 助動詞⑪

l.20 語句 go out of business「倒産〔廃業〕する」。対になる表現は go into business（事業〔商売〕を始める）。

7 Yawning あくびの謎

*l.*4 内容 when they are still inside their mother「まだ彼ら（＝赤ちゃん）が母親の中にいる時」。これは，直前の「産まれたあと」との対比で「産まれる前」という意味である。

*l.*5

▶入れ子の名詞節を見抜こう
[Often], people think
[a yawn means [we are bored with something]].

*l.*6 内容 There is more to it than that. は「それ（＝it）にはそれ（＝that）以上のものがある。」という意味で，it は a yawn，that は「何かに退屈したからあくびをする」という人々があくびについて考えがちな通念を指している。

*l.*6 文法 scientists aren't quite sure why we yawn「科学者たちはなぜ人があくびをするのかよくわかっていない」。be sure の直後に that 節や疑問詞の節を伴って，「（節の内容について）確信している」という意味になる。

*l.*12 文法 we see someone yawn「誰かがあくびをするのを見る」。知覚動詞 see の用法で，〈see + O + 動詞の原形〉で「O が…するのを見る」。
→ 動詞①

*l.*13 語句 hold in ～「～を抑える〔表に出さない〕」。この in は副詞なので，目的語が代名詞などの場合は in の前にくる。

*l.*15 文法 after watching someone else yawn「他の誰かがあくびをするのをじっと見たあとで」。知覚動詞 watch の用法で，〈watch + O + 動詞の原形〉で「O が…するのを注意して見る」。see より注目の度合いが高い。→ 動詞①

*l.*17

▶過去分詞句の後置修飾をつかもう
a University of Tokyo researcher (S) ← [named Teresa Romero]
found (V) that the same is true of dogs (O)

文法 a University of Tokyo researcher named Teresa Romero「テレサ・ロメロという名の東京大学の研究者」：過去分詞句の後置修飾で，name O C（O を C と名付ける）の O が前に出て named C に修飾されている。
→ 分詞1②

*l.*19 文法 they see a familiar person yawning「それら（＝犬）が，親しい人があ

くびをしているのを見る」。知覚動詞seeの用法で，〈see＋O＋現在分詞〉で「Oが…しているのを見る」。〈see＋O＋動詞の原形〉の場合，動作の一部始終を見るニュアンスとなるが，現在分詞の場合，その動作をしている一場面だけを目撃するニュアンスとなる。

8 The Effectiveness of Napping 仮眠のススメ

l.3 内容 If you have the opportunity, it's a good idea to go ahead and take one.「そうした機会があれば，ぜひ仮眠を取るとよい。」: oneは2文前のa napを指す。このgo aheadには強い意味はなく，「(仮眠を取るという行為を) そのまま実行する」という程度の意味。

l.9 ▶過去分詞句の後置修飾

A "power nap" (S) is (V) a 15- to 30-minute nap (C) ↑ [popularized by an American university professor]

文法 popularize (～を社会に広める) の過去分詞句が，a 15- to 30-minute napを後置修飾している。→ 分詞1②

l.18 内容 That is, unless you are supposed to be at class during that time.「まあ，その間に授業に出ることになっていなければの話だが。」: 前文の「昼食後に眠ければ仮眠を取ってもよい」という内容に追加で条件を加えている。このように，that isにはif節やunless節を伴って「…であれば〔なければ〕の話だが」という'条件'を加える用法がある。

9 About Lies いいうそと悪いうそ

l.3 内容 Or is it?「あるいはそれはうそなのだろうか。」。この段落の前の部分で紹介されている「伝えた情報があとから誤りだとわかった場合」について，その場合それは「うそ」ではない，という内容を受けている表現。よって，省略を補うとOr is it (a lie) ? となる。

l.17 語句 lest「…しないように；…するといけないから」。ある起こり得る状況への不安を前提としている。やや古い接続詞で，so that ～ not ... や for fear that ..., in case ... で表すのが普通。→ 接続詞⑥

l.19 **▶過去分詞句の後置修飾**

If it's a simple lie
[meant to avoid hurting someone's feelings],
it may be OK.

文法 mean の過去分詞句が，a simple lie を後置修飾している。→ 分詞 1 ②

l.20 **▶関係詞節の後置修飾**

But if, [for example],
a person [who is running for election] tells lies,
S'　　　　　　　　　　　　　　　　　　V'　O'
it could be dangerous.

文法 if節の中の主語を関係詞節が修飾している。

10 What Causes Colds? 風邪をひくメカニズム

l.1 内容 Dress warm or you'll catch a cold!「暖かくしなさい，じゃないと風邪をひくよ！」。全体は〈命令文 + or ....〉（～しなさい。さもないと…。）という構文。この warm は副詞で，warmly の略式表現。

l.11 **▶動名詞句の主語をつかもう**

Some studies have shown
[that being cold weakens our immune systems].
S'　V'　O'

文法 文の目的語である that 節の中では，being cold という動名詞句が主語になっている。

l.15 **▶長い主部を見抜こう**

touching surfaces [that have viruses on them]
S
increases risk even more
V　O

文法 touching surfaces という動名詞句が主語になっていて，かつ surfaces を関係詞節が修飾しているため，主部が長くなっている。

l.18 内容 Getting fresh air may be better than being with others indoors.「新鮮な外の空気を吸うことは屋内で他人と過ごすよりマシかもしれない。」: Getting fresh air と being with others indoors という 2つの動

名詞句の内容が比較されている。

11 The Benefits of Crying 泣くことの利点

l.4 語句 move「～を感動させる」。

l.8 ▶比較構文

Many experts say that
it's healthier to let go of your stress by crying
than
to hold back your tears.

文法 sayの目的語のthat節の中では，healthyの程度について，to let go of your stress by cryingとto hold back your tearsが比較されている。

l.11 ▶同格などの文構造をつかもう

University of Minnesota researchers found [that
endorphin, a natural pain-relieving substance,
同格
is not found in tears
[except for those
[shed in response to emotion]]].

文法 that節の中の主語endorphinの直後のa natural pain-relieving substanceは同格でendorphinを補足説明している。thoseはtearsを指し，過去分詞句で後置修飾されている。→ 分詞1② 接続詞②a

l.16 内容 Moderation is important, of course.「もちろんほどほどであることが肝心だ。」。直後に具体例があるように，泣くのを止められないほどの激しい泣き方は，何らかの感情的問題が背景にあると考えられるので，ほどほどに泣くのがよい，ということ。

l.20 内容 Maybe you should join in with them (= someone) instead!は「そうではなくてその人に加わるべきかもしれない。」が直訳だが，themは直前の不定代名詞someoneを指し，泣いている誰かと一緒に泣くべきかもしれない，ということを言っている。

l.20 文法 someoneのように性別不詳の三人称単数を，単数形の代名詞でなくtheyで受けることがある。

12 Sleep and Dreams 睡眠と夢

l.8 文法 Some people remember their dreams at times, and some don't remember them at all.「時には夢を覚えているという人もいれば，まったく覚えていないという人もいる。」:「～な人もいれば，（一方）…な人もいる」という表現にはSome ～, (while) others ... もある。2つ目のsomeのあとにpeopleが省略されており，themはdreamsを指す。→ 名詞・代名詞③

l.12 語句 as soon as「…するとすぐに」。just〔right；immediately〕afterとほぼ同じ意味。→ 接続詞⑪

l.24 文法 help you relax「（あなたが）リラックスするのを助ける」。relaxは動詞の原形で，〈help O (to) *do*〉で「Oが…するのを助ける」という意味。

13 Good Stress 良いストレス

l.1 語句 Stress is generally considered a negative condition.「一般的にストレスは望ましくない状態だとみなされている。」: consider O (to be〔as〕) C（OをCとみなす）の受動態の形。

l.10 ▶関係詞節を含む文構造を見抜こう

McGonigal describes three attitudes

[that can help people get through]

文法 thatは主格の関係代名詞で，先行詞はthree attitudes。help people get through「人が切り抜けるのを助ける」。〈help O (to) *do*〉で「Oが…するのを助ける」という意味。

内容 three attitudesについては，同じ段落内で，One is ..., The second is ..., The third is ... という形で列挙されている。

語句 get through「切り抜ける」。ここでは「ストレスを乗り越える」ということ。

l.19 内容 opposite things can be true「正反対のことがどちらも正しいことがある」。同段落冒頭で，stress can be harmful（ストレスは有害になり得る）とあるが，同段落最後にはthink about how it can help you learn and grow（それが自分の学びと成長にどう役立ちうるかということも考えよう）とあることから，opposite thingsとはstress can be helpful（ストレスは役に立ち得る）という内容を指していると考えられる。

14 Why We Love Salty Foods しょっぱいものが好き

l.3 文法 make our mouths water「私たちの口につばを出させる（＝食欲をそそる）」：water は動詞の原形で，「つばが出る」という意味の自動詞。〈make O *do*〉で「O に…させる」。→ 動詞③

l.8
▶関係詞の非制限用法をつかもう

Early humans (S)
[, who came into being around 200,000 years ago,]
had (V) fewer sources of salt (O).

文法 非制限用法の関係詞節が挿入されていて，early humans を補足説明している。もしここを Early humans who ... と , のない制限用法にすれば，20万年前に出現した以外の初期人類の存在が含意される。→ 関係代名詞①a

l.10
▶節の後置修飾

Having spent the day 分詞構文
hunting and sweating in the forest,
they needed to get any salt they could find.

文法 Having spent the day hunting and sweating in the forest は分詞構文で，〈having＋過去分詞〉とすることで主文よりも前の内容を表せる。ここでは塩を必要とする前に1日中狩猟をして汗をかいていたということ。この分詞構文は‘理由’を表していると考えられる。2つ目の they の前に関係代名詞 which〔that〕が省略されている。→ 分詞3③

l.17
▶過去分詞句の後置修飾

High levels of salt persist
in the foods commonly eaten in Japan,
[including soy sauce and miso soup].

文法 eat の過去分詞句が，the foods を後置修飾している。eaten を修飾する commonly（一般に）にも注意。→ 分詞1②

語句 including は前置詞で，名詞のあとでその名詞に含まれるものを具体的に列挙する機能がある。

15 About Dolphins イルカについて

*l.*2 文法 the way they breathe「それらが呼吸する方法」。they breatheは関係詞節だが，先行詞the wayを用いる場合は関係副詞howと一緒には用いない。howを使う場合はthe wayを省略してhow they breatheとする。→ 関係副詞①d

*l.*2 文法 In contrast to fish, which breathe through their gills, dolphins breathe through their lungs.では関係詞の非制限用法が用いられていて，which breathe through their gillsはfishを補足説明している。なお，このfishは複数形。→ 関係代名詞①a

*l.*3 語句 It follows that ...「（当然）…ということになる」。that節の内容が続く（follows）ということなので，itは形式主語と考えればよい。

*l.*5 **▶関係詞節を含む文構造を見抜こう**

Their blowholes are equipped with a flap of skin

[that opens and closes the hole].

（that opens / and / closes } the hole：opensとclosesがthe holeを共通の目的語とする）

文法 thatは主格の関係代名詞で，先行詞はa flap of skin。opensとclosesはthe holeを共通の目的語としている。

*l.*9 **▶関係詞の非制限用法**

Another fascinating thing about dolphins (S) is (V)

the way they sleep (C)

[, which also concerns their breathing].

文法 非制限用法の関係詞節は，the way they sleep（それらの眠る方法）を補足説明している。この先行詞も同様にhow they sleepで書き換えられる。→ 関係副詞①d 関係代名詞①a

*l.*10 文法 Humans can breathe while sleepingのwhile節では主語とbe動詞が省略されていて，while they（= humans）are sleepingと補うことができる。→ 省略①

*l.*13 内容 these halvesは，these halves of their brainsということで，（one）halfとthe other halfの2つを指す。

*l.*18 文法 Even while sleepingのwhile節でも主語とbe動詞が省略されていて，

while they (= dolphins) are sleepingと補うことができる。→ 省略①

l.20 文法 it is very important that their environment is free from noise pollutionは形式主語構文で，that以下が真主語。→ it②a

17 The Intelligence of Crows カラスの驚くべき知能

l.13 語句 crows are also capable of using tools「カラスは道具も使える」。be capable of *doing*で「…することができる」という意味。be able to *do*で書き換えられる。

l.15 文法 bring the level up to where they can drinkのwhereは関係副詞で，先行詞が省略されている。「飲めるところまで（液体の容器の）水位を上げていく」という意味。→ 関係副詞②c

l.18 語句 instead of *doing*「…するのではなく」。ある行為をせずに代わりに別の行為をすることを指す。

l.20 ▶長い主部を見抜こう

Scientists (S) say (V)

[that the densely-packed neurons (S') ← [in their small brains] account for (V') crows' intelligence.] (O)

文法 sayの目的語であるthat節の中では，in their small brainsに修飾されたthe densely-packed neuronsが長い主部を形成していることに注意。

18 Plastic in the Oceans プラスチックごみによる海洋汚染

l.4 語句 By 2050, there could be more plastic than fish in the ocean by weight.「2050年までに，海におけるプラスチックが魚を重量で上回る可能性があるのだ。」: 2つの前置詞byの用法の違いに注意。1つ目のbyは‘時間の限界’を表し，この時までにある状態になったり，ある行為が完了したりしていることを指す。2つ目のbyは「～に関して」と‘関連’を表している。

l.7

▶倒置

At issue are
V

the large pieces of plastic
[that find their way into the ocean
[via streams and rivers]].
S

文法 at issueが前に出て，the large pieces of plastic that find their way into the ocean via streams and riversという長い主部が後ろに置かれている。この主部は，主格の関係代名詞thatが導く節によってthe large pieces of plasticが修飾されている形。

語句 viaは「～を経由して」という意味の前置詞。

19 Protecting Forests with Fire 火で森を守る

l.2 文法 we have to be as careful as we can not to start a fire in a forestにおいて，not to start a fire in a forest（森林で火災を起こさないために）は不定詞の副詞用法。toの前にnotが付いて不定詞が否定されていることに注意。

l.12

▶関係詞節を含む文構造を見抜こう

The planners must look out for any factors
[that may affect the fire],
[such as weather and environmental conditions].

文法 thatは主格の関係代名詞で，先行詞はany factors。such as以下はfactorsの具体例を示している。

l.13 内容 Those doing the burning「野焼きをする計画者」。thoseは前出のthe plannersを指している。doing the burningがどのような計画者かを説明している形。→ 名詞・代名詞⑤

l.17 内容 Anotherは前出のOne goalと呼応して「もう1つの目標」という意味。そのあとのa thirdは「（3番目に挙げられた）さらにもう1つの目標」という意味。挙げる順序が決められていない場合，このようにthirdに対しても不定冠詞が用いられる。

l.20 文法 to help young plants grow「若木が育つのを助けるための」。不定詞の形容詞用法。〈help O (to) *do*〉で「Oが…するのを助ける」という意味。

20 Halley's Comet ハレー彗星

l.4 語句 the force of the solar wind causes a tail to form「太陽風の力により，尾が形成される」。cause O to *do*（Oに…させる）の形。主語とO to *do*に因果関係がある。

l.9 **▶過去分詞句の後置修飾をつかもう**

He was the first to suggest
[that comets [seen in 1531, 1607 and 1682]
(comets = S ← seen in 1531, 1607 and 1682)
must have been the same].
(must have been = V, the same = C)

文法 suggestの目的語のthat節の中では，seeの過去分詞句がcometsを後置修飾している。〈must have + 過去分詞〉は「…したに違いない」と過去のことを表す。→ 分詞1② 助動詞①b

語句 the first to *do*は「…する最初の人」という意味。

l.13 語句 BCE「紀元前」。before the Common Eraの略で，B.C.（紀元前：before Christ）と同様に数字のあとに付ける，キリスト教色を避けた言い方。

l.14 内容 William I「ウィリアム1世」。イングランドの王で，「征服王(William the Conqueror」とも呼ばれた。1066年にノルマン朝を開いた。

l.14 内容 Genghis Khan「チンギス・ハン」。他部族への侵攻によりモンゴル草原を統一し，その後現在の中国やロシアにも勢力を広げ，モンゴル帝国を築き上げた。

l.17 文法 they believed that it would end life on Earth「それが地球上の生命を根絶やしにすると信じていた」。

l.19 内容 those observations did not amount to much, as it remained far from Earth, and the Sun was in the wayは，「地球から遠かったり，太陽が邪魔をしたりといった理由で，ハレー彗星の観測であまり成果を上げられなかった」ということを言っている。

21 Brain Size and Intelligence 脳の大きさと知能

*l.*1 文法 Have you ever heard someone referring to someone else as a "birdbrain"?「誰かが他の誰かを『鳥頭』と呼ぶのを聞いたことがあるだろうか。」:〈hear O＋現在分詞〉(Oが…しているのが聞こえる)と知覚動詞が使われている。全体が現在完了の疑問文になっていることに注意。→ 時制① 動詞①

*l.*12 語句 see if ...「…かどうか確かめる」。to see if ... の形で用いられることが多い。

Ex. Let's examine the machine to see if there are any problems with it.(機械に何か問題がないかどうか確かめるために調べてみよう。)

*l.*13 内容 these studies have found only a slight relationship between the two「それらの研究は，2者の間にわずかな関係しか見出さなかった」という意味。このthe twoはbrain size(脳の大きさ)とintelligence(知能)のこと。

*l.*19 内容 They live in societies and teach each other things.「彼らは社会生活を営み，お互いにものごとを教え合う。」。Theyはwhales and dolphinsを指している。societyはこのように人間以外の動物の社会を意味することもある。また，teachの間接目的語がeach other，直接目的語がthings。

*l.*21 ▶強調構文

it's how it is used that counts

文法 短い文だが強調構文が使われていて，主語のhow it is usedが強調されている。how it is used countsということ。→ 強調②a

語句 countは自動詞で「重要である」という意味。ほぼ同じ意味のmatterも覚えておきたい。

内容 itはthe brainを指していて，「重要なのは脳をどう使うかである」という意味。

22 Smartphones and Driving「ながらスマホ」の危険性

*l.*1 文法 They make it easy to keep in touch with family and friends.：itは形式目的語で，真目的語はto keep in touch with family and friends。→ it①d

*l.*5 文法 while driving, riding a bicycle, or walkingは〈主語＋be動詞〉が省略

されており，while you are driving, riding a bicycle, or walkingと補える。→ 省略①

l.6

▶やや複雑な文構造を見抜こう

It goes without saying that
[if you cannot help looking at your phone
[while (you are) on the move]],
you may put yourself and others at risk of an accident.

文法 that節内がif you cannot help looking at your phone while on the moveという副詞節で始まっていることに注意。このif節内のwhile節でも〈主語＋be動詞〉が省略されているので，you areを補うとよい。後半のandはyourselfとothersを結んでおり，「あなたとそれ以外の人々（を事故の危険にさらすかもしれない）」ということ。→ 省略①

l.9

▶過去分詞句・現在分詞句の後置修飾

there were 1,394 traffic accidents
[caused by drivers
[looking at their smartphones or mobile phones]]

文法 1,394 traffic accidentsが過去分詞句caused by drivers looking at their smartphones or mobile phonesで修飾され，この中ではdriversが現在分詞句looking at their smartphones or mobile phonesで修飾されている。なお，looking ...を動名詞句，driversをその意味上の主語と考えることもできる。直後のTraffic accidents caused by cyclists using smartphonesも同じ構造になっている。→ 分詞1②・① 動名詞①

l.15 語句 tickets「交通反則切符；違反切符」。give O a ticketで「Oに（違反の）切符を切る」ということ。

l.16 文法 there were 300,000 tickets given related to mobile phone use while driving, which is 5% of the total.の後半のwhich節は非制限用法の関係詞節。先行詞は300,000 ticketsで離れていてわかりにくいが，数字に関する内容であることから関係を正しく見抜きたい。→ 関係代名詞①a

l.18 語句 Fine「罰金」。「～に罰金を科する」という動詞の用法もある。

23 Ötzi the Iceman アイスマン「エッツィ」

l.1

▶倒置

[In a museum in Bolzano, Italy], lies
前置詞句 V

the oldest natural mummy in Europe.
S

文法 In a museum in Bolzano, Italy, という'場所'を表す前置詞句が前に出たことで，動詞 lies と主語 the oldest natural mummy in Europe の位置が逆転する倒置が起きている。→ 倒置②

l.16 文法 those は前出の the positions を指す。

24 The Origins of Glass ガラスの起源

l.4 語句 the 2nd millennium BCE は「紀元前2000年からの1000年間」という意味で，西暦0年からさかのぼって2番目の1000年間ということ。

l.6

▶関係詞節を含む文構造を見抜こう

They made glass from quartz rocks and plant ash

[that were melted together
[so that they did not fall apart]].

文法 that は主格の関係代名詞で，先行詞は quartz rocks and plant ash。so that 以下は quartz rocks and plant ash were melted together の'目的'を示している。so that ...「…するために」では that 節で助動詞を用いない場合がある。→ 接続詞⑤

l.10 文法 This shows how valuable it was. は間接疑問の形で感嘆文の意味が含まれており，「いかにそれ（＝ガラス）が貴重なものであったかをこのこと（＝盗賊のエピソード）は示している。」という意味。
→ 間接疑問

l.23 文法 you'll see what a difficult process glassmaking can be も間接疑問の形で感嘆文の意味が含まれており，「いかにガラス作りが難しい工程であるかがわかるだろう」という意味。

25 Religious Attitudes in Japan 日本人の宗教観

l.2 文法 people の前に関係代名詞 which〔that〕が省略されている。

l.4 **▶原級比較の構造をつかもう**

They're not
as likely to lay out their beliefs in the open
as people in some major religions do.

文法 likely に関して原級比較が行われていて，not as ～ as ... なので「…ほど～ではない」という意味。do は lay out their beliefs in the open の代動詞。→ 比較①a 助動詞⑩

語句 in the open「公然と」

l.6 文法 the idea that a person wouldn't believe in some higher power の that 以下は the idea と同格で，the idea の説明をしている。→ 接続詞②

l.12 語句 religion is more a part of life than a specific set of instructions「宗教とは特定の教えをまとめたもの，というより，生活の一部である」。more A than B（B というよりも A）の形。

l.14 **▶並列関係をつかもう**

[Whether they believe
in gods controlling the world
or
that things happen by chance],
people will often go to shrines on holidays.

文法 whether A or B で「A であろうが B であろうが」という意味の'譲歩'の副詞節を形成している。or は believe につながる句と節を並列している。controlling the world は gods を修飾している現在分詞句と考えるとよい。→ 譲歩 2①a 分詞 1①

l.16 内容 Students and job-seekers write to the gods on votive tablets (*ema*) at shrines to ask for success in a test or an interview.「学生や就活中の人は試験や面接での成功をお願いするために，神への願いをしたためた板（絵馬）を書く。」:「学生」と「試験」，「求職者」と「面接」が対応している。

l.20 文法 like religious people throughout the world do の like は「…するのと同様に」という意味の接続詞。do は go to church or temple all the time の代動詞。→ 助動詞⑩

26 OOPArts オーパーツ

l.5 内容 how they got there「どうやってそれら（＝予期せぬ人工遺物）がそこ（＝発見された場所）に来たのか」→ 間接疑問

l.5 語句 out-of-placeは形容詞的に使われているので，ハイフンでつないだ形になっている。

l.10 語句 modern gears「現代的な歯車」。gearは不可算名詞だと「（特定の用途の）道具」といった抽象的な意味にもなるが，ここでは可算名詞のため「歯車」という具体的な意味と考えられる。

l.11 ▶文構造を見抜こう

Researchers analyzed it in the 1970s
and
found [(that) it was something of
a computer
[that showed the movement of the Sun, Moon, and planets]].

文法 主語Researchersに対してanalyzedとfoundという2つの動詞がつながっている。a computerを関係詞節が後ろから修飾している。2つのitはthe (Antikythera) mechanismを指す。

l.19 内容 But Walt Disney would not create his character until six centuries in the future.「しかし，ウォルト・ディズニーがそのキャラクターを生み出すのは，それから600年後のことなのだ。」：ミッキーマウスとほぼ同一の絵が描かれたとされる1400年代から考えて600年待たないとウォルト・ディズニーのミッキーマウスは生まれない，ということを言っている。

27 Social Proof 社会的証明

l.2 語句 Chances are, ...「たぶん…だろう」

l.2 文法 you stopped to have a look at it (= the place)「あなたはその光景を見るために立ち止まった」。このstopは自動詞で，to不定詞は‘目的’を表す副詞用法。stop ...ingは「…するのをやめる」。→ 動名詞④

l.18 文法 When deciding between two or more choicesの節では〈主語＋be動詞〉が省略されており，When they (= consumers) are deciding between two or more choicesということ。→ 省略①

l.19 内容 the one = the choice

l.21 ▶やや複雑な文構造を見抜こう

When we see an advertisement
[that says "best seller" or "only few left!"],
we may { let the social proof message get the better of us
and
give in to the ad's messaging.

文法 まずwhen節では主格の関係代名詞が導く節がan advertisementを修飾していることに注意。次に，主節においては，weを主語としてmayがletとgive in toにつながっている。使役動詞の構文〈let O *do*〉の*do*に当たるgetの意味上の主語はthe social proof message。このようにそれぞれの動詞の主語を確認することによって，getとgive in toが並列関係にあるというような誤解を防ぐことができる。→ 動詞③b

28 The Age of Adulthood 成人年齢

l.2 ▶andの意味をつかもう

This (S) means (V)
(that) { teenagers come of age at 18
and
are free to do such things as
getting a job,
voting in elections,
and signing contracts. } (O)

文法 全体はThis means (that) ... の形で，節の中は動詞comeとareが並列されている。ここは，when teenagers come of age at 18, they are free to do ... という意味で考えるとよい。such A as B（Bのような A）ではAの具体例が3つ列挙されている。

l.13 文法 used to have to approve ...「…を承認しなければならなかった（ものだ）」: used to have to *do*「（以前は）…しなければならなかった（ものだ）」。（もうしていない）現在との対比で過去を振り返る時の表現。

be used to *doing*（…するのに慣れている）との違いに注意。→ 助動詞④

l.14 語句 ～, and other services「～などのサービス」。何かを列挙している時，最後に～ and other ... がきた場合，「～などの…」という意味と考えればよく，... such as ～と同じような意味。

l.19 語句 more important than ever「かつてないほど重要な」。〈比較級＋than ever〉で「かつてないほど～」という意味。→ 比較②c

l.19 文法 It would be a shame if a young person's joy in turning 18 gave way to fear and anxiety because they were short of preparation. は，仮定法過去が用いられており，「(実際には準備不足ではないだろうが）もし準備不足で18歳になる喜びが恐れや不安に取って代わるのであればそれは残念なことだろう。」という意味。文頭のItは後続するif節の内容を指している。→ 仮定法①

29 The Impact of Meat Production on the Environment
食肉生産が環境に与える影響

l.8 内容 these cows produce lots of methane「その牛は多量のメタンを放出する」。牛はそのげっぷにメタンガスを含んでいる。メタンガスは温室効果ガスの一種であり，100年単位で見た場合，二酸化炭素の25倍以上の温室効果がある。

l.9
▶挿入句を見抜こう

And that is
S V

[to say nothing of the effects of meat on our health,
nor
the welfare of the animals,]

an unpleasant issue
C

[that many people do not wish to dwell on].

文法 ここはthat is to say（すなわち）ではなく，to say nothing of ～ on A nor B（AやBへの～は言うまでもなく）という句が挿入されていることを見抜きたい。「食肉の私たちの健康や動物の福祉への悪影響は言うまでもないが，それ（＝食肉の生産を増やさなければならないこと）は多くの人が考えたくない不快な問題である。」というのが大枠の内容。that節はan unpleasant issueを先行詞とする目的格の関係代名詞が導く関係詞節である。→ 不定詞⑩

l.14

▶並列関係を見抜こう

Meat eaters should think about
eating more plant-based proteins
or
seasonal { fruit / and / vegetables.

文法 eatingの目的語内の並列関係がやや複雑なので注意。moreにはplant-based proteinsとseasonal fruit and vegetablesが続き，seasonalにはfruitとvegetablesが続くという関係になっている。

30 Differences in Customs 社会的慣習の違い

l.2

▶節の修飾を見抜こう

Things (S) ←[you may take pride in]
may not be (V) interesting (C) to them.

文法 youの前に関係代名詞which〔that〕が省略されており，you may take pride inの部分（形容詞節）はThingsを修飾している。inの目的語がThingsと考える。

l.3

▶節の修飾を見抜こう

[However,] they (S) may also view (V) [with pleasure]
things (O) ←[(you thought) were ordinary or boring].

文法 まず，with pleasureの部分は副詞句の挿入で，viewの目的語はthings。youの前に関係代名詞which〔that〕が省略されており，you thought were ordinary or boringの部分（形容詞節）はthingsを修飾している。wereの主語がthingsと考える。

l.9

▶長い主部を見抜こう

Foreigners
S ←[paying a visit to Japanese friends]
quickly realize
V
[that they should have brought some sort of snack or drink].
O

文法 主語のForeignersを現在分詞句paying a visit to Japanese friendsが修飾しているので長い主部になっている。→ 分詞1①

l.11 文法 Another important thing when visiting someone「誰かを訪ねる時に重要なもう1つのこと」。このwhen visiting someoneは，一般的な〈主語＋be動詞〉としてyou areが省略されていると考えるとよい。when you are visiting someoneがAnother important thingを形容詞的に修飾している。→ 省略①

l.20 文法 just in time for when the train pulls up to their destination「電車がその人の降車駅に着くのにちょうど間に合って」。whenは関係副詞で，先行詞が省略されているので実質「…する時」という意味の名詞節を導いている。→ 関係副詞②a

32 Respect for Parents 親を敬うこと

l.3 語句 thy「汝（なんじ）の」。yourに相当する古英語。

l.8 語句 end up getting in fights「ついにはけんかになる」。end up *doing*で「ついには…することになる」という意味。

l.12 内容 various things their children doの例がsuch as以下に続く。その例はorで並列されている。

l.21

▶形式主語構文

And it will come home to the parents
[that they did not need to force their children to show them respect,
but that it came naturally].

文法 1つ目のitが形式主語で，1つ目のthatからnaturallyまでが真主語。真主語の中は，not A, but B（AではなくB）の変則的な形で，「（親への）敬意を示すように親が子供に強いる必要はなく，それ（＝敬意）は自然にやって来るということ」という意味になっている。→ it②a 否定④

語句 come home to the parents「（～を）親がしみじみと感じる」。前述の真主語の内容を親が感じるということ。

33 Short- & Long-Term Memory 短期記憶と長期記憶

l.12 文法 The brain then has to decide if the information is worthy of storing in the long-term memory. のif節は「…かどうか」という意味の名詞節で，whether ... と同じ意味。「それから脳が…かどうかを決めなければならない。」ということ。→ 接続詞①

l.16 語句 What if ...?「…するとしたらどうなるだろうか。」：ある仮定の状況について考える導入になっている。→ 省略②

l.17 文法 It helps to write down the information or go over it many times. 直訳は「情報を書き留めたり何度も見直したりすることが役に立つ。」。：このItは形式主語であり，to以下が真主語。To write down the information or go over it many times helps. ということ。→ it①a

34 A Mother's Heartbeat 母親の心音

l.3 文法 get their babies to fall asleep「赤ちゃんを眠らせる」。使役動詞のgetの用法で，〈get O to *do*〉で「(説得や努力などをして) Oに…させる」という意味。'人'の意志とは無関係に強制的に何かをさせる場合は〈make O *do*〉。→ 動詞⑤

l.8 内容 regardless of their dominant hand「彼女らの利き手にかかわらず」

l.17 文法 these mothers と anxious about の間に who were を補って考えるとよい。

l.19 文法 the mother's favorite song, recordings of her heartbeat and the baby's gurgles「母親の好きな歌や，母親の心音を録音したもの，赤ちゃんがのどを鳴らして笑う声」。3つの名詞句がandで並列されている。

35 Light Pollution 光害

l.2 文法 light pollution resulting from ... は，主語を後ろから現在分詞句が修飾していて，主部が長くなっている。→ 分詞1①

l.8

> ▶同格
>
> Melatonin, the hormone [that helps us sleep],
> (同格)
>
> is released [when it is dark].

文法 Melatonin と the hormone that helps us sleep が同格で，後者が前者の補足説明をしている。後者は主格の関係代名詞 that が導く節が the hormone を後置修飾している。〈help O (to) *do*〉で「O が…するのを助ける」という意味なので，「私たちが眠るのを助ける」ということ。
→ 接続詞②a

l.10 語句 ～, and other health problems「～などの健康問題」。何かを列挙している時，最後に～ and other ... がくると，「～などの…」という意味と考えればよく，... such as ～と同様の意味。

l.13 文法 Light can deprive birds of their natural senses, causing changes in their migration patterns and wake-sleep habits. のコンマ以下は分詞構文で，動作や出来事が続いて起きる'付帯状況'の連続動作を表している。ここでは「光が鳥の天性の感覚を奪い，（続けて）渡りのパターンや寝起きの習慣を変える」ということ。付帯状況の分詞構文は，He cooked breakfast, listening to music.（音楽を聞きながら，彼は朝食を作った。）のように2つの動作が同時進行する用法が一般的だが，ここでのように動作や出来事が連続して起こる用法もある。
→ 分詞3①b

36 The Importance of Bees 激減するミツバチ

l.8 文法 three out of ～ producing .... は，主語を現在分詞句が後ろから修飾しており，主部を長くしている。→ 分詞1①

l.16 文法 chemicals used ～ は，主語を過去分詞句が後ろから修飾していて，主部を長くしている。→ 分詞1②

37 Circadian Rhythm サーカディアンリズム

l.2

▶関係詞の非制限用法

Part of this clock is the circadian rhythms

[, which are 24-hour cycles

[such as our sleep-wake cycle]].

文法 非制限用法の関係詞節はthe circadian rhythmsを「24時間サイクルのことである」と補足説明していて，such asの句が「寝起きのサイクルなど」とさらに具体例を提示している。→ 関係代名詞①a

l.3

▶関係詞の非制限用法

The word *circadian*

is derived from the Latin phrase *circa diem*

[, which means “around a day.”]

文法 非制限用法の関係詞節はthe Latin phrase *circa diem*を「『約1日』という意味である」と補足説明している。→ 関係代名詞①a

l.10 文法 the times we eat meals「私たちが食事をする時間」という意味。the timesのあとに関係副詞のwhenが省略されていると考えるとよい。→ 関係副詞②a

l.10 内容 It also regulates hormones to keep up with our energy needs throughout the day. 直訳は「また，それ（＝私たちの体）は1日中我々のエネルギーの需要についていくようにホルモンを調整している。」。ホルモンはその分泌によって体内のエネルギーの貯蔵や消費を調節する役割を担っており，ここではそのことを指している。

l.12 文法 Some activitiesをwe engage in todayの節が後置修飾することによって，主部が長くなっている。weの前に関係代名詞which〔that〕が省略されている。

l.22 文法 our bodies will behave the way we expect them to「私たちの体が自分の期待通りに動くだろう」。このthe wayは接続詞的に用いられており，「…のように」という意味。toのあとにはbehaveが省略されている。

38 Praising Effort or Ability? 褒めるべきは努力か，能力か

l.4　内容 Does it make you want to give up trying? 直訳は「それはあなたに挑戦することをあきらめたいと思わせるだろうか。」。〈make O *do*〉は「Oに…させる」という‘使役’の意味。itは前文のif節の中身，すなわち「彼ら（＝教師や親）があなたを批判してあなたの成果のあら探しをした場合」という内容を指す。→ 動詞③a

l.7
▶関係詞の非制限用法
One is a fixed mindset
[, which says [people are born with natural talents, regardless of effort]].
The other is a growth mindset
[, which says [people can get over any difficulty through effort and practice]].

文法 OneとThe otherが呼応して，対比的に2つのmindset（考え方）が説明されている。どちらも関係代名詞の非制限用法によって補足説明があり，ここでのsayは「～の意味を持っている」というような意味。→ 関係代名詞①a

l.21
▶ifの用法をつかもう
Children can tell [if praise is not sincere],
and [if they hear it the wrong way] ,
it will be all for nothing.

文法 1つ目のifは，whetherと置き換えられる「…かどうか」という意味でtellの目的語の名詞節を導いている。なお，2つ目のifは，「間違った形でそれが彼ら（＝子供たち）の耳に入ったら」という意味の‘条件’を表す副詞節である。→ 接続詞①

39 Gutenberg and the Printing Press グーテンベルクと活版印刷

*l.*2 文法 a mint where coins were made 直訳は「硬貨が造られる造幣所」。：where coins were madeが関係詞節としてa mint（造幣所）という場所を説明している。→ 関係副詞①a

*l.*4 ▶並列関係をつかもう

[Around 1440], Gutenberg hit upon the idea of
making letter blocks from metal
and
lining them up in a row to print words.

文法 ofの目的語としてmakingとliningがandで並列されている。

*l.*6 内容 movable type「可動活字」。印刷時に組み換え可能な，字が彫られたブロックのこと。

*l.*11 文法 the first Western bookを過去分詞句のprinted using movable typeが後置修飾している。→ 分詞1②

*l.*13 ▶並列関係をつかもう

it made books available to the masses
and
launched the bookmaking industry in Europe

文法 主語をit（= The Gutenberg Bible）とする動詞madeとlaunchedがandで並列されている。make A available to Bは「AをBが利用できるようにする」という意味。

*l.*17 語句 owe A to B「BにA（=お金）を借りる」

40 Anger 怒りを抑えるコツ

*l.*2 ▶並列関係をつかもう

Anger produces powerful feelings and behaviors,
as well as
physiological changes to the body
such as an increased heart rate.

文法 producesの2つの目的語powerful feelings and behaviorsとphysiological changes to the bodyがas well asで並列されている。A as well as Bで「Bだ

けでなくAも」という意味になるが，as well asの前にコンマがある場合は「A，それに加えてB」の意味になる。→ 否定⑤

内容 increased heart rate（心拍数の上昇）は physiological changes to the body（体の生理学的な変化）の具体例。

l.4

▶並列関係や修飾関係を見抜こう

It is caused [by
failure to achieve a goal
[we had set out to achieve],
or
disturbing actions [taken against us]].

文法 byの2つの目的語failureとdisturbing actionsがorで並列されている。weの前に関係代名詞which〔that〕が省略されており，a goalが形容詞節we had set out to achieveで修飾され，achieveの目的語となっている。disturbing actionsが過去分詞句taken against usで修飾されている形。

l.13

▶並列関係をつかもう

You can also make believe
[as though nothing has happened]
and
try not to think about it.

文法 You can alsoに続く2つの動詞の原形makeとtryがandで並列されている。itはyour angerを指す。

l.17 内容 Anger is the punishment we give ourselves for someone else's mistake.「怒りとは他者の過ちに対し，自分で自分に与える罰である。」：誰かの過ちに対して怒りを覚えた時，それは怒りを覚えた当人にも罰に相当するマイナスの影響を与えているということ。

41 April Fools' Day エイプリルフールの起源

l.2 文法 the day when they can play tricks on others「他者にいたずらを仕掛けることができる日」。when they can play tricks on othersは関係副詞が導いてthe dayを修飾する形容詞節。whenが接続詞の副詞節であると勘違いしやすいので注意。→ 関係副詞①b

l.3

▶不定詞の名詞用法

Some common April Fools tricks include
S V

keeping { calling someone repeatedly on the phone
and
pretending to be someone else,
or
offering someone food or milk
[that has gone bad].
O

文法 includeの目的語として，keeping ～ someone elseとoffering ～ badの2つがorで並列されている。両方とも動名詞句でincludeの目的語であることに注意。また，keepの補語callingとpretendingもandで並列されている。「電話をかけ続け，誰かのふりをし続ける」ということ。さらに，offeringの間接目的語はsomeone，直接目的語はfood or milkであり，food or milkは主格の関係代名詞thatが導く形容詞節で修飾されている。

l.14 内容 officials and powerful people「役人や権力者」

l.15 文法 people were already tired of having to put up with unpredictable weather「人々は変わりやすい天気を我慢しなくてはならないことにもううんざりしていた」: ofの目的語に動名詞句がきているが，これはhave to *do*（…しなければならない）が動名詞化したもの。

42 Facts About Koalas コアラに関する事実

l.1

▶関係詞の非制限用法をつかもう

It has more than one million species of plants and animals in all

[, many of which cannot be found anywhere else].

文法 関係代名詞の非制限用法の1つで，〈名詞 + of which〉が関係詞節内の主語として機能している。先行詞はmore than one million species of plants and animalsで，「（オーストラリアのその）100万種類以上の動植物種の多くは他のどこでも見られない」という説明を加えている。
→ 関係代名詞③

l.7 語句 be picky about ～「～の好みにうるさい」

l.7 文法 Of the 600 different ～,「600もの異なる種類がある（ユーカリの）木

の中で」：ここでの文頭のofはamongやout ofと同じ「〜の中で；〜のうちで」の意味である。

43 Bison and Native Americans バイソンとネイティブ・アメリカン

l.3 文法 It is believed that European settlers called the animals "buffalo" by mistake.「ヨーロッパからの入植者がこの動物を誤って『バッファロー』と呼ぶようになったと考えられている。」：Itは形式主語で，that European settlers called the animals "buffalo" by mistakeが真主語。→ it②a

l.17 内容 President Grant「グラント大統領」。ユリシーズ・グラント（1822-1885）のことを指し，アメリカ合衆国第18代大統領（1869-1877）。大統領就任前，南北戦争末期には北軍総司令官に就任し，勝者となった。大統領となってからは，対日関係では，日中間の琉球問題の調停に尽力したことで知られている。

44 Multilingualism vs. Monolingualism マルチリンガルとモノリンガル

l.7 内容 For one thing, speaking more than one language allows you to make friends with more people. It also lets you adapt to different environments more quickly if you move or travel.「例を挙げれば，2つ以上の言語が話せれば，より多くの人と友達になることが可能になる。それはまた，どこかへ引っ越したり旅行をしたりする時に，より早く異なる環境に適応することも可能にしてくれる。」：無生物主語の文が2つ連続している。2つ目の文の主語ItはSpeaking more than one languageを指す。1つ目の文のS allow O to *do*も，2つ目の文のS let O *do*も，無生物主語の場合「SのおかげでOは…することができる」のように訳すと自然な日本語になる。

l.15 文法 they say multilingual workers are preferable to monolingual onesは，sayの目的語がmultilingual workers are preferable to monolingual onesという名詞節になっている。ここでは比較がなされていて，onesはworkersを指している。

45 Greetings from Japan 日本式の挨拶

l.1 文法 It is common for people in many parts of the world to shake hands as a greeting. 直訳は「世界の多くの地域の人々にとってあいさつとして握手をするのは一般的である。」。：Itが形式主語で，真主語はto shake hands as a greeting。このforは意味上の主語を導いているというよりは，「～にとって」という意味の前置詞として考えた方が文意が自然。→ it①b

l.7 文法 the way they greet others「他の人とあいさつする方法」。→ 関係副詞①d

l.7 ▶並列関係をつかもう

[Whether you are
meeting someone in a formal setting,
dropping in on someone at their home,
or
seeing someone off as they leave],
certain forms of greetings are expected.

文法 whether節の中の現在進行形であるmeeting, dropping, seeingの3つがorで並列されている。

l.12 語句 while ...「一方…」2つの内容を対比的に述べる接続詞。

l.17 ▶同格のthat節

[With recent trends],
we cannot rule out the possibility
同格
that the rest of the world
could take after Japan
and
use bowing as a greeting.

文法 同格のthat節でthe possibilityの補足説明をしている。→ 接続詞②b

47 Potatoes and Tomatoes in 1700s Europe 18世紀の欧州におけるジャガイモとトマト

l.1 文法 Potatoes and tomatoes are two of the most important foods in the West. 直訳は「ジャガイモとトマトは西洋で最も重要な食べ物のうちの2つだ。」。：よく使われる〈one of＋形容詞の最上級＋名詞の複

数形〉(最も～な…のうちの1つ) のバリエーションと考えればよい。

l.7 文法 grain supplies were being used up「穀物の備えはなくなりつつあった」。過去進行形の受動態となっている。be used up (使い尽くされている) が状態を表すので，ある状態に到達する途中であることを表している。→ 態

l.8
▶分詞構文
[Seeing that people were becoming hungry and angry],
governments set about
making the tough and easy-to-grow potato more popular.

文法 Seeing that people were becoming hungry and angryの部分は分詞構文で，主節の内容の理由となっていると考えればよい。set aboutの目的語の making 以下は，make O more popular (Oをより普及させる) の形。→ 分詞3①d

l.15 文法 The settlersを関係詞節が修飾しているため，主部が長くなっている。themはtomatoesを指す。

l.20 文法 まずThe metal platesをthey (= the rich) usedの節が修飾していることをつかもう。後半は「トマトは酸性であるがゆえにその鉛をトマトが吸収した」という補足説明を加える関係代名詞の非制限用法となっている。→ 関係代名詞①a

48 Social Media: Advantages and Disadvantages
SNSのメリット・デメリット

l.3 文法 they are paid for with advertising直訳は「それらは広告によって費用を支払われている」。pay for them (それらの費用を支払う) が受動態となって目的語が主語となっている。このtheyはmost servicesを指す。

l.21 文法 they make with adultsの節がthe promisesを後置修飾している。「大人とした約束」という意味。theyの前に関係代名詞which〔that〕が省略されている。

l.21 語句 make a promise with〔to〕～「～と約束をする」

l.21
▶節の後置修飾
They should { stay away from harmful people
and
never share photos or information }
[they wouldn't want to be seen in public].

文法 they wouldn't want to be seen in publicの節がphotos or informationを後置修飾している。節の中でphotos or informationはwantの目的語に当たり，「公開したくない写真や情報」という意味。theyの前に関係代名詞which〔that〕が省略されている。

49 Culture and Language 文化と言語

*l.*1 文法 It's far too complex to describe at length here.「それはあまりに複雑すぎてここで詳細に説明することはできない。」という意味。：too ～ to *do*（～すぎて…できない）のtooをfarが修飾して不可能性を強調している。Itは前文の「文化と言語の関係は何だろうか」という問いを指す。

*l.*5

▶分詞構文

The Dani language, [spoken in Papua New Guinea],
S 分詞構文

uses just two colors:
V O

mili[, which stands for dark and cool shades],

and *mola*[, which consists in warm and light colors].

文法 spoken in Papua New Guineaの部分は分詞構文で，beingが省略されて過去分詞から始まっている。The Dani languageを付加的に説明している。コロン (:) のあとは2つの色を表す単語が列挙されており，それぞれに関係代名詞の非制限用法で補足説明が続いている。→ 分詞1② 関係代名詞①a

*l.*15 文法 They are combinations of words, with variations added to a base word.「それらは複数の語を組み合わせたものであって，基礎となる語にバリエーションを加えてできたものなのである。」。後半の〈with O C〉（OがCの状態で）は形容詞句で，Theyは(dozens of) words for snowを指すと考えればよい。→ 分詞3⑥

*l.*23 内容 Tivoとは，1999年にアメリカで発売された同名のハードディスク内蔵型ビデオレコーダーで録画することを意味する単語であったが，NETFLIXのようなクラウド型ビデオオンデマンドサービスの普及や，アメリカにおけるテレビの視聴スタイルにあまり合わなかったことなどから，当のビデオレコーダー自体はあまり普及していない。

50 Attitudes Toward Human Rights 裁きと人権

l.3

▶関係詞の非制限用法

If you were not forgiven,
you would have to present yourself
before an officer or judge
[, who would punish you for your actions
and
force you to make amends for your crime].

文法 非制限用法の関係詞節が，an officer or judgeを補足説明している。節の中では，punishとforceの両方がwouldからつながっている。全体として，古代における過去の刑罰がトピックなので，wereやwouldのように過去形となっている。→ 関係代名詞①a

l.10 文法 the accused「被告人」。形容詞や過去分詞の前にtheを付けることで「～な人たち」という意味になることからきている。*cf.* the injured（負傷者）

l.11 内容 What if the person was innocent but still got burned?「もしその人が無実であるのにやけどを負ったとしたらどうだろう。」：当時のルールからすると有罪とみなされることになるが，そのルールを疑問視する意図が含まれている。→ 省略②

l.15 文法 it wasn't until Japan's Constitution was brought into existence in 1946 that basic human rights were established「日本国憲法が1946年に誕生して初めて基本的人権が確立された」という意味。it was not until ～ that ...（～して初めて…した）という慣用表現が使われている。これはnot until ...が強調されているit is ～ that ...の強調構文。→ 強調② 否定②

51 Fuzzy Logic ファジー理論

l.7

▶長い主部を見抜こう

The professor (S)
[who came up with the fuzzy logic concept],
Lotfi Zadeh,
explained (V) it (O) by using tall people as an example.

文法 The professor を関係詞節が修飾し，さらに同格でLotfi Zadehという名前が補足説明されているため，主部が長くなっている。itはthe fuzzy logic conceptを指す。

l.8 文法 Very tall people are tall, he explained, but not all tall people are very tall. では，he explainedが文中に挿入されている。これはHe explained that very tall people are tall, but .... と同じ意味。not all people ... は部分否定で「すべての背の高い人がとても背が高いというわけではない。」→ **否定①**

l.13 文法 situations where more than two choices are possible「3つ以上の選択が可能な状況」。situationsが関係副詞whereの導く節で修飾されている。→ **関係副詞①a**

l.13 語句 more than～「～よりも多く」。数の範囲を表す表現で，～にあたる数は含まれないことに注意。

l.14 文法 主語のan air conditionerを現在分詞句using conventional logicが修飾しているのでやや長い主部になっている。→ **分詞1①**

52 Know Your Country and Culture 自分の国と文化を知る

l.4 文法 is what you know up to date?「あなたが知っていることは最新のことだろうか。」: 疑問文の語順を平叙文の語順に戻すと，what you know is up to dateとなる。

l.6 文法 It is one thing to visit a foreign country on a vacation, but starting a new life there is quite another.「海外のある国を休暇で訪れるのと，そこで新生活を始めるというのはまったくの別物である。」: A is one thing, but B is quite another.（AとBはまったく異なる。）のAが形式主語となっている。真主語はto visit a foreign country on a vacation。→ **名詞・代名詞④**

l.15 文法 In fact, only when we understand our own country well can we be sensitive to these differences.「事実，私たちは自国について十分に知ることで初めてこうした違いに敏感になることができる。」: ... only when ～（～して初めて〔～した時のみ〕…）という意味の慣用表現で，後述のit is not until ～ that ... とほぼ同じ意味であるが，しばしばonly whenの節が前に出る。その場合，onlyが否定の意味（…しかない）を含む語であるため，主節で倒置が起こる。倒置を通常の語順に戻すとIn fact, we can be sensitive to these differences only when we understand our own country well. となる。→ **倒置①**

l.17 文法 It is not until we achieve this sensitivity that we are able to appreciate other cultures properly.「この敏感さを得て初めて，他の文化を正しく理解できるのである。」という意味。：it is not until ～ that ...（～して初めて…する）という慣用表現が使われている。これはnot until ... が強調されているit is ～ that ... の強調構文。→ 強調② 否定②

l.18 文法 Only then can we focus on becoming true global citizens.「そこでようやく，真のグローバル市民になることに集中できるのである。」：2文前と同様に，only thenが前に出ることによって，主節で疑問文の語順になる倒置が起こっている。→ 倒置①

l.20 文法 learn as many interesting facts about your own country as you can「自分の国に関する興味深い事実をなるべく多く学びなさい」。as many ～ as you can（できるだけ多くの～）の'～'の部分が長いので注意。

l.22 文法 非制限用法の関係詞節がits world-class train systemsを補足説明している。節の中でits world-class train systemsはthink highly ofの目的語に当たり，「多くの人が高く評価している世界レベルの鉄道システム」という意味。→ 関係代名詞①a

53 Taking Risks なぜ人はリスクを取るのか

l.1

▶関係詞節の中の関係詞節

Risk-taking refers to taking actions

[which produce results

[that cannot be fully predicted]].

文法 actionsを先行詞とするwhichが導く関係詞節の中には，resultsを先行詞とするthatが導く関係詞節がある。

l.7

▶長い主部を見抜こう

Engaging in

S such dangerous activities as skydiving,

satisfies that need.

V O

文法 Engaging in such dangerous activities as skydivingという動名詞句が主語になっている。目的語のthat needは前文の (need) more stimulationを指す。such A as B〔A such as B〕は（BのようなA）。

英文解説

l.9

▶並列関係をつかもう

Experts have pointed out
[that [in principle]
age, genetics and personality
are some possible factors
[that influence risk-taking]].

文法 have pointed out の目的語である that 節の中の主語は，age，genetics，personality の 3 つが and で並列されている。さらに補語の some possible factors が主格の関係代名詞 that が導く節に修飾されている。

l.11

▶3つのthatの役割をつかもう

However,
recent studies [that looked into this area]
S
produced findings
V O
[that are opposed to the belief
同格
[that risk-taking is an inborn tendency]].

文法 主語と目的語がそれぞれ主格の関係代名詞 that が導く節に修飾されている。また，the belief に続く that 節は同格で the belief を補足説明している。→ 接続詞②b

l.13

▶長い主部を見抜こう

Teenagers
S [who keep company with friends
[that engage in risky activities]]
are more likely to do so themselves.
V C

文法 Teenagers が主格の関係代名詞 who が導く節に修飾され，その節の中では friends が主格の関係代名詞 that が導く節に修飾されているので，主部が非常に長い文になっている。

l.20 語句 experience *doing*「…するという経験」通例は experience in *doing* だが，in が省略されることもある。

l.24 内容 better a thousand times careful than once dead「1 回の死より，1,000 回の慎重さ」ということ。

54 The Camel Librarian ラクダの図書館

l.2

▶文構造をつかもう

Library books are [to the local students]
S V

[what the Internet is
C
[to students in developed countries]]
— a window to the outside world.

内容 直訳すると「図書館の本と地元の生徒との関係はインターネットと先進国の生徒との関係に等しい，つまり，外の世界への窓に相当する。」となる。→ 関係代名詞④

l.11 文法 Roshan the camel「ラクダのロシャーン」。the camelが同格でRoshanの補足説明をしている。→ 接続詞②a

l.12 文法 The camel walks loaded with as many as 500 books.「そのラクダは500冊もの本を積まれて歩く。」ということ。loaded with ～は主語The camelの補語になっている。→ 分詞2③

l.21 文法 the childrenを関係詞節が修飾しているため，主部が長くなっている。

55 Teaching Young People About Money 高校から始める金融教育

l.13

▶並列関係をつかもう

Students will learn
S V

{how to make ends meet financially
[throughout their lifetimes]
and
how to make allowances for risks
[such as accidents and unemployment]}.
O

文法 述語動詞learnの目的語として，how to *do*（どのように…すべきか〔…する方法〕）がandで並列されている。→ 不定詞②

l.18 内容 since many are only too likely to keep it in savings accounts「多く（の成人）は残念ながらそれ（＝お金）を預金口座に入れたままにしておく傾向が大きすぎるためだ」ということ。savings accountはアメリカでは普通預金口座，イギリスでは定期預金口座のことを指す。

56 Mass Hysteria 集団ヒステリー

l.3

▶並列関係をつかもう

Often, the threat
{doesn't really exist
or
has gone
[by the time the hysteria has spread].

文法 the threatという共通の主語に対して，doesn't really existとhas goneという2つの述部が並列してつながっている。

語句 by the timeは「…するまでには」という意味の接続詞句。→ 接続詞⑪d

l.4

▶文構造をつかもう

Fear is in the air
[as the actions by the affected people (S')
influence (V') others in the group (O')].

内容 このasは「…するため」という'理由'の意味でとらえるとよい。「影響を受けた人々の行動が集団内の他の人に影響を与えるため，恐れが広まる。」という意味。

l.18 内容 they did the sameはthey also panic-bought（彼らも慌てて買い占めをした）ということ。

57 Facts About Hibernation 眠りっぱなしではない？ 冬眠とは何か

l.8 文法 the dwarf lemurのtheは総称用法で，〈the＋可算名詞〉の単数形でdwarf lemurという種全体を表している。dwarf lemursとしてもほぼ同じ意味。後出のthe echidnaも同様。

l.8 内容 dwarf lemur「コビトキツネザル」。マダガスカルに住むキツネザル科の動物で，森林に住む樹上性，夜行性の単独生活者である。主食は果実だが，昆虫も食べる。フトオコビトキツネザルは数週間，オオコビトキツネザルは数日間冬眠する。

l.14 内容 echidna「ハリモグラ」。オーストラリアやニューギニア島に住む最も原始的な哺乳類で，カモノハシ同様卵生である。夜行性で，主食はアリやシロアリ。体の上面と側面に長さ約6cmの針状の毛が生えている。

58 Colors and Psychology 色の心理的効果

l.1

▶文構造をつかもう

People such as [painters, decorators, and other artists] choose from what they call "warm" and "cool" colors when deciding what to use in their projects.

分詞構文

文法 such as 以下で主語peopleの具体例を示している。述語動詞はchoose。when decidingは分詞構文で，文意を明確にするため接続詞を伴っている。what to use ...（何を使うべきか）。→ 分詞3① 不定詞②

l.9

▶文構造をつかもう

[In one famous experiment],

some men

[who were being kept in a correctional institution]

were confined to a small room [painted pink].

文法 主語のsome menが関係詞節に修飾されていることで主部が長くなっている。painted pinkはa small roomを後置修飾する過去分詞句だが，paint a small room pink（小さな部屋をピンク色に塗る）という形が元にある。→ 分詞1②

59 Writing by Hand and Memory 暗記するなら手書きがおすすめ

l.13

▶形式主語構文

[In other words],

it's more effective

形式主語

to use paper notebooks
for information
[you need to learn or memorize],
such as vocabulary words.

真主語

文法 形式主語構文であり，真主語の不定詞以下では，informationが形容詞節で修飾されていて，その例がsuch as以下で補足されている。youの前に関係代名詞which〔that〕が省略されている。→ it①a *l*.20 語句 better off「…した方がよい」。〈人 + would be better off ...〉の形で，人にアドバイスや提案をする時に用いる。

60 Westernization of the Japanese Diet 西洋化する日本の食事

l.1 文法 非制限用法の関係詞節は，its healthy *washoku* diet を補足説明している。→ 関係代名詞①a

l.2 文法 Being an island nation, Japan is blessed with an abundance of fresh seafood. のコンマ以前は分詞構文で，主節の‘理由’を表している。ここでは「島国ゆえに，日本はたくさんの新鮮な魚介類に恵まれている。」ということ。→ 分詞3①d

l.9 ▶長い主部を見抜こう

Eating meat and bread [instead of fish and rice]
S

became in fashion.
V

文法 Eating meat and bread という動名詞句が主語になっていて，かつ instead of fish and rice という副詞句に修飾されているため，主部が長くなっている。

62 Overfishing and Aquaculture 沖合養殖が持続可能な漁業のカギ？

l.1 内容 The world’s oceans are being overfished, and fish cannot produce enough young to make up for the losses.「世界の海洋で魚の乱獲が行われており，魚たちは損失分を補うのに十分な稚魚を生み出せなくなっている。」。漁獲量とつり合いが取れるだけの魚が生まれていないということ。young は「(動物の) 子供」で複数扱い。

l.4 ▶節の後置修飾

Many scientists predict
[that the kinds of fish [we eat regularly]
will [all but] disappear from the North Atlantic region in the next 30 years].

文法 predict の目的語である that 節の中では，we eat regularly に後置修飾されたthe kinds of fishが主語になっている。weの前に関係代名詞which〔that〕が省略されている。

l.15 ▶関係詞の非制限用法

Farmers often resort to giving fish hormones [to increase production][, which is bad for the people who eat them as well as the fish].

文法 非制限用法の関係詞節は，giving fish hormones（魚にホルモンを与えること）を補足説明している。その内容は，「（魚にホルモンを与えることは）魚だけでなく，魚を食べる人間にとってもよくない」というもの。A as well as B（BだけでなくAも）に注意。→ 関係代名詞①a 否定⑤

63 Left-Brain/Right-Brain「左脳・右脳」神話の真実

l.7 文法 It is true that different brain regions do correspond with specialization for certain tasks.「なるほど，異なる脳の領域が何らかのタスクの特化に一致しているということは確かにある。」: it is true that ...「確かに…である」は頻出の形式主語構文で，あとにbutなどを従えて逆の主張を認めた上で自身が主張したいことを打ち出す形でよく使われる。ここでは2文あとのBut there is ...の文が本当に主張したいことである。correspondの前のdoは，correspondが事実であることを強調するはたらきをしている。→ it②a 強調①

l.10 内容 and vice versa「そして逆もまた真である」。ここではこの文の前半に呼応して，「左脳の特定の部位も右腕や右脚の動きを受け持っている」という意味。

l.10 ▶関係詞節を含む文構造を見抜こう

But there is limited evidence, [if any], [that links personality types with even a specific part of the brain, [let alone an entire half]].

文法 if anyの挿入でやや見えづらいが，limited evidenceが主格の関係代名詞が導く節に修飾されている。節内の動詞はlinksで，「脳の半分全体は言うまでもなく，脳の特定の部位と性格のタイプを結び付ける証拠すら，あったとしても限られている」という意味。→ 省略④b

64 How Animals Play 動物の遊び

l.9 文法 needsが主格の関係代名詞thatの導く節に修飾されている。such as以下のfinding foodとavoiding predatorsはともにneedsの例。

l.20 ▶文構造をつかもう

Taking part in play activities (S) can help (V)
young creatures (O) develop skills
[that are essential to their wellbeing and survival [later on in life]].

文法 全体の主語は動名詞句で，〈help O (to) *do*〉で「Oが…するのを助ける」という意味。skillsが主格の関係代名詞thatの導く節に修飾されている。theirのあとにwellbeingとsurvivalがandに並列されて続いている。

65 Pros and Cons of Online Learning オンライン学習のメリットとデメリット

l.3 内容 classes taken in person「直接会って受ける授業」。後出のface-to-face lessonsもlearning in the classroomも同じ意味で使われている。

l.8 ▶文構造をつかもう

Differences
[in the quality of computer equipment
[such as speakers and microphones]]
can make it (形式目的語) difficult
for people to make themselves understood when speaking (真目的語).

文法 Differencesをinが導く前置詞句が修飾し，その中のcomputer equipmentの具体例をsuch asが導いているので主部が長くなっている。また，後半では形式目的語が使われており，peopleを意味上の主語とする不定詞句が真目的語となっている。→ it①d l.17 ▶関係詞節を含む文構造を見抜こう

And teachers [whose skills are in demand]

can take on more students

[without having to

leave their homes

or

rent larger classrooms].

文法 teachersが所有格の関係代名詞が導く節に修飾されている。withoutの句の中は，having toのあとにorで並列されたleave their homesとrent larger classroomsの2つが続き，「～したり…したりする必要なく」という意味になっている。→ 関係代名詞②

l.21 文法 it seems likely that ...「…である可能性が高いように思える」。〈it seems C that ...〉で「…はCのように思える」という意味で，Cにはlikely，unlikely，reasonable，clear，obviousなどの形容詞がくる。→ it②a

66 The History of Chopsticks 箸の歴史

l.3 ▶並列関係をつかもう

They are believed to have been used

from around 3,000 years ago in China,

and

were introduced to Japan sometime thereafter

[, which brought about

Japan's chopstick culture].

文法 They (= Chopsticks) に続く述部として，are believed ... とwere introduced ... がandで並列されている。whichは関係代名詞の非制限用法だが，先行詞は (They) were introduced to Japan sometime thereafterという節の内容全体である。つまり，日本に箸が導入されたことで日本の箸文化がもたらされたということを言っている。→ 関係代名詞①b

l.7

▶過去分詞句の後置修飾

[As eating utensils],
chopsticks used to be tools
[reserved for the upper classes].

文法 過去分詞句の後置修飾で，reserve A for B（AをBのために取っておく）のAが前に出てreserved for Bに修飾されている。ここは，「上流階級専用の道具」というような意味。→ 分詞1②

l.11

▶長い主部を見抜こう

Eventually,
simple wooden chopsticks
[that people could dispose of after their meal]
S
were developed.

文法 simple wooden chopsticksという主語を目的格の関係代名詞thatが導く節が修飾していることで，主部が長くなっている。simple wooden chopsticksはdispose ofの目的語に相当する。

l.18 内容 one third from the top of the chopsticks「箸の上から3分の1」。前出のby the middle（真ん中を），near the tips（端の近くを）に続く，箸を持つ場所に関する3つ目の候補ということ。

l.20 文法 the custom of “my chopsticks,” the practice of people preparing their own chopsticks in advance when eating out, to cut down on waste「『マイ箸』という慣習，つまり，ゴミを減らすために，人々が外食の時に自分の箸を前もって用意する習慣」という意味。the custom of “my chopsticks”とthe practice of ... on wasteが同格で，補足説明を加えている。peopleは動名詞preparingの意味上の主語。
→ 接続詞②a 動名詞①

67 First Impression 第一印象

l.6

▶文構造をつかもう

The brain does not care about
getting more information
[about this new person [you met]]
[after the first few minutes].

文法 you metという短い節がthis new personを修飾していることと，after the first few minutesは主文のThe brain does not care about ... を修飾する副詞句であることに注意が必要。

l.11 文法 However, A was described with positive adjectives placed first, while B was described with the negative ones first. の with positive adjectives placed firstは〈with O C〉の‘付帯状況’を表す前置詞句で，「プラスの形容詞を最初に置いて」という意味。次のwith the negative ones (= adjectives) firstはplacedを補って「マイナスの形容詞を最初に置いて」と考えればよい。→ 分詞3⑥

l.17

▶現在分詞句の後置修飾

A study (S) showed (V)

that 93% of interviewers
viewed
applicants [turning up late for job interviews]
as unsuitable for their company. (O)

文法 showedの目的語のthat節の中は，目的語applicantsを現在分詞句が修飾している。

語句 view O as ～「Oを～と見なす」

68 Learning in High School and University 大学で何を学ぶか

l.17

▶関係副詞節

university learning is more about
reading between the lines
and
inquiring into the reasons
[these things happened]

文法 aboutの目的語として，readingとinquiringから始まる動名詞句がandで並列されている。the reasonsは関係副詞whyが省略された節によって修飾され，「これらのことが起きた理由」という意味になっている。
→ 関係副詞②b

内容 ここは同じ文の前半で述べられている高校の勉強と対比させて大学の勉強について述べているところで，these thingsは高校の時には暗記するものだった「歴史的事実」のことを指している。

l.20

▶関係詞節

You should think about
entering into a field
[that you can go on to work in as an adult].

文法 a fieldを目的格の関係代名詞thatが導く節が修飾している。a fieldは節内ではinの目的語に当たる。

69 What is Poverty? 先進国でも増加する貧困問題

l.1

▶関係詞節

poverty may seem like a problem
[that only people in a handful of countries have to cope with]

文法 a problemを目的格の関係代名詞thatが導く節が修飾している。a problemは節内ではcope withの目的語に当たる。

l.3 文法 But by no means should we assume that this is the truth. では，by no means（決して…ない）という否定的な語句が前に出ることで，should we ... と疑問文の語順になる倒置が起きている。→ 倒置①

l.7

▶動名詞の否定

Poverty means
S V

not having enough money
to supply oneself with the necessities of life,
such as [food, water, health care, and education].
O

文法 meansの目的語は動名詞句だが，ここではnotによる否定がなされている。「貧困は…するための十分なお金がないことを意味する」という意味。such as以降はthe necessities of lifeの具体例を4つ挙げている。→ 動名詞③

l.9

▶関係詞節

[In particular], education is a need

[that people do not always take into account [when thinking about poverty]].

文法 a needを目的格の関係代名詞thatが導く節が修飾している。a needは節内ではtakeの目的語に当たる。また，節内のwhen節では，they（= people）areが省略されている。→ 省略①

l.14 語句 cause「原因」。このあとのOneもAnotherもa causeのことである。

l.18 文法 the poor「貧しい人々」。〈the + 形容詞〉で「〜な人々」という意味になる。複数扱い。

l.22 文法 We cannot turn a deaf ear to the problem of poverty just because we live in a country that is said to be wealthy.「豊かとされている国に住んでいるからといって貧困問題を無視することはできないのである。」。cannotが否定している範囲に注意。just because以下はその範囲に含まれていない。

70 The Global Language – English 世界語としての英語

l.4

▶使役動詞の構文をつかもう

British rulers often made
S V

the people in the colonial countries speak English
O 動詞の原形

[instead of their native language].

文法 使役動詞makeの構文で〈make + O + 動詞の原形〉で「Oに…させる」という意味。Oが長いために，構文がつかみづらくなっている。→ 動詞③a

l.7 文法 asは関係代名詞として用いられており，前の節が先行詞。whichにも同様の用法がある。関係代名詞①b

l.11 語句 be based in ～「～に拠点を置く」。be based on ～（～に基づく）との前置詞の違いに注意。

l.13 語句 chances are SV「たぶん…だろう」

l.17 文法 Worried that their values are in danger of being replaced by those from the West, they see the use of English as having a negative impact on their society.「自国の価値観が西洋諸国の価値観に取って代わられる恐れがあると危惧し，英語を使うことは自国の社会に悪影響を及ぼすとみなしている。」。コンマ以前の部分は過去分詞が導く分詞構文で，‘理由’を表していると考えればよい。→ 分詞3①d

l.20 文法 Nonetheless, known as “the language of opportunity,” English is one of the most useful languages to learn.「とはいえ，『好機をもたらす言語』として知られる通り，英語は学んでおけば最も役立つ言語の1つだ。」。known as “the language of opportunity” の部分は過去分詞が導く分詞構文で，‘付帯状況’の形でEnglishについて説明を加えているとみなせばよい。→ 分詞3①a

l.20 内容 the language of opportunityは直訳すると「好機の言語」ということで，習得することでさまざまな好機をものにすることができるという意味。

71 People Who Have Larger Brains and Eyes
目と脳の大きさを決める意外な要因

l.1

▶文構造をつかもう

When a team of researchers (S) [from the University of Oxford]
examined (V) 55 skulls (O) [dating back to the 1800s],
they concluded [that people [who live at higher latitudes]
are [in general] more likely to have bigger eyes and brains].

文法 dating back to the 1800sという現在分詞句が55 skullsを修飾していることや，主格の関係代名詞whoが導く節がpeopleを修飾していることに注意。→ 分詞1①

l.8

▶関係副詞節

they were convinced [that the reason
[these people had larger brains]
was not because they were smarter]

文法 the reasonは関係副詞whyが省略された節によって修飾され，the reason ～ was not because ...（～理由は…からではない）という構文になっている。→ 関係副詞②b

l.10 文法 more visual informationは，過去分詞句taken in以下に後ろから修飾されている。take in Oは「Oを取り込む」の意味。→ 分詞1②

l.11

▶過去分詞の後置修飾

What limited sunlight (S) (that is)
[received by areas near the Arctic Circle]
is (V) not equal to that (O)
[received by those around the equator].

文法 過去分詞句の後置修飾でreceived by areas near the Arctic Circleがlimited sunlightを，received by those around the equatorがthatを修飾している。関係代名詞thatと受動態になるようisを補って考えるとよい。ここでのwhatは形容詞的に用いられており「すべての」という意味になる。thatはsunlight，thoseはareasを指す。→ 分詞② 関係代名詞④

l.16

▶文構造をつかもう

it turns out
形式主語

that the evolutionary processes
[causing the brain to become larger]
took place not so long ago
真主語

文法 全体はit turns out that ...（…ことが明らかになっている）という慣用的な形式主語構文。the evolutionary processesが現在分詞句に後置修飾されていることにも注意。→ it②a 分詞1①

72 Older May Not Be Better ストラディバリウスは本当に名器？

l.11 文法 the least preferred「最も好まれなかったバイオリン」。leastは形容詞を修飾して「最も…でなく」という意味になる。mostと用法は同様。preferredのあとにはviolinが省略されている。

l.17 文法 when compared to the previous experimentは〈主語＋be動詞〉が省略されており，when they（= the results）were compared to the previous experimentと補える。→ 省略①

l.25 語句 many Strad fans remain unconvinced「多くのストラディバリウスのファンは今でも納得のいかないままである」。remain Cで「Cのままである」という意味。

73 Therapy Using Animals and Robots 医療現場で活躍する動物・ロボット

l.4 内容 dogs, cats, horses, and other animals that assist caregivers in providing therapy「治療を行う時に介護者を補助する犬や猫，馬などの動物」。例が列挙されて，最後に関係詞節の説明が加えられたother 〜がくる時は，「…などの〜」のように訳すと自然。

l.8 内容 three main forms of animal-assisted help「動物補助型支援の3つの主な形」ということ。この段落では，これ以降One，Another，the thirdという形でその3つについて述べられている。それぞれin whichまたはwhichの関係代名詞の非制限用法によって補足説明が加えられている。
→ 関係代名詞①

l.17 内容 People can also gain mobility ≒ People also become able to move.

l.18

> ▶文構造をつかもう
>
> One Japanese care center is developing
> a robot [that can give caregivers a hand
> [carrying patients [who cannot stand up on their own]]].

文法 主格の関係代名詞thatが導く節がa robotを修飾し，さらにその節の中でも主格の関係代名詞whoが導く節がpatientsを修飾している。carrying ... on their ownは分詞構文で，ロボットが患者を運ぶことで介護者に手を貸している，ということを言っている。→ 分詞3①a

l.21 文法 the idea of spending time with robots as they would with pets「ペットとするであろうようにロボットと時間を過ごすという考え」ということ。as節の中では省略が起きていて，それを補うとthey would spend time with petsとなる。

74 Water Shortages 世界を脅かす水不足

l.7 語句 we won't make it「私たちはうまくやれないだろう」。itは漠然とした目標を指す。ここでは「十分な水をまかなえない→生き延びることができない」ということを言っていると考えられる。

l.11 内容 Australia, the driest continent after Antarctica「南極大陸に次いで最も乾燥した大陸であるオーストラリア」。afterは「～の次に」という'順序'の意味を表すことがある。

l.15 語句 water their lawns「芝に水をやる」。このwaterは他動詞で「～に水をやる」という意味。

l.17 語句 Many areas that face water scarcity「水不足に直面する多くの地域」。Many areasを主格の関係代名詞thatが導く節が修飾している。このfaceは他動詞で「～に直面する」という意味。

l.21

> ▶関係詞の非制限用法
>
> And desalination technology
> [, which can make drinkable water from salt water,] must be improved.

文法 非制限用法の関係詞節が挿入されていて，desalination technologyという専門用語を補足説明している。→ 関係代名詞

Check & Master

Check＆Master

時制

① 現在完了形《have〔has〕＋過去分詞》

過去の事柄を現在と結び付けて述べる場合に用いる。

★起点を表す since ～「（過去のある時）以来（ずっと）」は，現在〔過去〕完了形とともに用いられる。

Ex. Three years have passed ***since*** he died.
「彼が死んでから3年が経過した。」

② 現在完了進行形《have〔has〕been ...ing》

過去のある時点から現在に至るまでの動作の継続を表す。

Ex. We ***have been waiting*** for more than two hours.
「私たちは2時間以上待っている。」

★ more than ～は厳密には日本語の「～以上」と異なる。上の文では厳密には「2時間」を含まないが，おおよその数を言う場合には「～以上」と訳しても問題ない場合が多い。厳密に言う場合はtwo or more hoursなどで表す。

Ex. Groups of ***more than*** 9 people are prohibited.
「10人以上の〔9人を超える〕集まりは禁止されています。」

③ 過去完了形《had＋過去分詞》

過去のある時点での完了・結果・経験・状態の継続を表す。

Ex. After I ***had finished*** my homework, I went out.
「私は宿題を終えた後で出かけた。」

④ 過去完了進行形《had been ...ing》

過去のある時点までの動作の継続を表す。

Ex. We ***had been waiting*** for two hours before he came.
「彼が来るまで私たちは2時間待っていた。」

⑤ 未来進行形《will〔shall〕be ...ing》

未来のある時点において，動作が進行中であることを表す。

Ex. I ***will be waiting*** at one o'clock.「1時にお待ちしています。」

⑥ 未来完了形《will〔shall〕have＋過去分詞》

未来のある時点においての完了・結果・継続・経験を表す。

Ex. We ***will have been married*** for ten years tomorrow.
「明日で私たちは結婚して10年になる。」（継続）

Ex. I ***will have been*** to Kobe twice if I go there again.

「もう一度神戸へ行くと，私はそこへ二度行ったことになる。」（経験）

態

進行形の受動態《be being＋過去分詞》

Ex. The hall was built two years ago.「その会館は2年前建てられた。」

→The hall ***was being built***.「その会館は建設中だった。」

Ex. More and more videos ***were being rented*** in Britain, yet the number of movie tickets sold increased by 81 percent from 53 to 96 million.

「ますます多くのビデオがイギリスで貸し出されていたが，それでも映画のチケットの販売数は81％増加して5300万枚から9600万枚になった。」

it

① 形式主語〔目的語〕とto不定詞

a)《it is ～ to ...》

「…することは～だ」の意味。英語では主語が長くなるのを避ける傾向があるため，to不定詞が文の主語の場合，それを文の後に置き，主語の位置にはitを置くことが多い。この場合，to不定詞を真主語，itを形式主語（または仮主語）と呼ぶ。

Ex. To learn English is easy. → ***It*** is easy ***to*** learn English.

「英語を学ぶのは簡単だ。」

★It is ～ ...ing「…することは～だ」と，形式主語のitが動名詞を導くこともある。

Ex. ***It*** is no use ***crying*** over spilt milk.

→It is useless〔of no use〕to cry over spilt milk.

「こぼれたミルクを嘆いてもむだだ→覆水盆に返らず。」

b)《it is ～ for A to ...》

「Aが…することは～だ」の意味。形式主語のit構文の中で，to不定詞の意味上の主語となるものを示すにはfor Aで表す。「Aが…することは～だ」と訳す。

Ex. ***It is*** easy ***for*** him ***to*** do the job.「彼がその仕事をするのは簡単だ。」

c)《it is ～ of A to ...》

「…するとはAは～だ；Aが…することは～だ」の意味。形式主語のit構文の中で，kind, clever, foolish, cruelなど，人の性質などに関しての判断を表す形容詞がくると，to不定詞の意味上の主語はfor ～ではなくof ～で表す。for Aとof Aの違いは，たとえばbの例文ではhe ≠ easy，to do the job = easyであるが，次の例文ではyou = kind, to help me ≠ kindである。

Ex. ***It is*** very kind ***of*** you ***to*** help me.

「私を手伝ってくれて，あなたはとても親切ですね。」

d) 《S think it ～ to ...》「…することは～だと思う」

SVOCの文型で，O（目的語）がto不定詞の場合，itを形式目的語としてOの位置に置き，to不定詞はCの後に置く。think以外にも，believeやfindなどの第5文型になる動詞がくる。

Ex. I think ***it*** easy ***to*** learn English.「英語を学ぶのは簡単だと思う。」

★目的語としてのto不定詞も意味上の主語を伴うことがある。

Ex. I think ***it*** easy for him ***to*** learn English.
「私は彼が英語を学ぶのは簡単だと思う。」

② 形式主語・形式目的語とthat節

a) 《it is ～ that ...》の形式主語

「…ということは～である」の意味。thatは名詞節を導く接続詞で，本来はthat以下の節が真主語であるが，それを形式主語itを用いて表している。話者の「感情を伴った主観的な判断」を表す場合，通例that節内の動詞は動詞の原形かshould ... を用いる。この場合のshouldは訳す必要がない。

Ex. It is ***strange that*** he (***should***) say so.「彼がそんなことを言うとは変だ。」

★話者の「彼はそんなことは言わないはず」という主観が入っている。

Ex. It is strange that he says so.

★自分の判断ではなく，客観的な事実を述べる場合はthat節内の動詞は動詞の原形やshould ... を用いない（直説法を用いる）。この文では，例えば常識から考えて客観的に「変だ」と言っている。

b) 形式目的語

to不定詞の場合と同様，SVOCの目的語がthat節である場合もその位置に形式目的語のitを置き，that以下の節は目的語としてCの後に置く。

Ex. I think ***it*** natural that he (***should***) get angry.
「私は彼が怒るのも当然だと思う。」

c) 《see to it that ...》「…するよう取り計らう〔気をつける〕」

Ex. ***See to it that*** you lock the door.
「必ずドアにカギをかけなさい。」

③ 形式主語と疑問詞節など《it is ～疑問詞 ...》

疑問詞where，when，why，who，howやwhetherなどの名詞節が主語になる場合も形式主語itを用い，主語を後ろに置く。

Ex. ***It is*** unknown ***where*** he was born.
「彼がどこで生まれたかは知られていない。」

④ itが主語の慣用表現

a) 《it takes (人) (時間) to ...》「(人が) …するのに～ (の時間) がかかる」

Ex. It ***took me two hours to*** finish the job.

→It took two hours for me to finish the job.

「私がその仕事を終えるのに2時間かかった。」

b) 《it costs (人) (金額) to ...》「人が…するのに～ (の金額・費用) がかかる」

Ex. It ***cost me 500 dollars to*** get the ticket.

→It cost 500 dollars for me to get the ticket.

「私がその券を手に入れるのに500ドルかかった。」

c) 《it seems〔appears〕that S ...》「…のように思える；…のように見える」

Ex. ***It seems***〔***appears***〕***that*** she is happy. →She ***seems***〔***appears***〕***to be*** happy.

「彼女は幸せそうに見える。」

d) 《it happens that S ...》「たまたま…」

Ex. ***It happened that*** I knew him. →I ***happened to know*** him.

「私はたまたま彼を知っていた。」

関係代名詞

① 関係代名詞の非制限用法

関係詞の前にコンマを置き，先行詞に関して補足的な説明を加える用法を関係詞の非制限用法〔継続用法〕という（コンマを用いない用法は制限用法）。主に文語体で口語では《接続詞＋代名詞》で表される。

a) 《～, who ...》《～, which ...》

Ex. There were few passengers***, who*** escaped from injury.

→There were few passengers***, and they*** escaped from injury.

「乗客はほとんどいなかったし，(彼らは) ケガをしなかった。」

cf. There were few passengers ***who*** escaped from injury.

「ケガをしなかった乗客はほとんどいなかった。」

b) 《～, which ...》非制限用法の which は先行する主節全体やその一部を受ける場合がある。

Ex. She came home late***, which*** made her parents angry.

→She came home late***, and it*** made her parents angry.

「彼女は遅く帰宅し，そのことが両親を怒らせた。」

Ex. I tried to open the door***, which*** I found impossible.

→I tried to open the door***, but*** I found it impossible.

「私はドアを開けようとしたが，不可能だとわかった。」

Ex. Mary says she can drive a car***, which*** is not true.

→Mary says she can drive a car***, but*** it is not true.

「メアリーは車の運転ができると言っているが，それは本当ではない。」

★先行詞は下線部。

② 所有格whose

whoseの後には名詞が続き《先行詞（人・物）+ whose + 名詞 ...》の語順になる。

Ex. That is the student. + His father is a scientist.

先行詞 ↓ 所有格

That is the student ***whose*** father is a scientist.

「あちらは父親が科学者の生徒です。」

Ex. Look at the mountain. + Its top is covered with snow.

Look at the mountain ***whose*** top is covered with snow.

「頂上が雪で覆われたあの山を見なさい。」

★whose top を《the＋名詞＋ of which ...》を用いて表すことができる。

Ex. Look at the mountain. + The top of the mountain is covered with snow.

先行詞 ↓ 所有格

Look at the mountain ***the top of which*** is covered with snow.

「頂上が雪で覆われたあの山を見なさい。」

③ 先行詞の一部について補足説明する

《one / some / most / all など+ of which〔whom〕...》

「そのうちの一つ〔一人〕／いくつか〔いく人か〕／ほとんど／すべて」

Ex. There are many members, ***most of whom*** I don't know.

「多くの会員はいるが，そのほとんどを私は知らない。」

Ex. There are ten doctors in the hospital, ***some of whom*** are from Osaka.

「その病院には10人の医師がいるが，そのうちの何人かは大阪出身です。」

④ 関係代名詞のwhatを含む表現

関係代名詞の whatは，先行詞のthe thing〔things〕を含み，「…であるもの〔こと〕」の意味を表す。

Ex. ***What*** we have is one thing and ***what*** we are is quite another.

「資産と人格とはまったく別のものである。」

★関係代名詞の what はさまざまな慣用表現で用いられる。

《what is worse》「さらに悪いことには」

《A is to B what C is to D》「AとBの関係はCとDの関係に等しい」

Ex. It is often said that rice ***is to*** Asians ***what*** wheat ***is to*** Europeans.

「アジア人にとって米は，ヨーロッパ人にとっての小麦と同じだとよく言われる。」

《what＋名詞 ...》「…するすべての～」

関係詞の whatが形容詞的に用いられ，名詞を修飾することがある。この場合の what は「(わずかではあるが) すべての〔何でも〕」という意味である。少ないことを明示するため few や little をつけることもある。

Ex. I spent ***what little*** money (that) I had. →I spent all the little money (that) I had.
「少ないながら持っているすべてのお金を使った。」

⑤《the same ～ as〔that〕...》

「…と同じ（ような）～」の意味。asが，the sameと相関的に関係代名詞として用いられ，節を導く。

Ex. This is ***the same*** car ***as*** he has.「これは彼が持っているのと同じ車だ。」

★よく似た表現の《such ～ as ...》「…のような～」も同じ用法である。

Ex. Read ***such*** books ***as*** will do you good.
「自分のためになるような本を読みなさい。」

cf. 《such A as B = A such as B》「Bのような A」
such people as these = people such as these「このような人々」

★この文でのasは前置詞。

⑥《more ～ than ...》先行詞が比較級を伴う場合，thanも関係代名詞として使われる。

Ex. He wanted ***more*** money ***than*** he needed.
「彼は必要以上のお金を欲しがった。」

⑦《～ but ... = ～ that ～ not ...》

「…しない～はない」の意味。先行詞にnoやfew等の否定語を伴う場合，butが否定の意味の関係代名詞として用いられ二重否定となり，強い肯定の意味を表す。

Ex. There is ***no*** man ***but*** loves his home.
→There is ***no*** man ***that*** does***n't*** love his home.
「自分の家を愛さない人はいない。」

⑧ 複合関係代名詞

文中で名詞節として主語・目的語・前置詞の目的語の働きをする。

a)《whoever ... = anyone who ...》「…する人は誰でも」

Ex. You can invite ***whoever*** wants to come.

「来たい人は誰でも招待していいですよ。」

b) 《whatever .... = anything that ...》「…するものは何でも」

Ex. You can take ***whatever*** you want.

「欲しいものは何でも取っていいですよ。」

c) 《whichever ... = any one〔either one〕that ...》「…するものはどれでも〔どちらでも〕」「…するものはどちらでも」

Ex. You can take ***whichever*** you like.

「好きなものをどれでも取っていいですよ。」

d) 《whichever＋名詞 ... = any＋名詞〔either＋名詞〕that ...》「…するものはどんな名詞でも〔どちらの＋名詞でも〕」

関係副詞

関係代名詞が接続詞と代名詞の働きをもつのに対し，接続詞と副詞の働きをもつ関係詞を関係副詞と呼ぶ。関係副詞には，where（場所），when（時），why（理由），how（方法）がある。

① 関係副詞の制限用法

a) 《where ...》

Ex. This is the house. + He was born there. （there は副詞）

→ This is the house ***where*** he was born.

「これは彼が生まれた家です。」

b) 《when ...》

Ex. I don't know the time. + They went out then. （then は副詞）

→ I don't know the time ***when*** they went out.

「私は彼らが出かけた時間を知りません。」

c) 《why ...》

Ex. Tell me the reason. + He got angry for the reason.

→ Tell me the reason ***why*** he got angry.

「彼が怒った理由を教えて。」

d) 《how ...》

方法を表す語を先行詞とする関係副詞はhowを用いる。ただし，the wayとhowが並列されることはなく，どちらか一方が省略される。

Ex. This is the way. + I solved this problem in that way.

→ This is ***how***〔***the way***〕I solved the problem.

「これが私がその問題を解いた方法です。」

② 先行詞・関係副詞の省略

一般に先行詞は省略されることが多い。また，関係副詞when，why，where

（先行詞がthe placeの場合）も省略されることがある。

a) *Ex.* We do not know ***when*** this world came into being〔existence〕.
　We do not know ***the time*** this world came into being〔existence〕.
　「この世界が出現した時期は誰にもわからない。」

b) *Ex.* This is ***why*** I will attend the meeting.
　This is ***the reason*** I will attend the meeting.
　「こういうわけで私はその会議に出席します。」

c) *Ex.* This is ***where*** I was born.
　This is ***the place*** I was born.
　「ここが私が生まれたところです。」

③《the time〔the day〕～ when ...》「…する時〔日〕が～」

関係詞の先行詞がその関係詞の前に置かれるとは限らない。

Ex. The day will surely come ***when*** our dream comes true.
　「私たちの夢が実現する日がきっとくるでしょう。」

④ 関係副詞の非制限用法《～, where ...》《～, when ...》

関係詞 when と where には非制限用法があり，先行詞に関して追加的に説明を加える働きをする。

a)《, where ...》=《接続詞（and〔but/becauseなど〕）there》

Ex. I went to Kyoto***, where*** I became interested in history.
　→I went to Kyoto***, and there*** I became interested in history.
　「私は京都に行き，そこで歴史に興味をもつようになった。」

b)《, when ...》=《接続詞（and〔but/becauseなど〕）then》

Ex. I went to Osaka last week***, when*** I met her.
　→I went to Osaka last week***, and then*** I met her.
　「先週大阪に行って，その時彼女と会った。」

⑤ 複合関係副詞

文中で副詞節の働きをする。

《whenever〔anytime〕...》「いつでも…する時は〔に〕」

Ex. You can come to my house ***whenever*** it's convenient for you.
　「いつでも都合のよい時に，私の家に来ていいですよ。」

《wherever〔anywhere〕...》「どこでも…するところに〔で〕」

Ex. I will follow you ***wherever*** you go.
　「あなたの行くところならどこへでもついていきます。」

Check & Master

不定詞

①《形容詞＋to ...》

通例，形容詞を説明する副詞的用法として，さまざまな意味を表す。

Ex. I am ***glad to*** see you.「…して」
「あなたに会えて嬉しい。」

Ex. He must be ***stupid to*** say that.「…するなんて」
「そんなことを言うなんて彼は愚かに違いない。」

Ex. The girl is ***difficult to*** treat.「…するのは」
「その少女は扱いにくい（＝扱うのは難しい)。」

★この構文は《It ～ to ...》で表すことができる。
→It is difficult to treat the girl.

②《疑問詞 / whether ＋ to ...》

《when to ...》「いつ…するか〔すべきか〕」，《which (～) to ...》「どちら (の～) をするか〔すべきか〕」，《how to ...》「どのように…すべきか〔…する方法〕」，《whether to ...》「…すべきかどうか」

③《be to ...》

文意に応じて予定・義務［命令］・可能・意図・運命の意味を表す。

Ex. You ***are to*** come by five.
「あなたは5時までに来なければならない。」(義務)

Ex. You ***are not to*** use such a word.
「そのような言葉を使ってはいけません。」(禁止)

Ex The sea ***is (not) to*** be seen from here.
「ここから海が見える（見えない)。」(可能・不可能)

Ex. He ***was never to*** return home again.
「彼は二度と家に帰ってくることはなかった。」(運命)

④《in order to ...》《so as to ...》

to 不定詞に「…するために」という目的を表す用法があるが，それを明示するために用いる表現。この構文は《in order that〔so that〕S 助動詞 (can/may/will) ...》で表すことができる。

Ex. I got up early ***so as to*** catch the first train.
→I got up early ***so that*** I ***could*** catch the first train.
→I got up early ***in order that*** I ***could*** catch the first train.
「私は始発列車に間に合うように早く起きた。」

Ex. I began jogging every morning before work ***in order to*** stay in shape.

「私は健康を保つために，通勤前に毎朝ジョギングを始めた。」

⑤《～ enough to ...》

「…するのに十分～」

Ex. He is old ***enough to*** drink alcohol.

「彼は酒を飲める年齢だ。」

★法律で酒を飲める年齢に達しているが，年齢が高いかどうかは不明。

《so ～ as to ...》

「とても～なので…」結果，「…するほど～」程度を表す。この構文は《so ～ that S ...》で表すことができる。

Ex. He was ***so*** kind ***as to*** show me the way.

「彼は親切にも道を教えてくれた。」

⑥《too ～ to ...》

「たいへん～だから…できない；…するには～しすぎている」の意味を表す。結果・程度を表すこの構文は《so ～ that S can't ...》で表すことができる。

Ex. I was ***too*** tired ***to*** walk.「とても疲れて歩けなかった。」

→I was so tired that I couldn't walk.

★to 不定詞の意味上の主語となるものを示すには for A で表す。「A が…することは」と訳す。

Ex. It's ***too*** late ***for*** a child ***to*** go out now.

「今，子供が出かけるには遅すぎます。」

⑦《結果を表す to ...》

「～して（その結果）…になる〔…する〕」の意味を表し，前から訳すと自然になることが多い。この意味の不定詞は《only to ...》《never to ...》の形でよく用いられる。

Ex. He lived ***to*** be eighty.

「彼は生きて 80 歳になった。→彼は 80 歳まで生きた。」

Ex. He went abroad ***never to*** return.

「彼は外国へ行き，二度と戻ってこなかった。」

Ex. I got up early, ***only to*** miss the first train.

「私は早く起きたが，（結局）始発列車に乗り遅れた。」

⑧《to have ＋過去分詞》

完了不定詞といい，述語動詞よりも前の時を表すのに用いる。述語動詞が現在なら過去（または現在完了），述語動詞が過去なら過去完了を示す。

Ex. He ***is said to have been*** a teacher.
→It ***is said*** that he ***was*** a teacher.
「彼は教師だったと言われている。」
Ex. He ***seems to have been*** ill.
→It ***seems*** that he ***was*** 〔***has been***〕 ill.
「彼は（以前〔今までずっと〕）病気だったように（今）見える。」
Ex. He ***seemed to have been*** ill when I met him.
→It ***seemed*** that he ***had been*** ill when I met him.
「彼は，会った時，（会った時点以前に）病気だったように見えた。」

⑨《intended to have＋過去分詞》
「…するつもりだった（ができなかった）」の意味を表す。完了不定詞が，意図（intendなど），願望（wishなど），計画（planなど），期待（expectなど）を表す述語動詞の過去形に続く場合は，その願望・計画・期待・予定などが実現されなかったことを表す。《had＋過去分詞》でも表すことができる。
Ex. I ***intended to have written*** to you.
→I had intended to write to you.
「お便りするつもりだったのですが。」

⑩ 独立不定詞
文全体を修飾する用法で慣用的な表現。
《to do one justice》「公平に言って」/《to be sure》「確かに」/《strange to say》「奇妙なことに」/《to tell the truth》「実を言えば」/《so to speak》「いわば」《to be brief》「要するに，手短に言えば」/《to make a long story short》「手短に言えば」/《to do one's utmost〔one's best〕》「いくら努力しても」

分詞

1 分詞の形容詞的用法

① 現在分詞の形容詞的用法
現在分詞が直接名詞を修飾し，「…している，…する」という能動の意味を表す。
Ex. Who is that ***crying*** woman?「あの泣いている女性は誰ですか。」
★現在分詞が他の語句を伴うと，その現在分詞は修飾する語句のうしろに置かれる。
Ex. Who is that woman ***watching*** TV?
「テレビを見ているあの女性は誰ですか。」

② 過去分詞の形容詞的用法

過去分詞が直接名詞を修飾し,「…される, …された」という受身の意味を表す。

Ex. I repaired the ***broken*** door.「私はその壊れた扉を修理した。」

★現在分詞と同様, 過去分詞が他の語句を伴うと, その過去分詞は修飾する語句のうしろに置かれる。

Ex. I repaired the door ***broken*** by the boys.

「私は少年たちによって壊された扉を修理した。」

2 補語になる用法

①《S + V + 現在分詞》

現在分詞が, 第2文型で主語を説明する働きの補語（主格補語）となり,「Sが…して〔…しながら〕」という意味を表す。

Ex. He came ***walking***.

「彼は歩いて来た。」(walking は He の状態を説明している)

②《S + V + O + 現在分詞》

現在分詞が, 第5文型で目的語を説明する働きの補語（目的格補語）となり,「(Oが) …している」という意味を表す。

Ex. He found his dog ***waiting*** for him at the station.

「彼は愛犬が駅で自分を待っているのを見つけた。」(his dog は waiting の意味上の主語)

③《S + V + 過去分詞》

過去分詞が, 第2文型で主格補語となる用法。「Sが…されて〔…されながら〕」という受け身の意味を表す。次の例では意味上, He was killed. という関係がある。

Ex. He lay ***killed*** on the bed.

「彼は殺されてベッドに横たわっていた。」

④《S + V + O + 過去分詞》

過去分詞が, 第5文型で目的格補語となる用法。「(Oが) …されている」という意味で, 次の例では意味上, My idea was supported by everybody. という関係がある。

Ex. I found my idea ***supported*** by everybody.

「私は自分の考えがみんなに支持されていることがわかった。」

3 分詞構文

分詞が主節を修飾して副詞的な働きをする分詞の用法。一般的には会話では用いられない。分詞構文において，どういう接続詞の意味が含まれているかは，全体から判断する必要がある。

① 分詞構文が表す主な意味

a) 同時「…しながら」

Ex. He waved his hand. ＋ He was smiling brightly.

→ He waved his hand, ***smiling*** brightly.

「彼は明るく笑いながら手を振った。」

Ex. What book is he reading, ***sitting*** over there?

「あそこに座って，彼は何の本を読んでいるのですか。」

b) 連続「〜して（そして）…」

Ex. I left Tokyo at two, ***arriving*** Osaka at five.

→ I left Tokyo at two ***and arrived*** Osaka at five.

「東京を2時に出て，大阪に5時に着いた。」

★「ある時点での状況」を表すa) 同時，b) 連続を合わせて付帯状況と呼ぶことがある。分詞構文では付帯状況の用法が最も多い。

c) 時「…する時」

Ex. ***Seeing*** me, he ran away. → ***When he*** saw me, he ran away.

「彼は私を見ると走り去った。」

d) 理由「…なので」

Ex. ***Because I felt*** sleepy, I turned off the TV.

→ ***Feeling*** sleepy, I turned off the TV.

「眠たかったので，テレビを消した。」

★《接続詞＋分詞構文》分詞構文の意味を明確にするため，分詞構文の前に接続詞を付けることがある。

Ex. ***After studying***, she watched TV.「勉強をした後に，彼女はテレビを観た。」

② being〔having been〕の省略

分詞構文が受動態，進行形の意味を表す場合，beingやhaving beenは通例省略される。

Ex. (Being) ***Surprised*** at the news, I couldn't say a word.

→ ***Because I was surprised*** at the news, I couldn't say a word.

「その知らせに驚いたので，一言も言えなかった。」

Ex. (Being) ***Waiting*** for a bus, I met Tom.

→ ***When I was waiting*** for a bus, I met Tom.

「バスを待っている時，トムに会った。」

③《having ＋過去分詞》

分詞構文において，普通の分詞は主節の動詞と同じ時を表すのに対して，完了形の分詞構文は主節の動詞より前の時を表す（現在に対して過去または現在完了，過去に対して過去完了）。

Ex. ***Having finished*** the work, I went for a walk.

→ ***After I had finished*** the work, I went for a walk.

「仕事を済ませた後，散歩に出かけた。」

④ 否定形分詞構文

分詞構文では否定を表すnotやneverなどは分詞の前に置かれる。

Ex. ***Not knowing*** her name, I didn't talk to her.

→ ***Because I didn't know*** her name, I didn't talk to her.

「名前を知らなかったので，彼女に話しかけなかった。」

⑤ 独立分詞構文

分詞構文において，分詞の意味上の主語が，主節の主語と一致しない場合，分詞の意味上の主語がその前に置かれる。これを独立分詞構文という。

Ex. ***It being*** stormy, we stayed at home.

→ ***Because it was*** stormy, we stayed at home.

「嵐だったので，私たちは家にいた。」

Ex. ***The room being*** hot, I opened the window.

→ ***Since the room was*** hot, I opened the window.

「部屋が暑かったので，窓を開けた。」

⑥《with ＋ O ＋現在分詞 / 過去分詞》

withを伴う付帯状況のOは，分詞構文では分詞の意味上の主語となっている。

Ex. She listened to my story ***with*** tears ***running***.

「彼女は涙を流しながら私の話を聞いた。」

Ex. She listened to me ***with*** her eyes ***closed***.

「彼女は目を閉じて私の話を聞いた。」

★《with ＋ O ＋前置詞句 / 形容詞（句）/ 副詞（句）》

withを用いて付帯状況を表す時，分詞以外も用いられる。

Ex. He stood at the door ***with*** his hands ***in his pockets***.「彼はポケットに手を入れてドアのところに立っていた。」/ I cleaned the room ***with*** the door ***open***.「私はドアを開けたままで，部屋を掃除した。」/ I fell asleep ***with***

TV *on*.「私はテレビをつけたまま眠ってしまった。」

⑦ 慣用的に用いられるその他の分詞構文

分詞の意味上の主語が話し手か we や you など一般の人々を表す場合は省略される。

《frankly speaking》「率直に言うと」/《seeing (that) ...》「…だから」《supposing (that) ...》「もし…ならば」/《granting〔granted〕(that) ...》「仮に…としても」/《considering ～》「～を考えてみると，～の割には」

動名詞

① 動名詞の意味上の主語

動名詞の前に置かれる名詞・代名詞の所有格（または目的格）は，その動名詞の意味上の主語を表す。

Ex. I'm sure of ***his***〔***him***〕knowing the fact. →I'm sure that he knows the fact.

「私は彼が事実を知っていると確信している。」

② 完了動名詞《having ＋過去分詞》

完了動名詞は，《having ＋過去分詞》の形で，主節の述語動詞よりも前の時を表す。現在に対して過去（または現在完了），過去に対して過去完了を表す。

Ex. I am proud of ***having done*** my best.

→I am proud that I ***did***〔***have done***〕my best.

「私は最善を尽くしたことを誇りに思っている。」

Ex. He insisted on ***having known*** the fact before then.

→He insisted that he ***had known*** the fact before then.

「彼はそれ以前に事実を知っていたと主張した。」

③《not〔never〕...ing》

通例，not や never などの否定の副詞は動名詞の前に置かれる。

Ex. The teacher apologized for ***not announcing*** the test earlier.

「先生はもっと早く試験の告知をしなかったことを謝った。」

④《動詞＋ ...ing》と《動詞＋ to ...》

目的語に動名詞をとるかto不定詞をとるかで意味に違いが生じる動詞がある。

a) 1《regret ...ing〔having ＋過去分詞〕》「…したことを後悔する」

Ex. I regret ***telling***〔***having told***〕you the fact.

「あなたに事実を伝えたことを後悔している。」

2《regret to ...》「残念ながら…する」

Ex. I regret ***to tell*** you the fact.

「残念ではありますが，あなたに事実をお伝えします。」

b) 1《try ...ing》「(試しに)…してみる」

Ex. I tried ***talking*** to her and she smiled.

「彼女に話しかけてみると，彼女は微笑んだ。」

2《try to ...》「…しようとする」

Ex. I tried ***to talk*** to her but I couldn't.

「彼女に話しかけようとしたができなかった。」

c) 1《remember〔forget〕...ing》「(すでに)…したことを覚えている〔忘れる〕」

Ex. Do you remember〔forget〕***seeing*** me last week?

「先週私と会ったことを覚えていますか〔忘れたのですか〕。」

2《remember〔forget〕to ...》「(これから)…することを覚えている〔忘れる〕」

Ex. Please remember〔Don't forget〕***to see*** me next week.

「来週私と会うのを覚えていて〔忘れないで〕ください。」

⑤《need〔want / require〕...ing》

必要の意味を表す動詞の後に動名詞がくると，受け身の「される必要がある」という意味になる。

Ex. My shirt needs ***washing***.

→My shirt needs ***to be washed***.

「私のシャツは洗濯の必要がある。」

★他にdeserve（～に値する）がある。

Ex. Her achievement deserves ***praising***.

→Her achievement deserves ***to be praised***.

「彼女の業績は賞賛に値する。」

⑥ 動名詞を使った慣用表現

a)《on ...ing》「…するとすぐに；…する時に」

Ex. ***On arriving*** at the station, I called my sister.

「駅に着くとすぐに姉に電話した。」

b)《in ...ing》「…する際に；…することにおいて」

Ex. You have to pay attention to walkers ***in driving*** a car.

「車の運転中は歩行者に注意しなくてはいけない。」

c)《there is no ...ing》「…することはできない」

Ex. ***There is no accounting*** for tastes.

「嗜好について，説明はできない→蓼食う虫も好き好き。」

d)《of one's own ...ing》「自分で…した」

Ex. This picture is ***of my own painting***.
「この絵は私自身が描きました。」

e) 《be worth ...ing》「…する価値がある」
Ex. This problem is too simple, so it ***is*** hardly ***worth discussing***.
「この問題は非常に単純なので，ほとんど議論する価値がない。」

f) 《it is no use ...ing》「…しても無駄である」
Ex. ***It is no use crying*** over spilt milk.
「こぼれたミルクを見て泣いても無駄だ→覆水盆に返らず。」

動詞

①《知覚動詞＋O＋C（＝原形不定詞，現在分詞）》

知覚動詞（see, look at, watch, hear, listen to, feelなど）の構文においては，目的語（O）が行う動作は原形不定詞または現在分詞で表し，「Oが…する〔している〕のを見る〔聞く，感じる〕」の意味を表す。

Ex. I ***heard*** him ***sing*** 〔***singing***〕 the song.
「私は彼がその歌を歌う〔歌っている〕のを聞いた。」

②《知覚動詞＋O＋C（＝過去分詞）》

目的格補語（C）に過去分詞がくると，OとCは意味上受身の関係になっており，「Oが…されるのを見る〔聞く，感じる〕」の意味を表す。

Ex. I ***heard*** the song ***sung*** by a famous musician.
「私はその歌が有名な音楽家に歌われているのを聞いた→有名な音楽家がその歌を歌っているのを聞いた。」

③《使役動詞＋O＋C（＝原形不定詞）》

a) 《make＋O＋原形動詞》「Oに（強制的に）…させる」
Ex. I ***made*** him ***work***.「私は彼を働かせた。」

b) 《let＋O＋原形動詞》「Oに（やりたがっていることを）…させてやる」
Ex. I ***let*** him ***take*** a rest.「私は彼に休憩を取らせた。」

c) 《have＋O＋原形動詞》「Oに（当然してもらえることを）…させる〔してもらう〕」
Ex. His boss ***had*** him ***type*** his letter.
「彼の上司は彼に手紙をタイプさせた〔してもらった〕。」

④《使役動詞＋O＋C（＝過去分詞）》

a) 《make＋O＋過去分詞》「Oに…（された状態）にする」
Ex. Can you ***make*** yourself ***understood*** in English?
「英語であなた自身が理解されるようにできますか。→あなたの英語は通じ

ますか。」

b) 《have/get＋O＋過去分詞》「Oを…させる〔してもらう〕，Oを…される」

Ex. I ***had*** my car ***repaired*** by him.「私は彼に車を修理してもらった。」

Ex. I ***had*** my bag ***stolen*** by someone.「私は誰かにバッグを盗まれた。」

★《have/get＋O＋過去分詞》は完了の意味も表す。

Ex. You must ***have*** this work ***done*** by tomorrow.

「あなたは明日までにこの仕事をしてしまわなければならない。」

⑤《get ＋O＋ to *do*》「(説得して) Oに…してもらう〔させる〕」

Ex. I ***got*** him ***to help*** me with my homework.

「私は彼に宿題をするのを手伝ってもらった。」

⑥ 同族目的語

動詞の目的語が，意味や語源において動詞と関連をもっている場合，その目的語を同族目的語という。通例，形容詞を伴う。《fight a (fierce) ***fight***》「(激しく)戦う」/《run a (good) ***race***》「(よい)競争をする」/《dream a (strange) ***dream***》「(奇妙な)夢を見る」

助動詞

①《助動詞＋have＋過去分詞》

現在の立場から過去の事柄に関して推量する用法である。

a) 《may have＋過去分詞》「…したかもしれない」

Ex. He ***may have seen*** the scene.「彼はその場面を目撃したかもしれない。」

b) 《must have＋過去分詞》「…したに違いない」

Ex. He ***must have been*** there.「彼はそこにいたに違いない。」

c) 《cannot have＋過去分詞》「…したはずがない」

Ex. He ***can't have noticed*** it.「彼がそれに気づいたはずはない。」

②《need not have＋過去分詞》

「…する必要はなかったのに」の意味。過去においてする必要がなかった事柄が実際にはなされてしまったことを示し，「…する必要はなかったのに(してしまった)」の意味を表す。

Ex. He ***need not have come***.「彼は来る必要はなかったのに。」(実際には来た)

cf. He did***n't need to*** come.

「彼は来る必要がなかった。」(実際に来たかどうかは不明)

③《should〔ought to〕have＋過去分詞》

「…すべきだったのに（しなかった）」の意味。過去において，なすべき事柄が実際はなされなかったことに対する非難・後悔などの気持ちを表す。

Ex. You ***should*** 〔***ought to***〕 ***have worked*** harder.
「君はもっとがんばるべきだった。」

★また「（現在までに）…しているはずだ」と，現時点までにある事柄が当然完了していることを推量する場合にも使われる。

Ex. They ***should*** 〔***ought to***〕 ***have arrived*** in Tokyo by now.
「今頃彼らは東京に着いているはずだ。」

④《used to ...》《would ...》

used to ... や would ... は，「以前は…したものだ」という過去の習慣を表す。

Ex. Travelers ***used to*** face a lot of risks.
「かつては旅人は多くの危険な目に遭ったものだ。」

Ex. There ***used to*** be a big temple in this town.
「この町には以前大きな寺があった。」

Ex. I ***would often*** go to church when I was in America.
「アメリカにいた時はよく教会に行ったものだ。」

[used to ... と would ... の違い]

(1)《used to ...》には状態動詞も続くが，《would ...》では動作動詞のみが続く。したがって，「昔は…であった」という状態を表す時には《used to ...》は使えるが《would ...》は使えない。

(2)《used to ...》は「（今とは違って）昔は…したものだ，（今とは違って）昔は…だった」の意味を表す。

(3)《would ...》は過去の個人的な習慣を示すのに用いることが多い。

⑤《wouldn't ...》

「どうしても…しようとしなかった」という過去の時点での強い拒絶を表す。

Ex. She ***wouldn't*** get out of her room.
「彼女はどうしても部屋から出てこようとはしなかった。」

⑥《may well ...》

「…するのは当然だ，…するのも無理はない」の意味を表す。

Ex. You ***may well*** get angry.「あなたが怒るのも当然だ。」

⑦《may as well A (as B)》

「（Bするより）Aする方がいい」の意味を表す。as B は省略されることもある。

Ex. You ***may as well*** take the dog with you (***as*** leave him behind).

「犬を（置いていくなら）連れて行った方がいいですよ。」

⑧《might as well A (as B)》

「BするのはAするようなものだ；BするくらいならAする方がましだ」の意味を表す。これは，Aの方にあり得ないようなことを引き合いに出し，「それほどBが嫌だ〔現実的でない〕」ということを表すのによく用いられる。この表現もas Bの箇所を伴わない場合も多い。

Ex. I ***might as well*** throw away my money (***as*** lend it to him).

「（彼に金を貸すくらいなら）金を捨てた方がましだ。」

⑨《had better ...》

had better「…した方がいい」は2語で1語の助動詞のような働きをする。したがって，否定文ではhad better not ...「…しない方がいい」の語順になることに注意。また，この表現は通例忠告や命令する際に使われる表現。

Ex. You ***had better*** (***not***) go out.

「出かけた（出かけない）方がいいよ。」

⑩《would rather A (than B)》

「（Bするよりは）むしろAしたい」を表す。AにもBにも動詞の原形がくることに注意。than Bの箇所を伴わないで用いる場合も多い。

Ex. I ***would rather*** stay at home (***than*** go out).

「私は（出かけるよりは）むしろ家にいたい。」

★ratherではなくsoonerが用いられることもある。

⑪ 代動詞

前に出てきた動詞（句）の繰り返しを避けるため，do/does/didで代用する。

Ex. He ran faster than I ***did***.「彼は私より速く走った。」

★did = ran

接続詞

① 名詞節の働き

名詞節は名詞と同じような働きをもつ。したがって主語，目的語，補語になる。

Ex. It was true ***that he went there***.（主語）

「彼がそこへ行ったのは本当だった。」

Ex. I think ***that he went there***.（目的語）

「彼はそこへ行ったと思う。」

Ex. The reason is ***that he is a wonderful teacher***.（補語）

「その理由は彼は素晴らしい先生だからだ。」

Ex. The chances are ***that he will win.***（補語）

「おそらく彼は勝つだろう。」

★疑問詞やwhether〔if〕...「…かどうか」も名詞節を導く接続詞として用いられる。ただし，ifは主に動詞の目的語となる節を導く。

② 同格

a) 語句の並列

ある名詞（句）を言い換えたり，それの説明を補足したりするために後ろに別の名詞（句）や名詞節を置くことがある。この関係を同格という。

Ex. Mr. Smith, our principal, will retire next year.

「校長のスミス先生は来年定年退職する。」

b) 同格のthat節

名詞に直接that節を続け，直前の名詞の内容を説明する。また同格のthat節は，同格のofを使った句で表すことができる。

Ex. I heard the news ***that she would come.***

→I heard the news ***of her coming.***

「私は彼女が来るという知らせを聞いた。」

★同格のthat 節と結びつく名詞は限られているので注意を要する。

③《so ～ that S ...》

「とても～なので…だ；…なほど～」という結果・程度を表す構文。～には形容詞・副詞がくる。この構文は《～ enough to ...》で表すことができる。

Ex. She was ***so*** bright ***that*** she could answer the question.

→She was bright ***enough to*** answer the question.

「彼女はとても聡明だったので質問に答えることができた。」

★so～ that S can't ... と否定になると，「とても～なので…できない；…できないほど～」を表す。この構文は《too ～ to ...》で表すことができる。

Ex. I was ***so*** tired ***that*** I couldn't work any more.

→I was ***too*** tired ***to*** work any more.

「私はとても疲れていたのでもう働けなかった。」

④《such (a〔an〕) 形容詞＋名詞＋ that S ...》

「とても～なので…だ，…なほど～」の結果・程度を表す。

Ex. She is ***such*** a bright girl ***that*** she can answer it.

→She is ***so*** bright a girl ***that*** she can answer it.

「彼女はとても聡明な少女なのでそれに答えることができる。」

⑤《so〔in order〕that S may〔can/will〕...》

「…するために，…できるように」の意味を表す。この構文は《in order to ...》《so as to ...》《for the purpose of ...ing》で表すことができる。

Ex. I studied hard ***so that*** I ***might***〔***could***〕pass the exam.

→I studied hard ***in order***〔***so as***〕***to*** pass the exam.

→I studied hard ***for the purpose of*** pass***ing*** the exam.

「私はその試験に合格するように一生懸命勉強した。」

⑥《lest (that) S (should) ...》《for fear (that) S should ...》

「…しないように，…するといけないから」

Ex. She turned her head away ***lest*** he (***should***) see her tears.

= She turned her head away ***so that*** he could***n't*** see her tears.

「彼女は彼に涙を見られないように顔をそむけた。」

★lestの節では仮定法現在（動詞の原形）か，shouldを用いる。

Ex. He studied hard ***for fear*** he ***should*** fail in the exam.

「彼は試験に落ちないように，一生懸命勉強した。」

★thatの節ではwill/would/may/mightなども用いる。

⑦《in case S (should) ...》「…するといけないから，…する場合に備えて」

2語で1つの接続詞の働きをし，in caseの節では現在形を用いる。予想されることが起こる可能性が低い場合はshouldを用いる。

Ex. Let's get going now ***in case*** the bus ***leaves*** early.

「バスが早く行ってしまうといけないから，すぐ出かけましょう。」

⑧《as〔so〕long as ...》「…する限り；…するのなら」

時間的な制限・条件を表す。

Ex. ***As long as*** I live, I'll love you.

「生きている限りあなたを愛します。」

Ex. You can use my car ***as long as*** you drive carefully.

「注意して運転するなら，私の車を使ってもいいです。」

⑨《as〔so〕far as ...》「…する限り」

程度・限界を表す。

Ex. ***As far as*** I know, she is one of the brightest women.

「私の知る限り，彼女は最も聡明な女性の一人だ。」

★as far as A is concernedは慣用表現で「Aに関する限り」の意味を表す。

*Ex. **As far as*** this problem ***is concerned***, I know nothing.
「この問題に関する限り，私は何も知りません。」

★as far asが前置詞句として用いられると，「～まで」という意味になる。

Ex. They went ***as far as*** Paris.「彼らはパリまで行った。」

⑩ 相関接続詞

《so ～ that ...》のように，語句の前後2つの要素が組になって使われる接続詞。前出の《so ～ that ...》《such ～ that ...》の他に，《both A and B》《either A or B》《neither A nor B》などがある。人称・数の一致に注意。

*Ex. **Both*** he ***and*** I are right.「彼も私も正しい。」

*Ex. **Either*** he ***or*** I am right.「彼か私かどちらかが正しい。」

*Ex. **Neither*** he ***nor*** I am right.「彼も私も正しくない。」

⑪ 群接続詞

2語以上が集まって節を導く接続詞の働きをすることがある。それらの語句を群接続詞と呼ぶことがある。前出の《as far as ...》や《as long as ...》などの他に，次のようなものがある。

a)《the first time ...》「初めて…する時」

*Ex. **The first time*** he saw her, he fell in love with her.
「初めて彼が彼女を見た時，彼女に恋をしてしまった。」

b)《the moment〔instant, minute〕...》「…するとただちに」

Ex. Call me ***the instant*** you arrive at the airport.
「空港に着いたらすぐに電話をください。」

c)《every time ...》「…するたびにいつも」

*Ex. **Every time*** I see him, he looks happy.
→ Whenever I see him, he looks happy.
「私が彼を見る時はいつも幸せそうだ。」

d)《by the time ...》「…するまでには」(期限)

*Ex. **By the time*** we get to the station, the train will leave.
「私たちが駅に着くまでに，列車は出発するでしょう。」

★until ...「…するまで」は動作・状態の継続を表す。

Ex. I will stay here ***until*** the day after tomorrow.
「私は明後日まで，ここに滞在する。」

e)《now (that) ...》「今や…なので」

*Ex. **Now*** you are a high school student, you shouldn't rely on me.
「もう高校生なのだから，私を頼るべきでない。」

比較

① 原級を用いる表現

a)《as＋原級＋as ...》「…と同じほど～」

2つのものが同じ程度であることを表す構文。否定形はnot as〔so〕～ as ...で,「…ほど～でない」を表す。

Ex. This building is ***not as*** 〔***so***〕 tall ***as*** the Tokyo Tower.

「このビルは東京タワーほど高くない。」

b)《as＋原級＋as any》「どれ〔誰〕にも劣らず～」

形容詞・副詞の原級を用いる最上級にほぼ等しい表現。

Ex. Hiroko has seen ***as many*** foreign movies ***as*** anybody in her class.

「ヒロコはクラスの誰よりもたくさん外国映画を見ている。」

★「どの（any）～」と比べても程度が劣らないという意味。

c)《as＋原級＋as ever》「相変わらず～」

Ex. He is ***as*** healthy ***as ever***.「彼は相変わらず健康です。」

★everは「これまで」という今の時点より過去を意味する。

d)《as＋原級＋as ever ...》「これまで…した誰〔何〕にも劣らず～，極めて～」

Ex. He was ***as*** great a scientist ***as ever*** lived.

「彼は極めて偉大な科学者だった。」

e)《as ～as one can》《 as ～ as possible》「できるだけ～」

Ex. Please finish this job ***as*** soon ***as possible***.

「この仕事をできるだけ早く終わらせてください。」

f)《as many〔much〕～》「同じ数〔量〕の～」

Ex. I made five mistakes in ***as many*** lines.

「私は5行に5つの間違いをした。」

g)《not so much A as B》「AというよりむしろBである」

Ex. He is ***not so much*** a poet ***as*** a novelist.

→He is a novelist ***rather than*** a poet.

「彼は詩人というよりもむしろ小説家だ。」

h)《not so much as ～》「～さえ（し）ない」

so much asがnotやwithoutなどの否定の意味の副詞や前置詞とともに用いられた場合,「～さえ」の意味になる。

Ex. I could***n't so much as*** talk to her.

「私は彼女に話しかけることさえできなかった。」

Ex. He left ***without so much as*** saying good-bye.

「彼はさよならも言わずに出ていった。」

i)《no (other) 単数名詞＋is as〔so〕＋原級＋ as ...》

「ほかのどの（名詞）も…ほど～ない」

Ex. ***No*** **(*other*)** mountain is ***as high as*** Mt. Everest.
「ほかのどの山もエベレスト山ほど高くない。」
Ex. ***Nothing*** is ***as precious as*** time.「時間ほど貴重なものはない。」

j) 《S is X times as ＋原級＋ as ～》
形容詞・副詞の原級を用いて倍数を表す。
「Sは～のX倍の…」の意味を表す。なお，この表現は，《S is X times the size（大きさ）〔number（数）・age（年）など〕of ～》を用いて表すことができる。また，半分の場合はhalfを，2倍の場合はtwiceを用いる。
Ex. This building is ***three times as large as*** the old one.
→ This building is ***three times the size of*** the old one.
「このビルは古いビルの3倍の大きさである。」

② 比較級を用いる表現

a) 《no (other) 単数名詞＋ is ＋比較級＋ than ...》
「ほかのどの (名詞) も…よりも～ない」
Ex. ***No*** **(*other*)** mountain is ***higher than*** Mt. Everest.
「ほかのどの山もエベレスト山よりも高くない。」

b) 《比較級＋ than any other ＋単数名詞》「ほかのどの (名詞) よりも…」
Ex. Mt. Everest is ***higher than any other*** mountain.
「ほかのどの山よりもエベレスト山は高い。」

c) 《比較級＋ than ever》「かつてないほど～」
「これまで以上に～→かつてないほど～」という意味になる。
Ex. He is studying ***harder than ever***.
「彼はかつてないほど一生懸命勉強している。」

d) 《比較級 and 比較級》「ますます～」
Ex. It was getting ***darker and darker***.
「ますます暗くなってきた。」

e) 《the 比較級 ～, the 比較級 ...》「～すればするほど，ますます…」
Ex. ***The more*** you learn, ***the wiser*** you become.
→ As you learn more, you become wiser.
「学べば学ぶほど賢くなる。」

f) 《(all) the 比較級＋ because〔for〕～》「～なのでそれだけいっそう…である」
Ex. I respect him ***all the more because*** he is honest.
＝ I respect him ***all the more for*** his honesty.
「彼は正直なので，それだけいっそう彼を尊敬する。」

g) 《none the 比較級＋ because〔for〕～》
「～だからといって少しも…ということはない」

Ex. She is ***none the happier*** because she is rich.
She is ***none the happier for*** being rich.
「彼女は金持ちだからといって，少しも幸せというわけではない。」

h)《肯定文，much〔still〕more ～》「なおさら～」
Ex. She likes music, ***much more*** dancing.
「彼女は音楽が好きだ。ダンスはなおさら好きだ。」

i)《否定文，much〔still〕less ～》「なおさら～ない」
Ex. I don't like music, ***much less*** dancing.
「私は音楽が好きではない。ダンスはなおさら好きではない。」

j)《A is no more ～ than B is》《A is not ～any more than B is》
「AはBと同様～ない」
Ex. A whale is ***no more*** a fish ***than*** a horse is.
→ A whale is ***not*** a fish ***any more than*** a horse is.
「クジラは馬と同様魚でない。」

k)《A is no less ～ than B is》「Bと同様にAは～である」
Ex. A whale is ***no less*** a mammal ***than*** a horse is.
「馬と同様にクジラは哺乳動物である。」

l)《no more than ～》「～しかない」= only～
Ex. It takes ***no more than*** a day to drive around the country.
「その国を車で回るには1日しかかからない。」

m)《not more than ～》「多くとも～，せいぜい～」= at most
Ex. There are ***not more than*** three students in the classroom.
「教室にいる生徒はせいぜい3人だ。」

n)《no less than ～》「～も」= as much〔many〕as ～
Ex. This dictionary cost me ***no less than*** 10,000 yen.
「この辞書は1万円もした。」

o)《not less than ～》「少なくとも～」= at least
Ex. He owns ***not less than*** three restaurants.
「彼は少なくとも3軒のレストランを所有している。」

③《even の意味の最上級》
最上級が，文意によって「～でさえ」という even の意味になる場合がある。
Ex. ***The cleverest*** boy couldn't solve the question.
「最も賢い少年でもその問題は解けないだろう。」

Check & Master

譲歩

1 複合関係代名詞・複合関係副詞の譲歩

《疑問詞＋-ever〔no matter＋疑問詞〕の表現》

whateverなどの疑問詞＋-everやno matter＋疑問詞が導く節が「たとえ…でも」という譲歩の意味を表す。no matter whatの方が口語的。また，節の中に，助動詞のmayが使われることがあるが，訳す必要はない。

①《whatever〔no matter what〕...》「(たとえ) 何が〔を〕…しても」

Ex. ***Whatever*** 〔***No matter what***〕 you (may) say, I'll believe it.
「君が何を言おうとも私はそれを信じます。」

②《whichever〔no matter which〕...》「(たとえ) どれが〔を〕…しても，たとえどの～が〔を〕…しても」

Ex. ***Whichever*** you use, don't forget to return it.
「どれを使っても，返すのを忘れてはいけません。」

Ex. ***Whichever team*** wins, I'll be pleased.
「どちらのチームが勝とうとうれしいです。」

③《however〔no matter how〕...》「(たとえ) どれほど…でも」

Ex. ***However hard*** he tries, he won't succeed.
「彼はどんなに一生懸命に挑戦しても成功しないだろう。」

④《wherever〔no matter where〕...》「(たとえ) どこに〔へ〕…しようとも」

Ex. ***Wherever*** you go, you'll be welcomed.
「どこへ行っても，あなたは歓迎されるだろう。」

⑤《whenever〔no matter when〕...》「(たとえ) いつ…しようとも」

Ex. ***Whenever*** I visit him, he is out.
「たとえいつ訪ねても，彼はいない。」

2 その他

① whetherが導く節

a)《whether A or B》「AであろうとBであろうと」

Ex. ***Whether*** he is sick ***or*** well, he is always kind.
「病気の時でも健康な時でも，彼はいつも親切だ。」

b)《whether ... or not》「…であろうとなかろうと」

Ex. ***Whether*** he is at home ***or*** not, I'll visit his house.
「彼が家にいてもいなくても，私は彼の家を訪ねます。」

② 《be S ～ (or ...)》「(たとえ) Sは～であろうと (…であろうと)」

Ex. ***Be*** it true ***or*** not, it does not concern us.

「それが本当であろうとなかろうと，私たちには関係がない。」

③ 《形容詞〔副詞・動詞・名詞〕 as S + V》

「～だけれども」の～にあたる部分を文頭に持ってくる。文頭にくるのは，形容詞，副詞，動詞，名詞など。名詞をこの構文に用いる場合には冠詞を省く。

Ex. ***Try as*** we would, we could not get him to cheer up.

「やってはみたが，彼を元気づけることはできなかった。」

Ex. ***Boy as*** he is, he is reliable. → Though he is a boy, he is reliable.

「少年だけれども，彼は頼りになる。」

④ 《even if ...》

「たとえ…でも」を表す。evenがなくても，文意からifだけで譲歩の意味を表すことも多い。even ifが仮定法で使われることもある。

Ex. This food tastes terrible! I couldn't eat it ***even if*** I were starving.

「この食べ物は本当にまずい。飢えていても食べられないよ。」

⑤ 《while や when の譲歩を表す用法》

接続詞 while, when は，文意により「…なのに，…だけれども」という譲歩の意味をもつことがある。

Ex. ***While*** it may be difficult, it is not impossible.

「困難かもしれないけれど，不可能ではない。」

★「一方…」という対比の意味にもなる。

Ex. Some people like cats, ***while*** others like dogs.

「猫好きがいる一方で犬好きもいる。」

Ex. Why do you want a new car ***when*** your new one still runs well?

「新しい車が支障なく走っているのに，なぜ新しい車が欲しいのですか。」

否定

① 部分否定《not every〔all / both / always / necessarily など〕》

not が意味上「すべて，常に，完璧に」などのニュアンスをもつ語を否定して，「すべてが〔両方が，いつも，必ずしも〕…というわけではない〔とは限らない〕」という意味を表す。これを部分否定 (⇔全部否定) という。

Ex. I do***n't*** know ***all*** of these words. (部分否定)

「私がこれらの語すべてを知っているわけではない。」

Ex. You can***not*** do ***every***thing. (部分否定)

「君がすべてできるわけではない。」

Ex. I will ***not*** buy ***both***. (部分否定)

「両方買うわけではない。」

⇔ *Ex.* I will ***not*** buy ***either***. / I will buy ***neither***. (全部否定)

「私はどちらも買わない。」

Ex. They are ***not always*** 〔***necessarily***〕 right. (部分否定)

「彼らがいつも〔必ずしも〕正しいとは限らない。」

② 《not ～ till 〔until〕 ...》 本来の意味は「…まで～しない，…して初めて～する」

Ex. She had ***never*** been abroad ***until*** her adulthood.

「大人になるまで彼女は海外に行ったことがなかった→大人になって初めて彼女は海外に行った。」

★《It is not until～that ...》「～して初めて…」

It ～ that ... の強調構文により，until ～が強調されている。

Ex. I didn't learn the truth until the next day.

→ ***It was not until*** the next day ***that*** I learned the truth.

「翌日になって初めて私は真相がわかった。」

★I didn't learn the truth until the next day. は否定文であるので，It is ～ that ... の is の後に not を置き，didn't learn を learned にする。

③ 《never 〔not〕 ～ without ...ing》

否定を表す語が2つ組み合わさって，「～すると必ず…する」という強い肯定を表す。

Ex. You can***not*** commit a crime ***without being*** punished.

「罪を犯せば必ず罰せられる。」

Ex. She can ***never*** see the portrait ***without crying***.

「彼女はその写真を見れば必ず泣く。」

Ex. ***Not*** a day passes ***without thinking*** of you.

「君のことを考えずに1日たりとも過ぎることはない。」

★否定の意味を含む接続詞の but を用いても表せる。

《never ～but ...》「～すると必ず…する」

Ex. They ***never*** meet ***but*** they quarrel.

→ They ***never*** meet ***without quarreling***.

→ Whenever they meet, they quarrel.

「彼らは会えば必ずケンカする。」

④《not A but B》「AではなくB」

Ex. She is ***not*** a poet ***but*** a scientist.

「彼女は詩人ではなく科学者だ。」

⑤《not only A but (also) B》《B as well as A》「AだけでなくBもまた」

Ex. She is ***not only*** a poet ***but*** (***also***) a scientist.

→ She is a scientist as well as a poet.

「彼女は詩人であるだけではなく科学者でもある。」

★上記構文の応用として《not only because A but (also) because B》「Aだからというだけでなく，Bだから…」もある。

⑥《cannot ... too ～》「いくら～しても…しすぎることはない」

Ex. I ***can't*** be ***too*** grateful to my parents.

「両親にいくら感謝してもしすぎることはない。」

★notの代わりにneverやhardly，tooの代わりにenoughやover-などが用いられることもある。

Ex. The importance of time ***can never*** be ***over***estimated.

「時間の重要性はいくら評価してもしすぎることはない。」

⑦《cannot help ...ing》《cannot but ...》「…せずにはいられない」

Ex. I ***could not help feeling*** for the child.

= I ***could not but feel*** for the child.

「私はその子供に同情せずにはいられなかった。」

⑧《had no sooner＋過去分詞 ～ than＋過去形 ...》《had hardly〔scarcely〕＋過去分詞 ～ when〔before〕＋過去形 ...》「～するかしないうちに…；～するとすぐに…」

本来の意味は，前者は「…した時〔する前〕には，ほとんど～していなかった」，後者は「…より早くは～していなかった」。

Ex. I ***had hardly***〔***scarcely***〕arrived ***when***〔***before***〕it began to rain.

I ***had no sooner*** arrived ***than*** it began to rain.

→ ***As soon as*** I arrived, it began to rain.

「私が到着するかしないうちに雨が降り出した。」

★hardly, scarcely, no soonerなどの否定の意味を表す語句が文頭に出ると，倒置が起こる。

→ ***Hardly had I*** arrived when it began to rain.

Check & Master

仮定法

① 仮定法過去

a) 《If S ＋過去形～, S would〔could / might など〕....》

「もし(今)～なら,(今)…であるのになあ」

現在の事実と異なることを仮定する時に仮定法過去を用いる。形はif節では動詞の過去形を用い,be動詞の場合は主語にかかわらずwereを用いる。ただし,口語では1, 3人称単数でwasを用いることもある。

Ex. If I ***were*** a bird, I ***could*** fly to you.

「もし私が鳥なら,あなたのところへ飛んでいくことができるのになあ。」

→ As I am not a bird, I can't fly to you.(直説法)

「私は鳥ではないので,あなたのところへ飛んでいくことはできない。」

b) 《if it were not for ～》「もし～がなければ」

Ex. ***If it were not for*** water, no creature ***could*** live.

→ ***Without***〔***But for***〕water, no creature ***could*** live.

「もし水がなければ,どんな生物も生存できないだろう。」

Ex. ***If it were not for*** his idleness, he ***would*** be a nice fellow.

「怠け癖さえなければ,彼はいい人なんだが。」

★仮定法においては,倒置によってifを省略することができる。

Ex. ***Were it not for*** water, no creature ***could*** live.

② 仮定法過去完了

a) 《If S had ＋過去分詞～, S would〔could / mightなど〕＋ have ＋過去分詞 ....》

「もし(あの時)～だったら,(あの時)…だっただろうに」主節に過去完了形の動詞や助動詞を用いて,過去の事実に反する仮定を表す。

Ex. If I ***had known*** her name, I ***could have talked*** to her.

「もし私が彼女の名前を知っていたら,彼女に話しかけられたのに。」

→ As I didn't know her name, I couldn't talk to her.(直説法)

「彼女の名前を知らなかったので,話しかけられなかった。」

★倒置は《Had S ＋過去分詞 ...》

b) 《if it had not been for ～》

「もし～がなかったら」という仮定法過去完了の表現。《without ～》《but for ～》を用いても表現できる。倒置は《Had it not been for ～》。

Ex. ***If it had not been for*** your help, I ***might have failed***.

「君の援助がなければ失敗していたかもしれない。」

③ 願望を表す表現

a) 《I wish S ＋過去形》「…であればいいのに」

現在の事実に反する願望を表す。

またI wishの代わりに《If only ...》を用いることもある。

Ex. I ***wish*** I ***were*** a bird.「鳥ならいいのになあ。」

→I'm sorry I am not a bird.「鳥でないのが残念だ。」(直説法)

b)《I wish S＋過去完了形》「…であったらよかったのに」

過去の事実に反する願望を表す。

Ex. I ***wish*** I ***had met*** you then.「その時君と出会っていたらなあ。」

→I'm sorry I didn't meet you then. (直説法)

④ 仮定法の慣用表現

a)《it is (about/high) time (that) S＋過去形》「(そろそろ；まさに) …する時だ」

現時点でなされていないことを述べる仮定法過去の慣用表現である。

Ex. It's already eleven. ***It's high time*** you ***were*** in bed.

「もう11時ですよ。そろそろ寝る時間です。」

※that節中の動詞は過去形ではなく (should＋) 動詞の原形や現在形を用いる場合もある。

b)《as if〔though〕S＋過去形〔過去完了形〕》「まるで…である〔あった〕かのように」

通例はas if〔though〕以下が仮定法となっている。

Ex. She talks ***as if*** she knew everything.

「彼女はまるですべてを知っているかのように話す。」

⑤ 未来のことを仮定する表現

a)《If S should ～, S would〔might〕...》「万一～すれば…だろうに」

未来に関する実現の見込みの少ない仮定を表す。主節の助動詞はwill, may, canを用いることもある。倒置は《Should S ～, ...》

Ex. If a war ***should*** break out, what ***would*** you do?

「万一戦争が起こったら，あなたはどうしますか。」

b)《If S were to ～, S would〔could/mightなど〕...》

「もし～することがあれば〔～することがあっても〕…だろうに」

未来に関する実現の見込みの非常に少ない仮定を表す。倒置は《Were S to ～, ...》。

Ex. If the sun ***were to*** rise in the west, I wouldn't change my mind.

「太陽が西から昇るようなことがあっても，私は決心を変えないだろう。」

⑥ if節に代わる表現

a) 副詞句が条件を表す。《with ～》《without ～》

「もし～があれば」「もし～がなければ」という意味を表す。このように，条件の意味を，if 節の代わりに to不定詞や分詞構文や with ～ などを用いて表すことがある。

Ex. ***With*** your support, I wouldn't have failed.

「君の援助があれば失敗しなかっただろう。」

Ex. ***Without*** your financial help, we wouldn't be able to carry out our plan.

「あなたの経済的援助がなければ，私たちの計画を実行することはできないだろう。」

b) 主語に条件節の意味が含まれる。

Ex. ***A gentleman*** wouldn't do that.

→If you〔he〕were a gentleman, you〔he〕wouldn't do that.

「紳士ならそんなことはしないだろう。」

名詞・代名詞

① 《to one's＋感情を表す名詞》「（人が）…したことには」

toは到達点を示す前置詞で，人が特定の感情に至ったことを表す。

《to one's relief》「ほっとしたことには」/《to one's satisfaction》「満足したことには」/《to one's regret》「残念なことには」/《to one's disappointment》「がっかりしたことには」

② 《have the抽象名詞＋to ...》「～にも…する」

Ex. He ***had the boldness to climb*** the mountain alone.

「彼は大胆にもその山に1人で登った。」

③ otherとanotherの用法

a) 《one ～, the other ...》

2つ〔2人〕のものに関して「1つ〔1人〕は～，他の1つ〔1人〕は…」を表す。

Ex. I have two cars. ***One*** is for work, and ***the other*** is for private use.

「私は2台車を持っている。1台は仕事用，もう1台は私用のものだ。」

b) 《some ～, others〔some〕...》

《one ～, another ...》の複数形で，「（複数の）あるものは～，また（残ったうちの複数の）あるものは…；～（複数）もあれば，…（複数）もある」を表す。

Ex. ***Some*** like fishing, but ***some*** don't.

「釣りが好きな人もいれば，そうでない人もいる。」

c) 《some～, the others ...》「（複数の）あるものは～で，残りはすべて…」を表す。

★oneと組み合わせた場合でも，the othersは「残りすべて」という意味になる。

④ 《～ one thing, ... another》「～と…は別である」

Ex. To learn is ***one thing***, and to teach is ***another***.
「知ることと教えることは別である。」

⑤《that〔those〕of ～》
that〔those〕は名詞の繰り返しを避けるために用いられ，that〔those〕of ～の形で用いられることが多い。

Ex. The population of Japan is larger than ***that of*** England.
「日本の人口はイギリスの人口よりも多い。」(that = the population)

Ex. The results of experiment A are more reliable than ***those of*** experiment B.
「実験Aの結果は，実験Bの結果よりも信頼性が高い。」(those = the results)

省略

① **副詞節中の省略**
when，while，though，ifなどが導く副詞節の主語が主節の主語と同じ時，〈S + V (be動詞)〉が省略されることがある。

Ex. ***Though*** (***I was***) very sleepy, I had to keep on working.
「とても眠たかったけれども働き続けなければならなかった。」

Ex. ***When*** (***you are***) jogging, watch out for cars.
「ジョギングしている時は，車に気をつけなさい。」

② **《What if ...?》「…したらどうなるのだろうか。」「…してはどうか。」(提案)**
what の後に will〔would〕you do / will〔would〕happen などが省略されていると考えればよい。

Ex. ***What if*** you should die tomorrow?
「明日死ぬことになるとしたらどうしますか。」
★ if以下が起こる可能性が非常に低いと考え，仮定法未来が用いられている。

Ex. ***What if*** I were your brother?
「私があなたの兄弟ならどうしますか。」
★ if以下が事実と異なる内容なので仮定法過去が用いられている。

③ **語句の繰り返しを避けるための省略**
動詞，名詞，形容詞が重複するのを避けるため省略される場合がある。

Ex. You can use my car if you want to (∧).
「私の車を使いたいなら使っていいですよ。」

Ex. She said that she was not tired, but in reality she was (∧).
「彼女は疲れていないと言ったが，実際は疲れていた。」

④ 慣用表現

a)《if ever》「仮にあるとしても」

しばしば挿入句としても用いられる。

Ex. They seldom, ***if ever***, criticize each other.

「彼らは批判し合うことは，あるとしてもまれです。」

b)《if any》「たとえあるにせよ；もしあれば」

しばしば挿入句として用いられる。

Ex. Correct errors, ***if any***.「もしあれば，間違いを直しなさい。」

Ex. There will be little soup left over, ***if any***.

「たとえあったとしても，スープは少ししか残っていないでしょう。」

強調

①《do / does / did ＋一般動詞の原形》

動詞の意味を強調するのに用いる表現。「本当に…」などの意味を表す。

Ex. I ***do*** love you.「僕は本当に君を愛している。」

② 強調構文

a)《It is ＋強める語句〔節〕＋ that ＋文の残り》

文の中の，動詞以外の語句や節を強調する時の構文。強調したい語句をIt isとthatの間に置き，残りをthatの後に置く。

Ex. I met her in the park.「私は公園で彼女と会いました。」

(1) → ***It was*** I ***that*** met her in the park.「彼女と公園で会ったのは私でした。」

(2) → ***It was*** her ***that*** I met in the park.「私が公園で会ったのは彼女でした。」

(3) → ***It was*** in the park ***that*** I met her.「私が彼女と会ったのは公園でした。」

★強調する語句が人・物・時を示す場合には，それぞれthatの代わりにwho(m)（人），which（物），when（時）を用いることもある。

b) 疑問詞の強調

《疑問詞 is it that ...?》「いったいどこで〔誰に，など〕～?」

前出の《It is ～ that ...》の強調構文で，疑問詞を強める構文。主節の主語(it)・動詞(is)が疑問文の語順になり，that以下の語順は変わらない。

Ex. Where did you meet her?

→ ***Where was it that*** you met her?（強調構文）

「いったいどこで彼女に会ったのですか。」

Ex. Who did you meet in the park?

→ ***Who was it that*** you met in the park?（強調構文）

「いったい誰に公園で会ったのですか。」

倒置

①《否定の副詞（句）＋疑問文の語順》

否定を表す副詞（句）が文頭にくると，倒置（主語と述語動詞の語順の逆転）が起き，通例疑問文の語順となる。

Ex. ***Never did I*** expect him to come.「彼が来るとはまったく思わなかった。」

Ex. "Will you go shopping this afternoon?" "No, and ***neither will Mary***."
「今日の午後買い物に行く？」「いいえ。メアリーも行かないわよ。」

★onlyを含む表現が文頭に置かれても，倒置が起こる。He only plays the guitar.「彼はギターだけ弾く→ギターしか弾かない」この文からわかるようにonlyは否定の意味を含んでいるため。

Ex. ***Only does he*** play the guitar.

★目的語や補語が強調のために文頭に置かれても，倒置が起こる場合が多い。

Ex. ***Happy is a man*** who believes in himself.「自らを信じる者は幸せだ。」

②《場所や方向を示す副詞（句）＋動詞＋主語》

場所や方向を示す副詞（句）を文頭に出すと，その後は《動詞＋主語》の語順となる。

Ex. ***Here comes the sun.***「太陽が出てきたよ。」

Ex. ***On the top of the mountain stood an old building.***
「山の頂上に古い建物が建っていた。」

★主語が代名詞の場合は《主語＋動詞》の語順になる。

Ex. ***Here he comes.***「彼が来るよ。」

間接疑問

疑問詞で始まる疑問文が文の一部に組み込まれ，名詞節として主語・目的語・補語となる時，これを間接疑問という。語順は《S + V》となる。

Ex. Tell me ***what I should do.***「私は何をすべきか言ってください。」

Ex. I don't know ***when he will come*** here.
「彼がいつここに来るか知りません。」

MEMO

MEMO

MEMO

Z-KAI